O Factor Humano
na Decisão Empresarial

CONHECER O GESTOR PARA COMPREENDER A EMPRESA

O Factor Humano
na Decisão Empresarial

CONHECER O GESTOR PARA COMPREENDER A EMPRESA

Júlio Lobão

TÍTULO ORIGINAL
O Factor Humano na Decisão Empresarial

© Júlio Lobão e Conjuntura Actual Editora, 2103

Todos os direitos reservados

AUTOR
Júlio Lobão

CONJUNTURA ACTUAL EDITORA
Sede: Rua Fernandes Tomás, 76-80, 3000-167 Coimbra
Delegação: Avenida Fontes Pereira de Melo, 31 – 3º C – 1050-117 Lisboa – Portugal
www.actualeditora.pt

DESIGN DE CAPA
FBA

PAGINAÇÃO
Rosa Baptista

IMPRESSÃO E ACABAMENTO:
PENTAEDRO, LDA.
Setembro, 2013

DEPÓSITO LEGAL
364539/13

Toda a reprodução desta obra, por fotocópia ou qualquer outro processo, sem prévia autorização escrita do Editor, é ilícita e passível de procedimento judicial contra o infrator.

 GRUPOALMEDINA

BIBLIOTECA NACIONAL DE PORTUGAL – CATALOGAÇÃO NA PUBLICAÇÃO
LOBÃO, Júlio Fernando
O factor humano na decisão empresarial. – (Gestão)
ISBN 978-989-694-047-8
CDU   005
          658

«*The truth is, we believe, that the real motives of human life, at least of those people who do big things, are idealistic in character. The business man has the same fundamental psychology as the artist, inventor, or statesman. He has set himself at a certain work and the work absorbs and becomes himself. It is the expression of his personality; he lives in its growth and perfection according to his plans*».

Frank Knight (1886-1972), economista norte-americano,
in *Risk, Uncertainty and Profit*, 1921.

ÍNDICE

PREFÁCIO	13
PARTE I – A DECISÃO DO GESTOR	15
1. Errar é humano	17
1.1. O erro do gestor na teoria financeira	19
1.2. As finanças comportamentais na empresa	22
1.3. Organização do livro	25
2. A decisão humana na empresa (e fora dela)	29
2.1. Uma mente enviesada	29
a) Os efeitos de enquadramento	32
b) Violação do princípio da dominância	35
c) Aversão a perdas	37
2.2. O excesso de confiança	38
a) Introdução	38
b) Gestores excessivamente confiantes	40
c) O excesso de confiança do gestor ao longo do tempo	42
d) Fontes do excesso de confiança	45
e) Medir o excesso de confiança dos gestores	47
2.3. A falácia do planeamento e o pensamento em cenários	51
2.4. Outros enviesamentos decisionais	54
a) O enviesamento de confirmação	54
b) O enviesamento de ancoragem	55
c) O enviesamento de disponibilidade	55

d) A dissonância cognitiva	56
e) A ilusão de controlo	56
3. Decisões em grupo	59
3.1. Introdução	59
3.2. As evidências empíricas	61
3.3. As decisões financeiras em grupo	62
3.4. Melhorar as decisões em grupo	64
4. Aprendizagem, competição e incentivos	67
4.1. A aprendizagem	68
4.2. A competição	70
4.3. Os incentivos	73
5. As decisões dos empreendedores	77
6. Os gestores importam?	85
6.1. Introdução	85
6.2. As evidências empíricas	86
6.3. A personalidade dos gestores e os factores institucionais	87
7. Características pessoais e percurso de vida dos gestores	91
Parte II – DECISÕES FINANCEIRAS NAS ORGANIZAÇÕES	99
8. Decisões de investimento	101
8.1. Introdução	101
8.2. O gestor e o investimento	104
a) O investimento e os recursos financeiros internos da empresa	105
b) A resistência ao abandono de investimentos e a escalada de comprometimento	110
c) Implicações para a governação empresarial	115
9. Decisões de financiamento	121
9.1. Introdução	121
9.2. O gestor e o financiamento	123
a) Divergências de opinião entre gestor e accionistas	124
b) O excesso de confiança do gestor	125

10. Dividendos	127
10.1. Introdução	127
10.2. Os investidores e a procura de dividendos	131
10.3. Os gestores e a oferta de dividendos	133
a) Os inquéritos aos gestores	134
b) Motivações comportamentais dos gestores	136
11. Fusões e aquisições	143
11.1. Introdução	143
11.2. O excesso de confiança do gestor	149
11.3. Outros factores comportamentais que afectam o gestor	160
11.4. Efeitos comportamentais resultantes do processo negocial	164
a) A "excitação competitiva"	164
b) O comprometimento excessivo do gestor	166
11.5. A resistência do gestor à fusão ou aquisição	168
11.6. Implicações para a governação empresarial	169
a) Atenuar o excesso de confiança do gestor	169
b) Atenuar a "excitação competitiva"	171
c) Atenuar o comprometimento do gestor	172
12. Gestores não enviesados em mercados ineficientes	173
12.1. Decisões de investimento	174
12.2. Decisões de financiamento	176
a) Momento da emissão de acções	177
b) Resultados dos inquéritos aos gestores	177
c) O impacto do *market timing* na estrutura de capitais das empresas	178
d) Rendibilidades posteriores aos períodos de emissão de acções	180
12.3. Dividendos	182
12.4. Fusões e aquisições	183
12.5. Outras decisões	185
a) *Stock splits*	185
b) Alteração do nome das empresas	187
13. Enviesamentos nas decisões financeiras: benéficos ou maléficos?	191
14. Cultura organizacional, manipulação de informação e fraude	197

14.1. Cultura organizacional 197
14.2. Os enviesamentos decisionais na cultura da organização 200
14.3. Manipulação de informação e fraude 202

15. A perspectiva comportamental (muito) para além das Finanças 209

NOTAS FINAIS 217

BIBLIOGRAFIA 229

ÍNDICE REMISSIVO 247

ÍNDICE DOS DESTAQUES

DESTAQUES

A. O excesso de confiança dos gestores	44
B. O excesso de confiança dos empreendedores	82
C. O conteúdo informativo dos dividendos e a hipótese de sinalização	140
D. A criação de valor das fusões e aquisições avaliada a partir das reacções dos preços das acções no curto prazo	145
E. O impacto do excesso de confiança do gestor na criação de valor das fusões e aquisições	153
F. Alterar o nome das empresas	188

PREFÁCIO

É muito importante perceber como são tomadas as decisões nas empresas. Os erros cometidos pelos gestores traduzem-se na destruição de riqueza na economia, na diminuição do bem-estar dos cidadãos, na perda de postos de trabalho.

Mas, apesar da sua óbvia importância, as decisões dos gestores ainda não são bem entendidas. A maioria dos estudos em Finanças simplesmente ignora o papel da personalidade dos gestores nas decisões tomadas. E vários autores comparam mesmo a empresa a uma "caixa negra", uma metáfora que é usada para representar o mistério que rodeia o que se passa no interior da organização.

Este livro pretende ajudar a abrir a tal "caixa negra". Pois bem, se se abrir a "caixa negra", o que se irá encontrar então? A resposta sugerida neste livro é simples: dentro da "caixa negra" estão *pessoas*. E pessoas de carne e osso, pessoas como nós. Com personalidades diferentes, com percursos e experiências de vida diversos, com crenças e conhecimentos variados. Veremos que estes factores, que constituem a psicologia dos gestores, são essenciais para compreender as decisões tomadas nas empresas.

A ideia deste livro surgiu no âmbito da disciplina de Finanças Comportamentais que comecei a leccionar no *Master in Finance* da Faculdade de Economia do Porto há alguns anos atrás. Nessa medida, merece ser referido aqui o importante papel desempenhado pelos meus alunos na motivação para levar a cabo a escrita da obra.

O meu desejo é que o livro sirva como mais um incentivo para o desenvolvimento de umas "Novas Finanças", que sejam mais realistas e mais capazes de atingir aquele que é, afinal, o principal objectivo da Ciência: compreender a realidade à nossa volta.

Parte I
A decisão do gestor

1. Errar é humano

No dia 13 de Janeiro de 2012, o *Costa Concordia* – um dos maiores e mais modernos navios de cruzeiro do mundo – navegava no Mediterrâneo com 4252 passageiros a bordo. O tempo estava bom, o mar estava tranquilo e o navio viajava junto à costa italiana. Às 21 horas e 45 minutos, o *Costa Concordia* embateu contra rochas sub-aquáticas de que resultou um rombo de mais de 50 metros no casco, a inundação da sala das máquinas e a perda total de energia eléctrica. O navio vogou ao sabor das marés durante uma hora e, cerca das 22 horas e 45 minutos adornou e quedou-se parcialmente afundado próximo da costa. A tragédia, de que resultou a perda de 32 vidas, gerou comoção em todo o mundo.

A reacção ao acidente foi imediata. Como foi possível que um navio recente, com os sistemas de navegação mais sofisticados, pudesse ter sofrido um acidente naquelas condições? A figura do comandante Francesco Schettino surgiu imediatamente como um dos protagonistas do acidente. O próprio comandante reconheceu mais tarde que tinha desligado os sistemas automáticos de navegação porque conhecia bem o leito marinho e queria aproximar-se da costa, algo que já tinha feito várias vezes antes. Uma chamada telefónica atendida durante a manobra contribuiu para distraí-lo. Quando se deu conta de que estava demasiado perto da costa era já tarde: acabou por entrar em águas pouco profundas e o acidente foi inevitável.

O papel da componente humana no acidente foi realçado nos dias seguintes. O acidente veio lembrar que, por mais avançada que seja a tecnologia, os erros humanos continuarão a ocorrer. Académicos e historiadores como Edward Tenner, por exemplo, têm chamado a atenção para alguns efeitos inesperados da tecnologia nas decisões humanas. Por exemplo, tem-se verificado que a introdução de procedimentos de segurança leva normalmente a que os indivíduos se adaptem assumindo mais riscos uma vez que se sentem mais protegidos. Este fenómeno, denominado de efeito de Peltzman, é o que explica, por exemplo, que os condutores tenham passado a assumir comportamentos de maior risco depois que se tornou obrigatório o uso do cinto de segurança. Ora, na opinião de Tenner, foi o excesso de confiança do comandante do *Costa Concordia* nas suas capacidades e na experiência profissional de 20 anos que o levou a arriscar demais. E esse excesso de confiança adveio da crença na qualidade da construção do navio, dos meios de navegação ao seu dispor e no seu registo sem acidentes ao longo de vários anos.[1]

A tripulação de um navio como o *Costa Concordia* tem algumas semelhanças com as pessoas que fazem parte de uma empresa. Em ambos os casos existe uma cadeia hierárquica em que cada elemento tem tarefas definidas. Tal como o gestor de uma empresa, um comandante como o Capitão Schettino tem que gerir recursos – incluindo recursos humanos – e tem como objectivo manter os seus clientes satisfeitos. Mas há também algumas diferenças importantes nas duas funções. Numa empresa não existem GPS nem sistemas de navegação nem cartas de marear precisas como as dos navios. O gestor, nas suas escolhas, pode contar apenas com as diversas teorias da Economia e da Gestão – aliás, algumas delas contraditórias entre si – para o orientar. Também o "mar" em que "navega" o gestor é muito mais agitado e imprevisível do que o enfrentado normalmente pelo comandante de um navio. As principais correntes marítimas estão cartografadas, mas o "mar" com que o gestor tem que lidar não está escrito em nenhum "mapa". Nesse "mar" inclui-se o surgimento de novos concorrentes e de novas tecnologias e produtos substitutos, alterações nos impostos e nos incentivos fiscais, a evolução das condições macroeconómicas, alterações nas modas e preferências dos consumidores, entre muitos outros factores. Dados os "instrumentos de orientação" ao seu dispor e as condições do "mar" em que navega, não admira que a função do gestor seja difícil e que erros ocorram frequentemente.

Conhecemos de cor as justificações avançadas por aqueles que dizem não existir erros na gestão. Os erros, na verdade, não seriam erros, argumentam. Tratar-se-iam apenas de decisões que, à partida, poderiam ter sido bem sucedidas mas que, dadas as condições de incerteza enfrentadas pelo gestor, se mostraram ser erradas apenas mais tarde. O gestor seria, nesta acepção, um pouco como um sempre-sábio explorador que avança com um método tipo "tentativa e erro" em terreno desconhecido. Os erros seriam apenas o preço a pagar pelos sucessos obtidos. Em relação a este argumento, é necessário dizer que, como já referimos, as condições com que o gestor tem que lidar normalmente não são fáceis. Mas nem tudo pode ter essa justificação. É que os gestores fazem escolhas e diferentes gestores fazem diferentes escolhas perante o mesmo problema. E uns indivíduos erram sistematicamente mais do que outros. E tal como ocorre na condução de um navio, os erros humanos podem existir também nas empresas.

Na componente financeira, os erros de gestão podem traduzir-se na adopção de projectos de investimento que sistematicamente ultrapassam os prazos e os orçamentos, na realização de fusões e aquisições condenadas à partida ao insucesso, na entrada irreflectida em novos mercados, no desenvolvimento de produtos que, numa análise mais ponderada, não deveriam ter merecido, desde o início, a aposta do gestor. Esses erros têm custos importantes: reflectem-se na destruição de riqueza da sociedade, na redução de bem-estar dos cidadãos, num menor crescimento da economia, na perda de postos de trabalho.

Quando ocorre um acidente de aviação ou numa embarcação, uma das principais reacções das entidades de regulação é a de procurar saber o que se passou. Existem inquéritos, são apuradas responsabilidades, recuperam-se e estudam-se as caixas negras dos aparelhos. Em suma, tenta-se aprender com o ocorrido para melhorar as condições dos equipamentos e do pessoal de forma a que acidentes semelhantes não voltem a ocorrer.

É igualmente importante perceber quais as condições organizacionais e as características que tornam uma dada pessoa num bom gestor. É útil aprender com os erros. Dados os elevados custos sociais dos erros financeiros dos gestores, seria de esperar que a teoria financeira se dedicasse também a estudar a fundo os gestores e a forma como decidem. Mas, estranhamente, tal não se verifica.

1.1. O ERRO DO GESTOR NA TEORIA FINANCEIRA

A teoria financeira tradicional tem ignorado, em grande medida, o papel do gestor, enquanto indivíduo, na tomada das decisões financeiras. Os modelos tradicionais em finanças, por regra, não consideram o gestor, com as suas características pessoais. Esta dificuldade em incluir os indivíduos nas explicações resulta do facto de, ao longo das últimas décadas, a corrente neoclássica se ter instituído como o paradigma dominante em finanças. Ora, o quadro de análise neoclássico dos problemas financeiros assenta num conjunto de pressupostos fortemente simplificadores acerca da informação disponível e das condições de competição nos mercados bem como acerca dos objectivos que os agentes procuram alcançar. A assunção de pressupostos simplificadores leva a que os problemas financeiros sejam normalmente tratados como se fossem problemas da Física em que se implicitamente se assume que os indivíduos se vão comportar de forma tão homogénea e previsível como um átomo de oxigénio. E como se assume que esse comportamento é homogéneo e previsível, as características humanas que tornam cada indivíduo único e, nessa medida, distinto de todos os outros, acabam por não ser consideradas. Cada gestor acaba por ser visto como mais um recurso indiferenciado qualquer: um gestor é o substituto perfeito de outro gestor da mesma forma que uma moeda de um euro pode ser substituída por outra moeda de um euro.

Mas, na realidade, o factor humano é central para entender as organizações. As pessoas que lá trabalham comportam-se como seres humanos – têm qualidades psicológicas. Não se comportam como se fossem moléculas de matéria inerte e sem consciência de si próprias que, por qualquer mágica razão, têm que obedecer a uma qualquer equação que lhes é desconhecida. Na realidade, as empresas não são abstracções, *são instituições profundamente humanas*.

Por isso, mesmo as decisões mais importantes para a empresa, como as decisões financeiras, dependem de *factores intrinsecamente humanos* – das limitações, experiências e características de personalidade dos indivíduos –, e não apenas de cálculos económicos elaborados numa base estritamente técnica. É que mesmo a aplicação desses cálculos depende do conhecimento, das capacidades e da sua aceitação – mais ou menos consciente – por parte do próprio gestor.

A desconsideração do papel do gestor não se limita aos estudos teóricos em Finanças. De facto, em regra, os estudos empíricos realizados explicam as decisões financeiras no contexto empresarial apenas a partir das características da própria empresa ou do sector em que opera. O papel do gestor, enquanto indivíduo, nessas decisões é normalmente ignorado.

Esta visão incompleta do problema empresarial tem levantado problemas sérios. Como entender, por exemplo, que empresas similares e que operam no mesmo sector de actividade apresentem, muitas vezes, indicadores financeiros significativamente diferentes?

A questão é que, na realidade, não são as empresas que tomam decisões *mas as pessoas*. E as escolhas dos indivíduos que desempenham as funções de gestor são influenciadas por um conjunto de factores económicos, institucionais e sociais próprios do contexto em que as decisões individuais têm lugar, mas também pelas características pessoais de cada um.

Os indivíduos, mesmo aqueles que desempenham funções de gestão, têm características psicológicas heterogéneas que podem ter um impacto relevante nas decisões tomadas na empresa e, em última análise, no desempenho da organização.[2] Por isso é também importante procurar relacionar essas idiossincrasias psicológicas com os resultados obtidos pela empresa.

Para aqueles que estudam as empresas, esta análise reveste-se de grande interesse. O interior da empresa tem sido muitas vezes descrito como uma "caixa negra" tal é a dificuldade de estudar os processos que lá têm lugar. O estudo do impacto do perfil psicológico do gestor nas decisões tomadas vem, nessa medida, contribuir para "iluminar" o interior dessa "caixa negra".

Mas o interesse no estudo da questão está longe de ser meramente académico. A razão de ser das empresas não é certamente a de proporcionar questões interessantes para os académicos. As empresas desempenham um papel na criação de riqueza e bem-estar nas sociedades que é infinitamente mais importante. Nessa medida, é importante destacar três dos benefícios principais para o gestor que esta análise pode trazer. Em primeiro lugar, a ligação entre o gestor e o desempenho da empresa pode possibilitar a identificação dos traços de personalidade que mais beneficiam e que mais prejudicam a qualidade das decisões tomadas pelos gestores. Deste modo, os responsáveis pela selecção e formação de gestores podem ajustar estes processos de forma a privilegiar as características psicológicas mais desejáveis.

Em segundo lugar, pode permitir perceber quais são os factores institucionais e de governação das empresas mais adequados para ajudar um gestor com um dado perfil a melhor atingir os objectivos.

Por último, pode ser útil para o próprio gestor uma vez que permite antecipar as decisões a tomar pelos gestores das empresas concorrentes. Isto quer dizer que os factores psicológicos que caracterizam os gestores são úteis para explicar as suas decisões – o que já de si é muito importante –, mas também que ignorar esses factores significa diminuir a capacidade desses profissionais para prever as escolhas realizadas pelos seus competidores.

1.2. AS FINANÇAS COMPORTAMENTAIS NA EMPRESA

O objectivo deste livro é o de mostrar de que forma as características pessoais dos gestores afectam as decisões tomadas no seio da empresa, em particular as decisões financeiras. Veremos, ao longo da obra, que as qualidades psicológicas próprias de cada indivíduo investido em funções de gestão influenciam decisivamente as suas decisões de investimento, financiamento ou de distribuição de dividendos, por exemplo. Ficará claro que o perfil psicológico de cada gestor permite explicar as decisões financeiras realizadas para além dos factores relativos à empresa ou ao sector em que a empresa se integra.

Existe já um grande conjunto de estudos teóricos e empíricos que mostram existir efeitos evidentes das variáveis psicológicas nas decisões dos investidores nos mercados financeiros. O trabalho aqui apresentado expande essa análise para incluir também o estudo desses efeitos nos gestores de empresas. A introdução de factores psicológicos no estudo das organizações e na teoria da empresa é um desafio actual a que é necessário responder. Para melhorar a forma como as empresas são geridas e, em consequência, o seu desempenho, é necessário prestar mais atenção à forma como pensam e se comportam as pessoas que as gerem.

Durante algum tempo, a componente empresarial dos estudos comportamentais não teve desenvolvimentos equiparáveis aos estudos que se debruçam sobre as decisões dos investidores. A dificuldade em obter dados necessários para sustentar os estudos empíricos constituía o principal obstáculo. No entanto, ao longo dos últimos anos, o desenvolvimento de novas técnicas permitiu desbloquear a situação e, hoje em dia, os estudos comportamentais sobre as decisões dos gestores têm registado um grande crescimento. É precisamente desse conjunto de estudos que aqui se pretende dar conta.

A óptica adoptada no livro pode ser enquadrada no âmbito das *finanças comportamentais*. As finanças comportamentais divergem das finanças tradicionais por considerarem o impacto das qualidades individuais dos agentes (no caso, dos gestores) na decisão, em especial as suas características psicológicas. Por exemplo, as finanças comportamentais procuram averiguar se os gestores sofrem de excesso de confiança quando tomam decisões financeiras e também se esse excesso de confiança, a existir, tem um impacto relevante nas escolhas realizadas.

Embora o interesse na relação entre as características dos gestores e as decisões de índole financeira seja recente, a ideia de que os gestores podem influenciar decisivamente a vida da empresa não é nova. A perspectiva aqui seguida inspira-se na corrente de estudo da literatura económica normalmente designada de teoria comportamental da empresa que se desenvolveu a partir dos anos 50 do século XX. De entre o conjunto de autores que desenvolveu a *teoria comportamental da empresa* destacam-se os nomes do prémio Nobel da Economia Herbert Simon e também de James G. March e de Richard Cyert.[3] Para estes autores, os decisores empresariais não são capazes, na prática, de tomar decisões através de processos de optimização uma vez que a sua racionalidade é limitada (*bounded rationality*). A optimização exigiria que os indivíduos conhecessem todas as alternativas que se colocam no processo de tomada de decisão, as consequências de cada uma das alternativas e as respectivas probabilidades associadas. Só assim se poderia criar a distribuição dos resultados esperados para cada uma das actuações possíveis. Mas, na realidade, como existe uma enorme desproporção entre a complexidade dos problemas que se colocam aos gestores e os limites das suas capacidades (de atenção, de cálculo, de memória), as soluções de maximização não são possíveis. Por isso, as decisões racionais que são tomadas num contexto de incerteza exigem que os gestores adoptem comportamentos de satisfação e não de maximização/optimização. As opções são tomadas com base em modelos simplificados que captam os aspectos essenciais do problema a resolver sem ter que ter em atenção toda a sua complexidade. Para além disso, os gestores empresariais tomam as decisões com base num conjunto de pressupostos que reflectem a sua base cognitiva particular, as suas idiossincrasias, o seu perfil psicológico. Esses pressupostos, que vão sendo alterados ao longo do tempo, limitam e distorcem a percepção que o gestor tem da informação. Por isso, a visão que o gestor tem dos problemas é forçosamente limitada, dadas as suas restrições cognitivas, o que acaba por influenciar as opções a adoptar.

Apesar da visão destes autores implicar que os factores psicológicos individuais devem ser estudados para se perceber as decisões tomadas pelo gestor, a verdade é que o estudo empírico dos efeitos atribuíveis a cada uma das principais características psicológicas dos gestores teve que esperar até que desenvolvimentos posteriores no âmbito da Psicologia cognitiva tivessem lugar. Tal ocorreu sobretudo a partir dos anos 80 do século passado com as contribuições dos psicólogos Daniel Kahneman e Amos Tversky.

A abordagem deste livro tem também pontos de contacto com a denominada literatura dos "escalões superiores" (*upper echelons*) iniciada por Hambrick e Mason (1984) e prosseguida por numerosos autores.[4] Esta contribuição, na área da gestão estratégica e da teoria organizacional, enfatiza a importância do gestor nas opções estratégicas tomadas na empresa e, em consequência, também no seu desempenho. Os executivos transmitem muito das suas personalidades, experiências, disposições e preferências nas suas decisões e nos seus comportamentos de liderança. As restrições institucionais à actuação do decisor, embora podendo ser importantes, não são capazes de eliminar esse efeito. Por isso, as características do próprio gestor permitem prever, em parte, o que se passa nas organizações.

Apesar de existirem alguns pontos em comum, importa esclarecer que a abordagem escolhida neste livro apresenta quatro distinções importantes face às contribuições referidas:

1) Na teoria organizacional de base comportamental procura-se estabelecer uma relação entre os gestores e as decisões estratégicas, ou seja, todas aquelas decisões que são mais complexas e que trazem maiores consequências para a empresa. Neste livro, o foco de análise é mais restrito: procuraremos estabelecer a relação entre o perfil psicológico dos gestores e, sobretudo, as suas decisões financeiras;

2) A teoria dos "escalões superiores" tem, em regra, como unidade de análise não o gestor mas a equipa de gestão. Ao contrário, o nosso interesse está mais concentrado no impacto das características psicológicas de cada pessoa pelo que privilegiaremos como unidade de análise o gestor. Apesar disso, e tendo em conta que algumas das decisões financeiras mais importantes na empresa podem ser tomadas em grupo, este será um tema a que dedicaremos também alguma atenção (ver o capítulo 3);

3) Nos estudos empíricos conduzidos no âmbito da teoria dos "escalões superiores" caracterizam-se os gestores considerando-se alguns factores observáveis reflectidos sobretudo em variáveis sócio-demográficas e relativas ao seu percurso pessoal e profissional. A nossa perspectiva é diferente na medida em que aqui se privilegia o estudo das características *psicológicas* dos indivíduos. Como é óbvio, estes elementos são mais difíceis de aferir o que levanta algumas dificuldades à análise. Apesar disso, têm sido desenvolvidos, como veremos no capítulo seguinte, métodos de aproximação aos factores psicológicos que têm permitido ultrapassar esses obstáculos;

4) Na teoria dos "escalões superiores", os estudos empíricos desenvolvidos são, regra geral, seccionais. Procuram-se relacionar variáveis observáveis que caracterizam os gestores de um conjunto de empresas com as decisões estratégicas tomadas no interior dessas empresas. Já nos trabalhos a que faremos referência ao longo do livro, os métodos de estudo utilizados são francamente mais variados. Importa referir aqui que, dado o destaque atribuído ao perfil psicológico dos gestores, alguns dos métodos adotados, como no caso dos inquéritos ou dos estudos experimentais, são utilizados mais frequentemente na Psicologia.

Apesar destas diferenças importantes, alguns desenvolvimentos posteriores surgidos no interior da teoria dos "escalões superiores" têm feito aproximar os métodos e a unidade de análise considerada dos adoptados pelas finanças comportamentais.[5]

1.3. ORGANIZAÇÃO DO LIVRO

O livro está organizado em 15 capítulos divididos em duas partes.

Na primeira parte do livro, que compreende os primeiros sete capítulos, apresentam-se os factores pessoais e de personalidade do gestor capazes de influenciar as suas escolhas. Nos restantes capítulos, que constituem a segunda parte do livro, discutem-se os efeitos dos factores comportamentais num tipo particular de escolhas: as escolhas financeiras. Ao longo da obra serão ainda apresentados, em sombreado, alguns destaques que aprofundam a matéria referida no texto principal. Por exemplo, no capítulo 2, põem-se em relevo as conclusões de alguns autores acerca do efeito do excesso de confiança dos gestores.

Mas, descrevamos em síntese o conteúdo de cada um dos capítulos.

O capítulo seguinte é importante porque nele se lançam as bases para se entender o que leva os gestores a decidir de forma diferente entre si e diferente do previsto pelos modelos neoclássicos em Finanças. Explicam-se os fundamentos psicológicos da decisão humana e apresentam-se os principais enviesamentos que influenciam as escolhas dos gestores: o excesso de confiança, os enviesamentos de confirmação, de ancoragem, de disponibilidade, a dissonância cognitiva e a ilusão de controlo. Pela sua importância, dedica-se especial atenção ao estudo do excesso de confiança dos gestores. O pensamento em cenários e os erros cometidos pelos executivos no planeamento (a chamada falácia do planeamento) são outros dos temas abordados.

As decisões de gestão na empresa são muitas vezes tomadas em grupo. Por isso, é importante perceber de que forma podem as decisões tomadas pelo colectivo ser influenciadas pelos elementos que dele fazem parte. E, na perspectiva da gestão da empresa, é útil identificar as características dos grupos capazes de efectuar as melhores escolhas. Estes são os objectivos do terceiro capítulo do livro.

O capítulo 4 é dedicado a três temas distintos – a aprendizagem dos gestores, a competição entre esses profissionais e os incentivos que lhes são atribuídos – que têm em comum o facto de constituírem argumentos frequentes contra a prevalência dos efeitos psicológicos nas decisões de gestão. Veremos neste capítulo que, apesar da aprendizagem, da competição e dos incentivos, os efeitos psicológicos são relevantes nas escolhas dos gestores.

O quinto capítulo incide sobre as decisões dos empreendedores. Os empreendedores, enquanto fundadores de negócios, debatem-se com problemas particulares. E, por este motivo, os enviesamentos decisionais têm também efeitos específicos quando falamos desses profissionais.

Chegados ao sexto capítulo, interessa reflectir acerca do impacto do gestor no desempenho da empresa. Para isso, precisamos de considerar não apenas as características do gestor, mas também o ambiente institucional em que as decisões têm lugar.

No capítulo 7 traça-se a relação entre as experiências de vida dos gestores e as escolhas realizadas nas empresas. Veremos que algumas experiências – como por exemplo, a experiência enquanto militares ou a vivência de recessões económicas – marcam profundamente os profissionais e que tal se reflecte de forma duradoura nas decisões tomadas.

Depois de estarem estabelecidos os princípios comportamentais e os seus efeitos nas opções tomadas pelos gestores, estão reunidas as condições para analisarmos a forma como esses profissionais tomam decisões financeiras. Esse é o objectivo dos capítulos seguintes.

Assim, no capítulo 8, são apresentados os efeitos da psicologia do gestor sobre as decisões de investimento. Esta perspectiva permite-nos entender por que razão se falha frequentemente nos prazos e orçamentos dos investimentos empresariais. A relutância dos gestores em abandonar projectos condenados ao fracasso é outro dos temas a que se dá destaque neste capítulo.

O capítulo 9 trata das decisões de financiamento. Os modelos tradicionais não conseguem explicar a estrutura de capitais observada nas empresas em muitas circunstâncias. Conforme veremos, efeitos comportamentais como o excesso de confiança são úteis para entender as escolhas dos gestores.

A política de dividendos é o tema do capítulo 10. Abordaremos a procura de dividendos por parte dos accionistas e a reacção dos gestores a essa procura. Os resultados dos inquéritos aos gestores constituem uma fonte de informação preciosa para entender como actuam estes profissionais na escolha dos dividendos a distribuir.

O capítulo 11 é dedicado a uma das decisões financeiras mais importantes: a decisão de realizar uma fusão ou aquisição. Como veremos, os efeitos comportamentais são essenciais para se entender as escolhas dos gestores no que diz respeito ao número de fusões e aquisições realizadas, ao valor dos pagamentos efectuados pela empresa compradora aos accionistas da empresa vendedora e também as consequências para a riqueza dos accionistas.

Mas nem só os gestores podem ser afectados por enviesamentos decisionais. Os investidores nos mercados financeiros são também influenciados por factores comportamentais de tal forma que os preços de mercado se podem tornar demasiado elevados ou demasiado baixos. Por isso, no capítulo 12, abordaremos as reacções de gestores não enviesados a mercados financeiros ineficientes para concluir que os executivos podem aproveitar, de forma oportunística, as subvalorizações ou sobrevalorizações dos mercados.

No capítulo 13, depois de termos debatido as consequências das características psicológicas dos gestores nas decisões tomadas nas organizações, estamos já em condições de perceber se essas consequências são benéficas ou prejudiciais.

O capítulo 14 é dedicado ao estudo da relação entre a cultura da organização e as características de personalidade dos profissionais que dela fazem parte. Conforme ficará claro, certos ambientes competitivos contribuem para exacerbar ou atenuar características pessoais dos gestores o que tem efeitos relevantes nos seus comportamentos. O impacto da cultura empresarial e dos factores comportamentais dos indivíduos nas práticas de manipulação de resultados e no cometimento de fraudes serão outros dos assuntos a que dedicaremos atenção.

O último capítulo reveste-se de uma natureza diferente. Os princípios comportamentais e as marcas psicológicas de cada indivíduo reflectem-se em escolhas que vão muito para além do universo empresarial. Assim, no capítulo 15 apresentam-se um conjunto de exemplos que ilustram a importância dos factores comportamentais em escolhas tão diversas como aquelas que são tomadas pelos decisores políticos, pelos decisores militares em contexto de guerra ou pelos cientistas na produção de conhecimento.

2. A decisão humana na empresa (e fora dela)

2.1. UMA MENTE ENVIESADA

Um grande conjunto de estudos no campo da psicologia social e cognitiva tem mostrado ao longo das últimas décadas que as pessoas não vêem o mundo tal qual ele é. Nessa medida, podemos dizer então que a perspectiva que temos do mundo é imperfeita. Para entendermos essa "imperfeição" – adoptemos esta designação apenas para efeitos de exposição do problema – temos que perceber a sua origem, a sua razão de ser. Para o fazer, é útil abordarmos a questão em duas fases distintas. Na primeira fase importa perceber qual a causa dessa "imperfeição". Numa segunda fase, interessa definir o que levou a que, ao longo do tempo, algumas características do ambiente à nossa volta se tornassem "invisíveis" para os seres humanos – todos nós – e o que fez com que outras nos surjam como tão evidentes aos nossos olhos.

Comecemos então pela primeira fase: porque não vemos o mundo tal como ele é? A "imperfeição" a que nos temos vindo a referir resulta da disparidade entre a enorme quantidade de informação disponível no ambiente e as restrições nos recursos cognitivos que temos disponíveis para a processar. A nossa capacidade de memória e de atenção é limitada quando comparada com a informação existente o que leva a que possamos processar apenas um subconjunto dessa informação. Para além disso, o tempo que temos disponível para percepcionar os dados relevantes é também uma restrição importante. Temos, frequentemente, prazos para decidir – imagine-se o caso do gestor de empresas – e o que podemos entender dos problemas, a informação que podemos processar para o fazer, acaba por ser limitado por esses prazos. É por estes motivos que se diz que a racionalidade humana é limitada e que esses limites se traduzem numa visão "enviesada" da realidade.

Mas o que leva a que algumas características da realidade sejam importantes para nós e outras não? Passemos então ao que denominámos de segunda fase na análise do problema. Para entendermos a racionalidade, ou seja, a forma como olhamos para os problemas da realidade e como os tentamos resolver, temos que considerar um outro factor: a evolução. A forma como nos apercebemos do mundo à nossa volta, e também dos problemas económicos que fazem parte desse mundo, depende da evolução da humanidade enquanto espécie, ao longo de milhões de anos. Na verdade, foi essa mesma evolução e o processo de selecção entre as espécies que nos tornou o que somos hoje: mais sensíveis a algumas características da realidade e menos sensíveis a outras. Por isso, e nesta medida, o facto de termos uma determinada visão da realidade, ou seja, uma visão enviesada, pode afinal não ser encarada como uma imperfeição mas apenas como uma resposta às condições do meio em que a espécie humana se definiu ao longo do tempo. A análise aprofundada desta questão está muito para além do âmbito deste livro mas, mesmo assim, entendemos ser conveniente, principalmente para os leitores mais curiosos, apresentar algumas citações da obra *The Evolution and the Function of Cognition* de Felix Goodson (2002) onde o autor se refere a este assunto: «Deixem-me enfatizar novamente que todas as criaturas vivas são analogias funcionais, reflexos das pressões da selecção que definiam a ecologia em que tais criaturas se desenvolveram. Isto é também verdade para os seres humanos. (...) O nosso mundo cognitivo é uma analogia funcional e não literal; as cores, os sons e os odores existem apenas nas nossas cabeças, mas são traduções funcionais de alterações de energia no ambiente externo. A natureza tridimensional do nosso mundo cognitivo não é um reflexo literal do mundo exterior; as pressões da selecção garantiram que certas características vitais [do mundo exterior] fossem realçadas enquanto que outras características menos importantes fossem diminuídas ou nem sequer sentidas» (pp. 78-9).

Entendemos agora porque não percepcionamos o mundo tal qual ele é. A nossa percepção não é neutra: somos sensíveis às características do mundo exterior que se mostraram ser mais importantes para a nossa sobrevivência e somos mais insensíveis a todas as outras. Mas isso levanta um problema difícil para os cientistas sociais que querem estudar as decisões financeiras tomadas pelos agentes numa economia. Se não vemos o mundo que realmente existe como podemos estudar o que leva as pessoas a decidir de uma ou de outra forma? Goodson (2002, p. 79) prossegue expondo este problema: «Esta análise sugere que a única realidade é a nossa experiência subjectiva, que nunca poderemos comparar a sua noção de vermelho com a minha noção de vermelho, [por exemplo]». Mas, logo a seguir, dá a resposta ao problema: «Isto é verdade, mas isso não significa que cada um de nós viva isolado na sua solidão. Como membros da mesma espécie com uma história de evolução partilhada, podemos assumir que a nossa máquina de processamento de informação funciona da mesma maneira. Na medida em que o nosso mundo cognitivo é um duplicado funcional, podemos conhecer e interagir com o mundo exterior e, na medida em que somos funcionalmente semelhantes, podemos comunicar»[1] (p. 79).

Do que foi dito podemos retirar duas conclusões importantes. A primeira é a de que a nossa percepção do mundo não corresponde ao mundo real, ou seja, temos uma visão enviesada da realidade. Podemos pensar que tomamos decisões de forma completamente racional e objectiva mas, por mais que nos esforcemos, isso não é verdade. É interessante notar que a origem dos enviesamentos os torna mais perigosos uma vez que não temos consciência deles quando decidimos: é a nossa própria percepção do mundo – a única que temos – que está enviesada. Alguns autores estabelecem uma analogia entre esses enviesamentos cognitivos e uma ilusão de óptica. As ilusões de óptica ocorrem de forma independente da nossa vontade e não é o facto de sabermos que o que vemos é uma ilusão de óptica que impede que a continuemos a ver.

A segunda conclusão importante é a de que os enviesamentos que caracterizam os indivíduos tendem a ser semelhantes uma vez que todos nós partilhamos a mesma experiência de evolução. Isso significa que os enviesamentos não são aleatórios mas antes que obedecem a um determinado padrão.

Ora, o papel do cientista social que pretenda estudar qualquer questão e, no caso, que pretenda estudar a forma como as pessoas tomam decisões financeiras, é o de procurar conhecer o padrão dos enviesamentos que caracterizam as escolhas dos indivíduos. Nessa tarefa têm colaborado, ao longo das últimas décadas, vários psicólogos que, através de experiências, identificaram um conjunto de enviesamentos que levam a que, na prática, os indivíduos tomem decisões contrárias às previstas pelas teorias financeiras convencionais.[2]

Apresentaremos, de seguida, alguns dos efeitos provocados pelos enviesamentos quando os indivíduos se vêm confrontados com decisões de índole económica ou financeira. Referiremos os efeitos de enquadramento, a violação do princípio da dominância e a aversão a perdas. Depois, no ponto 2.2 e seguintes, iremos focar a nossa atenção na caracterização dos enviesamentos propriamente ditos.

A) OS EFEITOS DE ENQUADRAMENTO

As decisões económicas e financeiras envolvem aquilo que muitas vezes se designa por risco. Interessa perceber se as decisões tomadas dependem apenas da substância dos problemas ou se dependem também da forma como são apresentados. Vamos, por isso, para abordar este assunto, começar por descrever os problemas que foram colocados a um conjunto de sujeitos no âmbito de um estudo experimental levado a cabo por alguns psicólogos no ano de 1981.[3]

O estudo consistiu no seguinte: foi apresentado o seguinte problema a um conjunto de pessoas:

«Imagine que os EUA se preparam para o surgimento de uma doença asiática que se espera que mate 600 pessoas. Foram propostas duas alternativas para combater a doença:

Enquadramento de sobrevivência:
- Se o programa A for adoptado, 200 pessoas serão salvas
- Se o programa B for adoptado, existe uma probabilidade de $1/3$ de que as 600 pessoas sejam salvas e $2/3$ de probabilidade de que ninguém seja salvo».

Entre as 152 pessoas a quem foi colocado este problema, a maioria (72%) escolheu o programa A. 28% escolheu o programa B.

Note-se que as escolhas estão expressas em termos de vidas salvas (é o enquadramento de sobrevivência) e que a escolha maioritária revela *aversão ao risco*. Isso é assim porque a maioria das pessoas prefere um programa em que são salvas 200 vidas com certeza face à alternativa com um valor esperado igual de vidas salvas $\left(1/3 * 600 + 2/3 * 0 = 200\right)$ mas em que existe risco.

Um segundo grupo de 155 pessoas foi colocado perante o mesmo problema mas as alternativas apresentadas tinham uma forma diferente:

Enquadramento de mortalidade:
- se o programa C for adoptado morrerão 400 pessoas
- se o programa D for adoptado existe uma probabilidade de $1/3$ de que ninguém morra e $2/3$ de probabilidade de que morram 600 pessoas

Note-se que aqui as escolhas estão apresentadas em termos de mortalidade, mas as alternativas são, na substância, iguais às alternativas apresentadas ao primeiro grupo de respondentes. O programa A é semelhante ao programa C e o programa B é semelhante ao programa D.

No entanto, as escolhas foram aqui significativamente diferentes: a maioria das pessoas (78%) escolheu o programa D e apenas 22% dos respondentes preferiu o programa C.

Esta escolha revela que os indivíduos são, na sua maioria, *propensos ao risco*. A morte certa de 400 pessoas é menos aceitável do que uma probabilidade de $2/3$ de que 600 pessoas morrerão.

Em diversas ocasiões as duas versões deste problema foram também apresentadas *às mesmas pessoas* tendo sido com elas discutida a inconsistência nas preferências induzida pelos dois enquadramentos. Muitas pessoas mantiveram, ainda assim, o desejo de permanecerem avessos ao risco no enquadramento de sobrevivência e propensas ao risco no enquadramento de mortalidade, embora também tivessem expressado o desejo de que as suas respostas fossem consistentes.

A alteração do enquadramento do problema, isto é, *da forma* como o problema é apresentado, leva a que os respondentes alterem a sua escolha. Resultados semelhantes aos que aqui se apresentam constituem um padrão: foram obtidos sistematicamente com indivíduos muito diferentes quanto ao seu nível de escolarização e interesses: com estudantes universitários, professores universitários ou mesmo com pessoas que, em princípio, estariam mais habituadas a tomar escolhas como as apresentadas como é o caso de médicos ou enfermeiros.

As escolhas foram apresentadas em termos de vidas/mortes, mas resultados semelhantes são observados quando as escolhas propostas são de carácter monetário ou financeiro.

As razões para a alteração na atitude face ao risco podem ser encontradas nos limites da racionalidade humana e na teoria da evolução. Como refere Kahneman (2003, p. 1459), «[O] princípio básico do enquadramento é a aceitação passiva da formulação dada. Por causa dessa passividade, os indivíduos não conseguem construir representações de todas as descrições equivalentes do problema (...) A invariância [à descrição dos problemas] não pode ser alcançada por uma mente limitada». A teoria da evolução permite-nos também perceber o que leva a que indivíduos normalmente avessos ao risco reajam de tal forma adversa à possibilidade de perdas que se tornem propensos ao risco. Essas razões podem ser encontradas nos processos de selecção natural: é mais difícil reverter as consequências de um ataque (escolha errada em caso de perda) do que as de uma oportunidade desperdiçada (escolha errada em caso de ganho).[4]

As mesmas pessoas tendem a ser avessas ao risco nas escolhas que envolvem ganhos e propensas ao risco nas escolhas que envolvem perdas. Este padrão de resposta levanta uma questão séria. As teorias de que dispomos em Finanças não têm em conta a forma como se apresentam os problemas. Se a escolha dos indivíduos se altera significativamente consoante a forma como se apresenta *um mesmo* problema, como podem ser criadas teorias que permitam prever as escolhas dos indivíduos? As mesmas pessoas colocadas perante o mesmo problema têm sistematicamente respostas diferentes dependendo da forma como se apresenta o problema.

Como construir então modelos na teoria da escolha? Existem duas escolhas possíveis. O primeiro caminho é aquele que tem sido trilhado pelas Finanças ao longo dos últimos 50 anos. Os modelos nas finanças tradicionais presumem que as escolhas dos indivíduos são consistentes, ou seja, que um mesmo indivíduo fará as mesmas escolhas independentemente da forma como se apresenta o problema. Este é o chamado *princípio da invariância* (à descrição dos problemas). O facto de se ignorar, neste caso, o efeito de enquadramento permite obter modelos normativos, ou seja, modelos que indicam como um indivíduo deveria actuar caso as suas escolhas fossem consistentes.

Mas o efeito de enquadramento mostra que as escolhas dos indivíduos, na prática, não são consistentes. E, por isso, surge um outro caminho na abordagem às teorias da escolha em Finanças. Podem ser construídos modelos que permitem descrever as escolhas realizadas, *de facto*, pelas pessoas tornando-se possível, assim, prever as suas decisões. Os modelos, neste segundo caminho, perdem em normatividade (as escolhas individuais são inconsistentes) mas ganham em realismo e capacidade de previsão efectiva.

Como concluem Tversky e Kahneman (1986, p. 251) num artigo sobre este assunto: «...nenhuma teoria da escolha pode ser, ao mesmo tempo, normativamente adequada e descrever a realidade de forma precisa».

Já percebemos que as escolhas dos indivíduos perante o mesmo problema podem ser diferentes e que isso revela escolhas inconsistentes. O mesmo indivíduo pode deixar de ser avesso ao risco e passar a ser propenso ao risco bastando para isso alterar a forma como se apresentam as alternativas. Mas quais as consequências desse facto? O exemplo seguinte permite-nos responder a essa questão.

B) VIOLAÇÃO DO PRINCÍPIO DA DOMINÂNCIA

Mais uma vez estamos perante um estudo experimental. Cada um dos 150 participantes na experiência foi chamado a realizar duas escolhas. O problema apresentado foi o seguinte[5]:

«Imagine que está perante o seguinte par de decisões a ser tomado em simultâneo. Primeiro examine ambas as decisões e depois indique as opções que prefere.

Decisão 1 - escolha entre:
A. um ganho certo de 240 dólares [84%]
B. 25% de probabilidade de ganhar 1000 dólares e 75% de probabilidade de nada ganhar [16%]

Decisão 2 - escolha entre:
C. uma perda certa de 750 dólares [13%]
D. 75% de probabilidade de perder 1000 dólares e 25% de probabilidade de nada perder [87%]

A percentagem de escolha de cada uma das opções apresenta-se entre parênteses rectos. Na decisão 1 é difícil recusar a alternativa de um ganho certo de 240 dólares face à possibilidade de 75% de nada ganhar. Por isso, a grande maioria dos respondentes (84%) escolhe a opção A. Já na decisão 2, é difícil aceitar uma perda certa de 750 dólares. A grande maioria das pessoas (87%) decide arriscar para ter 25% de probabilidades de nada perder ainda que, para isso, se tenha que aceitar a possibilidade de 75% de uma perda de 1000 dólares.

Note-se que a escolha maioritária na decisão 1 indicia que as pessoas são avessas ao risco enquanto a escolha maioritária na decisão 2 é consistente com a propensão ao risco. Como já vimos na alínea anterior, este é um padrão comum: nas escolhas entre ganhos (como na decisão 1) as pessoas são, geralmente, avessas ao risco e nas escolhas entre perdas (como na decisão 2) tendem a ser propensas ao risco.

Como os indivíduos analisaram os dois pares de escolhas em simultâneo, expressaram, na verdade, a sua preferência pelas alternativas A e D em vez das alternativas B e C. Mas isso significa que a maioria das pessoas *fez uma má escolha*.

Para ver que isso é assim, vamos agregar esses dois pares de alternativas. Temos então o seguinte:

A+D: 25% de probabilidade de ganhar 240 dólares e 75% de probabilidade de perder 760 dólares

B+C: 25% de probabilidade de ganhar 250 dólares e 75% de probabilidade de perder 750 dólares

Em teoria, B+C é claramente preferível a A+D. Note-se o que se passa aqui: o facto dos indivíduos terem escolhas inconsistentes – umas vezes avessas ao risco, outras vezes propensas ao risco – pode ter consequências importantes *mesmo quando se trata de escolhas financeiras*. A maioria das pessoas pode acabar por efectuar escolhas subóptimas em resultado desse padrão inconsistente de preferências, como fica evidenciado no exemplo.

Quando se apresentam as alternativas já agregadas, a escolha é clara e as pessoas escolhem sem dificuldade a combinação B+C. Mas quando se apresentam as alternativas desagregadas a escolha é muito diferente: 73% das pessoas nesta experiência escolheram A e D e apenas 3% das pessoas seleccionaram B e C. O contraste entre as escolhas nos dois formatos é outra manifestação da violação do princípio da invariância. Note-se que resultados como estes são sistemáticos. Foram repetidos diversas vezes, em contextos e com grupos de teste diversos. O que se conclui é que a inconsistência das preferências pode fazer com que se viole um princípio fundamental nas teorias normativas designado de *princípio da dominância*, ou seja, o princípio de que os indivíduos escolhem aquelas que são as melhores alternativas para si. Na prática, não só as nossas escolhas tendem a ser inconsistentes – variam em função da forma como os problemas são apresentados – como essa inconsistência pode levar a que façamos as piores escolhas.

Fica mais uma vez evidente o dilema com que se defrontam as Finanças e, em geral, todas as áreas da Ciência em que a teoria da decisão é fundamental.

Se se presume que os indivíduos efectuam as melhores escolhas, ou seja, obedecem ao princípio da dominância, criam-se teorias que permitem dizer como os indivíduos deviam decidir. No entanto, esses modelos normativos, na prática, não permitem prever como as pessoas vão decidir. Nas escolhas concretas a maioria dos indivíduos viola o princípio da dominância quando as alternativas apresentadas induzem preferências inconsistentes.

A inconsistência das escolhas está ainda na origem de um outro efeito com implicações evidentes nas escolhas financeiras: a aversão a perdas.

C) AVERSÃO A PERDAS

Imagine que lhe propunham um jogo:

«Lança-se uma moeda ao ar. Se sair cara ganha 150 euros, se sair coroa perde 100 euros».

Aceita este jogo? Se é como a maioria das pessoas não aceitará este jogo. Este comportamento é algo surpreendente uma vez que se trata de um jogo com valor esperado positivo (partimos do princípio de que a moeda não está viciada, claro).

Este resultado ilustra o chamado efeito de *aversão a perdas*.[6] A aversão a perdas decorre do facto da insatisfação que resulta de uma perda ser superior à satisfação que os indivíduos retiram de um ganho esquivalente. As evidências sugerem que a aversão a perdas leva a que a maioria dos sujeitos rejeite um jogo com probabilidades iguais de perda ou ganho a não ser que o montante de ganho potencial tenha, pelo menos, duas vezes a dimensão da perda potencial. Isto quer dizer que, mais uma vez, os indivíduos se comportam de forma contrária à que se esperaria do agente proposto pelas teorias financeiras convencionais. Em geral, as pessoas só aceitam perder 100 euros com 50% de probabilidade se, em contrapartida, o montante a ganhar com 50% de probabilidade for de, pelo menos, 200 euros.[7]

Estes exemplos simples servem para ilustrar os efeitos que os enviesamentos decisionais podem ter nas escolhas realizadas – incluindo nas escolhas financeiras. Os estudos experimentais mostram que os efeitos dos enviesamentos são frequentes, significativos e sistemáticos. São frequentes porque afectam a generalidade dos decisores quando colocados perante escolhas que implicam algum risco. São significativos porque os desvios em relação ao esperado são frequentemente muito pronunciados. E são sistemáticos porque os erros encontrados nos estudos experimentais não parecem ser aleatórios, antes parece ser cometido o mesmo tipo de erros quando as decisões são tomadas em contextos similares. Estes resultados confirmam aquilo que se esperaria observar em indivíduos que partilham a mesma história da evolução.

Os efeitos que acabamos de descrever afectam a generalidade das pessoas. Por maioria de razão, é plausível pensar que afectarão também os gestores nas decisões financeiras tomadas no seio das empresas.

Mas, qual o efeito dos enviesamentos comportamentais nas diversas escolhas tomadas pelo gestor? Para responder a esta questão temos que examinar os enviesamentos procurando buscar nestes as implicações para as decisões tomadas em contexto empresarial.

Nesse sentido, apresentam-se, a seguir, alguns dos principais enviesamentos comportamentais susceptíveis de influenciar as escolhas realizadas pelos gestores. Esta análise é o primeiro passo para perceber em que circunstâncias e em que sentido podem as decisões do gestor afastar-se do postulado pelas finanças convencionais.

2.2. O EXCESSO DE CONFIANÇA

A) INTRODUÇÃO

O excesso de confiança pode ser definido como a convicção de que as capacidades próprias de decisão, raciocínio e demais aptidões são superiores ao que, na realidade, se verifica. Verifica-se que esta crença exagerada nas capacidades próprias afecta a generalidade das pessoas de tal forma que DeBondt e Thaler (1995, p. 389) consideram que o excesso de confiança é «talvez a mais robusta evidência empírica na psicologia da decisão». Outros autores como, por exemplo, Taylor e Brown (1988, p. 198) afirmam mesmo que o excesso de confiança é uma das características do pensamento humano saudável: «...existe considerável evidência empírica que sugere que auto-avaliações excessivamente positivas, uma noção exagerada de controlo e um optimismo irrealista são características do *pensamento humano normal*» (itálico nosso). Para se ter uma noção da prevalência deste enviesamento, pode-se referir que, numa pesquisa incidindo sobre mais de 2000 gestores, se concluiu que menos de 1% não manifestava sintomas do excesso de confiança.[8]

O excesso de confiança pode manifestar-se em dois momentos distintos: na tomada de decisão e depois da tomada de decisão. No primeiro caso, os indivíduos manifestam um *excesso de confiança nas suas previsões* o que significa que pensam poder prever melhor o futuro do que na realidade acontece. Este efeito é sentido antes de se ter oportunidade para se verificar se a previsão está ou não correcta e é o que leva a que os indivíduos atribuam um intervalo de confiança demasiado estreito às suas estimativas. Assim, quando se solicita a um gestor com excesso de confiança um intervalo de estimativa do valor de um investimento a realizar, por exemplo, verifica-se que as respostas se traduzem em intervalos demasiado estreitos mesmo quando o passado sugere que o desvio-padrão da previsão deveria ser superior.[9] Este efeito ocorre porque as pessoas que têm confiança em excesso sobreavaliam a importância da informação de que dispõem, subavaliam o risco inerente às opções tomadas e são demasiado lentas a incorporar informação adicional que lhes permitiria avaliar mais correctamente a situação.[10]

Depois da decisão estar tomada, os indivíduos com este enviesamento podem manifestar um *excesso de confiança na avaliação dos problemas* com que se depararam. Isto pode ocorrer porque os indivíduos sobrestimam as suas capacidades. Por exemplo, depois dos gestores excessivamente confiantes levarem a cabo um investimento encontram-se, com frequência, pouco preparados para a possibilidade de sofrerem perdas. Por isso, sentem-se exageradamente surpresos ou desapontados se o investimento acabar por ter um desempenho desfavorável.

A sobreavaliação das capacidades próprias que está na base do excesso de confiança manifesta-se, frequentemente, no chamado *efeito "melhor do que a média"* em que a maioria das pessoas julga ter melhores capacidades do que os restantes indivíduos. Por exemplo, em inquéritos simples, a maioria das pessoas (tipicamente, entre 70% e 80%) julga ser um condutor acima da média. Resultados semelhantes foram obtidos em inquéritos relativos à saúde, às capacidades de gestão, ou às perspectivas de sucesso do próprio negócio.[11]

Verifica-se, frequentemente, que este sentimento exagerado de certeza e controlo típico do excesso de confiança leva os indivíduos a ter um sentimento de optimismo em relação ao futuro. Dito de outra forma, é frequente que os indivíduos manifestem também a tendência sistemática para considerar que os acontecimentos futuros (exógenos) serão mais favoráveis do que em média se vem a verificar. Assim, tende-se a sobrestimar a probabilidade de ocorrência de eventos favoráveis e a subestimar a probabilidade de ocorrência de eventos desfavoráveis.[12] Embora, na literatura em Psicologia, os enviesamentos de excesso de confiança e de excesso de optimismo costumem ser tratados de forma independente, a verdade é que na literatura em Finanças é usual não fazer a distinção entre os dois conceitos pelo que, para efeitos de exposição, nos referiremos, de agora em diante, e salvo indicação expressa em contrário, a um ou outro conceito de forma indistinta.

B) GESTORES EXCESSIVAMENTE CONFIANTES

O fenómeno do excesso de confiança pode ter consequências particularmente importantes quando se trata de gestores de empresas. Conforme referem Hayward *et al.* (2009, p. 569): «No campo da teoria da decisão comportamental, o excesso de confiança é muitas vezes considerado como o mais frequente e prejudicial erro de julgamento que os gestores cometem». É por isso importante perceber o que pode levar os gestores a serem afectados pelo excesso de confiança. Existem diversas razões que podem ser apontadas.

Para começar, a forma como se organiza a oferta e a procura de gestores pode ajudar a explicar o fenómeno. No que diz respeito à oferta de gestores, um mecanismo de auto-selecção tende a favorecer a prevalência de um nível mais elevado de excesso de confiança na classe dos gestores do que na população em geral. É necessário atentar que os gestores geralmente não se tornam gestores por acidente mas sim porque consideram que essa carreira é mais vantajosa do que outras carreiras alternativas. Ora, é de esperar que sejam precisamente aqueles indivíduos com percepções mais enviesadas quanto às suas capacidades de gestão que, com maior probabilidade, procurarão prosseguir uma carreira como gestores. No que se refere à procura de gestores por parte da empresa, é também de esperar que a presença do enviesamento seja favorecida. De facto, o excesso de confiança dos gestores pode advir da própria selecção das empresas no momento da contratação dos gestores se aquelas entenderem esse enviesamento decisional como um sinal de maior capacidade ou de maior compromisso com os objectivos da empresa ou então se os accionistas entenderem que é menos dispendioso contratar um gestor com excesso de confiança do que um gestor não enviesado.[13]

Um segundo conjunto de factores que favorece o desenvolvimento de enviesamentos na gestão relaciona-se com as características das funções desempenhadas pelos gestores e do ambiente em que actuam, e que estão normalmente associadas nos estudos empíricos a um maior nível de excesso de confiança. Senão vejamos. Em primeiro lugar, o excesso de confiança tende a ser mais pronunciado nos casos em que os indivíduos têm que actuar em contextos de grande incerteza e complexidade. Tal é a situação típica com que se deparam a maioria dos gestores. Ora, particularmente nos casos em que a actividade empresarial ainda está no início ou em que o contexto competitivo é mais complexo, a ausência de uma base histórica de informações longa e fiável em que basear as escolhas pode agravar o excesso de confiança.

Em segundo lugar, os indivíduos tendem a manifestar um maior excesso de confiança quando acreditam que podem controlar os resultados da sua actuação. Ora, os gestores de topo estão num ambiente que propicia esta ilusão de controlo: são os mais poderosos executivos na empresa e têm uma palavra decisiva em decisões estratégicas que afectam toda a organização. Além disso, por controlarem os recursos da empresa, terão plausivelmente uma noção elevada de controlo sobre o seu desempenho pelo que serão, por isso, mais atreitos ao excesso de confiança.

Em terceiro lugar, verifica-se que o excesso de confiança tende a ser superior quando existe um compromisso forte do indivíduo com os resultados da sua decisão. Ora, no caso dos gestores, existe normalmente um grande compromisso com o bom desempenho da empresa pois disso depende não apenas a sua riqueza pessoal mas também a sua reputação e carreira.

Em quarto lugar, o efeito "melhor do que a média" característico do excesso de confiança é mais pronunciado quando o ponto de referência a partir da qual se estabelece a comparação ("a média") é mais abstracto e difícil de definir. No caso dos gestores, é difícil definir as capacidades dos concorrentes uma vez que essas capacidades individuais se conjugam com factores institucionais e de conjuntura económica, entre outros, antes de se repercutirem no desempenho da empresa. Mais, a comparação com os concorrentes pode ser dificultada pela própria natureza da decisão tomada. Por exemplo, decisões de investimentos de larga escala são naturalmente complexas e difíceis de comparar entre empresas e isso dificulta a detecção do efeito "melhor do que a média".

Em quinto lugar, o excesso de confiança é, normalmente, mais grave quando o resultado da actuação dos agentes demora a ser conhecido ou não é conclusivo. Este é o caso típico das decisões empresariais. Muitas decisões de investimento, por exemplo, apenas podem produzir resultados a muito longo prazo (anos), e esses resultados dependem de muitos factores imponderáveis na altura da tomada da decisão e que dificultam a interpretação da validade da escolha inicial.[14]

Por último, a ideia de que os gestores podem ser afectados pelo enviesamento de que temos vindo a tratar é sugerida por outros estudos. Vários autores mostram que o excesso de confiança é um fenómeno frequente, persistente e transversal que afecta várias categorias profissionais como psicólogos, médicos e enfermeiros, engenheiros, advogados, negociadores, banqueiros de investimento, economistas e analistas de activos financeiros, entre outros.[15] Por isso, não se vê razões para que os gestores sejam uma excepção. Para mais, sendo os gestores profissionais aqueles que se encontram no topo da hierarquia das empresas, é de supor que sejam mais inteligentes do que a média. Ora, os estudos empíricos indicam que existe uma relação positiva entre os indicadores de capacidade intelectual e os níveis de excesso de confiança observados.[16]

C) O EXCESSO DE CONFIANÇA DO GESTOR AO LONGO DO TEMPO

Vimos já que existem alguns factores que nos levam a pensar que o gestor pode ser particularmente afectado pelo excesso de confiança. Mas a realidade da empresa é complexa e podem existir factores institucionais ou outros que contribuam para mitigar ou exacerbar esse enviesamento. Por isso, é necessário investigar se o excesso de confiança que afecta o gestor tem condições para se manter ao longo do tempo. Para responder a esta questão devemos olhar para o excesso de confiança de uma *forma dinâmica* e indagar se, ao longo do tempo, na vida das organizações, existem factores que tornem o excesso de confiança dos gestores mais ou menos provável. Nesta perspectiva, há a considerar pelo menos cinco efeitos distintos:

Em primeiro lugar, o próprio processo de governação interno das empresas pode favorecer a progressão na carreira de gestores com excesso de confiança. Quando gestores com excesso de confiança e gestores sem excesso de confiança estão a competir pelos lugares de topo com base na apresentação de projectos para o futuro, é mais provável que sejam os primeiros, que subestimam o risco dos projectos propostos, que sejam promovidos. Este efeito tende a reforçar o peso dos gestores com maior excesso de confiança nos lugares de decisão.[17]

Em segundo lugar, é necessário ter em atenção que é provável que o fenómeno a que nos acabamos de referir, ou seja, a ascensão de gestores com excesso de confiança na hierarquia da empresa, se repercuta em toda a organização. Um gestor excessivamente confiante, com crenças arreigadas acerca do caminho a trilhar pela empresa, vai naturalmente seleccionar no mercado de trabalho colaboradores com convicções semelhantes. A concordância entre a visão dos gestores de topo e a dos seus colaboradores facilita a coordenação e faz com que a propostas apresentadas por estes últimos sejam mais proveitosas o que, por sua vez, os leva a esforçarem-se mais. Assim, as características de personalidade dos gestores de topo – no caso, o excesso de confiança –, tendem a propagar-se progressivamente aos vários lugares--chave da empresa.[18]

Em terceiro lugar, um agente excessivamente confiante pode ter melhores condições para sobreviver no ambiente empresarial. O excesso de confiança leva a que os indivíduos sobrestimem a produtividade marginal do trabalho desenvolvido na empresa e que, por causa disso, tendam a trabalhar mais. Dada a natureza complementar do trabalho desenvolvido pelos diversos indivíduos nas organizações, os restantes agentes (não enviesados) encontram também vantagens em esforçar-se mais. As sinergias geradas pelo esforço acrescido de todos os indivíduos beneficia a empresa e também o agente com excesso de confiança ajudando-o a singrar na hierarquia.[19]

Em quarto lugar, como já foi referido, os gestores operam muitas vezes num ambiente de grande incerteza em que a aprendizagem é particularmente difícil pelo facto dos resultados das suas decisões serem visíveis apenas a prazo e dependerem de muitos factores exógenos que estão para além dos méritos da própria decisão. Assim, o nexo de causalidade entre as competências do gestor e os resultados obtidos não é imediato nem fácil de perceber pelo que é de esperar que o enviesamento tenda a persistir.

Por último, os gestores excessivamente confiantes que têm sucesso, como acreditam nas suas capacidades, têm a tendência para, ao longo do tempo, atribuírem uma parte exagerada do seu êxito ao seu próprio mérito. Ao contrário, o seu insucesso tende a ser mais frequentemente atribuído a factores externos e aleatórios como o acaso. Por este motivo, a experiência pode levar a que os gestores não descubram as suas reais capacidades o que os leva a tornarem-se (ainda mais) confiantes ao longo da sua carreira.[20] Este efeito é consistente com a verificação empírica de níveis mais elevados de excesso de confiança em profissionais mais experientes e com maiores conhecimentos.[21]

Daqui se conclui que não só é de esperar que o excesso de confiança seja um enviesamento predominante no grupo dos gestores de empresas, como é também de crer que seja difícil que esse excesso de confiança diminua ao longo do tempo.

A. O excesso de confiança dos gestores

Russo e Schoemaker (1992) levaram a cabo um inquérito a mais de 2000 gestores dos EUA pertencentes a diversos sectores de actividade com o objectivo de aferir da existência e grau de excesso de confiança desses agentes. Para o efeito foram colocadas dez questões a cada gestor relacionadas com a sua empresa e/ou ramo de actividade. Para cada pergunta foi solicitada uma estimativa de um intervalo de confiança com um determinado grau de probabilidade.

Este procedimento permitiu obter a percentagem de erros dos gestores e ainda comparar essa percentagem com o grau de probabilidade do intervalo de confiança. Tal comparação permite retirar ilações acerca do grau de confiança dos indivíduos. Por exemplo, se o intervalo de confiança solicitado é de 90%, então é de esperar que haja 10% de respostas que não se situem no intervalo. Se forem mais de 10% as respostas erradas, então pode-se concluir pela existência de excesso de confiança.

Os resultados obtidos apresentam-se na tabela seguinte:

Resultados das questões colocadas aos gestores

Sector testado	Tipo de questões usadas no teste	Percentagem de erros		Dimensão
		Ideal	Observada	
Publicidade	Sectorial	10	61	750
	Sectorial	50	78	750
Informática	Sectorial	5	80	1290
	Empresa	5	58	1290
Processamento de dados	Sectorial	10	42	252
	Económica	10	62	261
Gestão de patrimónios	Sectorial	10	50	480
Petróleo	Sectorial e empresa	10	50	850
	Sectorial e empresa	50	79	850
Farmacêutico	Empresa	10	49	390
Análise de activos	Sectorial	10	64	497

A percentagem de erros ideal é de 100% menos a dimensão do intervalo de confiança. Assim, quando se diz que a percentagem ideal de erros é de 10%, tal significa que foram pedidos aos respondentes intervalos de confiança de 90% nas suas estimativas. A tabela com a referência "Dimensão" corresponde ao número total de estimativas realizadas para todas as pessoas numa determinada categoria de sectores e tipo de questões.

Os resultados mostram que, para todos os sectores estudados, os gestores manifestaram, em média, excesso de confiança. Por exemplo, no caso do sector "publicidade", tendo sido colocadas questões com um intervalo de confiança de 90%, em vez dos 10% de respostas erradas obtiveram-se 61% de respostas erradas.

O inquérito permite concluir que o excesso de confiança, que se manifesta na estimativa de intervalos demasiado estreitos, afecta os gestores mesmo quando se trata de realizar estimativas relacionadas com o próprio sector de actividade ou empresa em que operam. Tal sugere que os erros das suas estimativas inerentes às decisões económicas e financeiras que tomam quotidianamente podem ter impactos relevantes no seu negócio.

D) FONTES DO EXCESSO DE CONFIANÇA

Uma questão pertinente é a de se saber qual a origem do excesso de confiança. Porque motivo os indivíduos não avaliam correctamente as suas capacidades?

Alguns autores consideram que o excesso de confiança pode ter sido favorecido pela evolução da espécie humana. Nesta óptica, o enviesamento sobreviveu até aos nossos dias pelo facto de ter desempenhado um papel relevante na adaptação dos indivíduos ao meio.

Mas então, qual a utilidade do excesso de confiança? São várias as respostas possíveis para essa pergunta. O excesso de confiança poderá ter proporcionado uma maior resistência à adversidade. O facto de se ter uma ideia exagerada das capacidades próprias pode constituir uma motivação importante para não se desistir e continuar a tentar. Assim, o excesso de confiança pode explicar o sucesso dos indivíduos ainda que, no caminho até se atingir esse sucesso, se tenha que suportar um maior número de insucessos. Outros autores referem que a confiança em excesso pode ter sido importante na capacidade de convencimento dos indivíduos. Quando o sucesso (ou a sobrevivência) depende da capacidade de enganar outrem, os indivíduos mais bem sucedidos são aqueles que são primeiro capazes de se enganar a si próprios. Dito de outra forma, quando um indivíduo tenta enganar outro acerca das suas capacidades, a credibilidade individual é superior se o próprio indivíduo acreditar na superioridade das suas capacidades. Os sujeitos vítimas do engano são-no mais facilmente se não observarem nenhuma das pistas associáveis à falsidade da comunicação. Já a pessoa que genuinamente está convencida do que está a dizer não revela "sinais de aviso" e tem a vantagem de não ter que manter o "peso cognitivo" inerente à preocupação consciente de reforço da (falsa) mensagem inicial.[22]

O potencial adaptativo do excesso de confiança é confirmado por uma série de estudos que mostram que esse enviesamento permite que os indivíduos sobrevivam mesmo num contexto de competição com agentes não enviesados. Por exemplo, numa competição entre investidores enviesados e não enviesados num mercado financeiros, os investidores enviesados podem ser beneficiados pelo seu excesso de confiança. Como tendem a subestimar o risco que estão a assumir, os investidores enviesados transaccionam de forma mais agressiva e acabam por assumir mais risco do que apercebido. No longo prazo, essa actuação levá-los-á a obter rendibilidades superiores, em média, àquelas auferidas pelos investidores não enviesados.[23]

Um outro indicador da capacidade de adaptação desempenhada pelo excesso de confiança pode ser encontrado em alguns estudos da Psicologia. Verifica-se, por exemplo, que o excesso de confiança está associado a vários indicadores de saúde mental como a capacidade de se importar com as restantes pessoas, a capacidade para se ser feliz e a capacidade para se comprometer com um trabalho produtivo e criativo.[24]

Mas o excesso de confiança não parece ser determinado apenas por questões individuais. As questões culturais são também importantes. De facto, verifica-se que existem culturas que contribuem para exacerbar o excesso de confiança enquanto que outras parecem conduzir à sua mitigação. Culturas marcadas por um maior individualismo e por uma maior valorização do presente em relação ao futuro estão, na prática, associadas a níveis mais elevados de excesso de confiança. Nestes contextos culturais, de que os países de tradição anglo-saxónica constituem os casos mais típicos, é particularmente valorizada a liberdade de escolha pessoal e a actuação individual pelo que a actuação dos agentes com excesso de confiança tem condições mais propícias para se manifestar. Pelo contrário, nas culturas mais orientadas para a concretização de objectivos a longo prazo como, por exemplo, nas culturas orientais e em particular nas que o Budismo assume um papel importante, o excesso de confiança, estando presente, é menos acentuado.[25]

O excesso de confiança tem sido também frequentemente associado a um outro enviesamento decisional: o enviesamento de auto-atribuição. O enviesamento de auto-atribuição é a tendência dos indivíduos para atribuir o seu sucesso a factores próprios (talento, conhecimento, capacidades de previsão, etc.) e, ao mesmo tempo, para atribuir os insucessos a factores externos (má sorte, por exemplo). É fácil de perceber de que modo a auto-atribuição pode provocar excesso de confiança: se o indivíduo vê, erradamente, os seus sucessos no passado como fruto das capacidades próprias, é natural que sobrestime as suas probabilidades de sucesso também no futuro.[26] Hirshleifer (2001, p. 1549) sintetiza assim a relação entre os enviesamentos de auto-atribuição e de excesso de confiança: «O excesso de confiança e a auto-atribuição são os equivalentes estático e dinâmico; a auto--atribuição leva a que os indivíduos aprendam a ser excessivamente confiantes em vez de convergir para uma auto-avaliação precisa».

A relação prevista entre os dois enviesamentos é verificada empiricamente. Os gestores que tiveram um maior sucesso empresarial no passado recente e que, por esse motivo, é de esperar que estejam mais afectados pela auto-atribuição, são precisamente os mesmos que, na previsão dos resultados futuros, evidenciam maior excesso de confiança. Esse excesso de confiança traduz-se na apresentação de estimativas situadas num intervalo de confiança que se vem a revelar ser demasiado estreito.[27]

E) MEDIR O EXCESSO DE CONFIANÇA DOS GESTORES

Apesar de existirem já vários estudos relativos ao impacto do excesso de confiança dos investidores nos mercados financeiros, o excesso de confiança dos gestores tem sido relativamente pouco estudado. Foi apenas nos tempos mais recentes que surgiram estudos empíricos sobre a matéria. Uma boa explicação para o atraso na investigação pode estar relacionada com a dificuldade em aferir o excesso de confiança dos gestores. A quantificação do excesso de confiança é uma tarefa problemática na medida em que não existem instrumentos que permitam medir directamente um enviesamento decisional. A isto acresce a natural relutância dos executivos em colaborar em estudos académicos que impliquem a revelação de informação que pode vir a ser utilizada pelos concorrentes. Mas, apesar destes obstáculos, têm sido desenvolvidas diversas medidas do excesso de confiança dos gestores ao longo dos últimos anos.

A primeira medida permite classificar os gestores como excessivamente confiantes se eles se tiverem exposto em demasia ao risco idiossincrático das empresas para as quais trabalham. Um gestor avesso ao risco procurará naturalmente diversificar o risco inerente ao facto do valor do seu capital humano, reputação e rendimentos estarem intimamente relacionados com o desempenho da empresa. Por isso, um gestor avesso ao risco deveria procurar compensar a sua dependência do desempenho da empresa assumindo uma posição curta (i.e., uma posição vendedora) nas acções da empresa.

Com esta estratégia, as perdas decorrentes de um mau desempenho da empresa, por exemplo, seriam compensadas por ganhos nas acções. Mas como assumir essa posição vendedora nas acções? Os gestores recebem, por vezes, uma componente da sua remuneração sob a forma de acções ou opções de compra de acções da empresa para a qual trabalham. Assim, para minorar o seu risco idiossincrático, um gestor avesso ao risco deveria exercer as opções de compra por si detidas antes da sua expiração se essas opções estiverem suficientemente *in-the-money*. Mas um gestor excessivamente confiante fará precisamente ao contrário. Por acreditar excessivamente na empresa e nas suas capacidades será tentado a aumentar a sua exposição às acções. Assim, um gestor demasiado confiante exercerá depois do momento óptimo as opções sobre as acções da empresa que detém ou manterá essas opções até à sua expiração ou então tentará até aumentar o número de acções da empresa por ele detidas. Em qualquer dos casos estará durante algum tempo exposto a um risco excessivo na óptica de um gestor não enviesado. No caso das acções, a actuação do gestor confiante no sentido da compra das mesmas reflecte o contraste entre a avaliação que faz das acções (superior) e a avaliação que é realizada pelos investidores no mercado (inferior). O facto de o gestor querer comprar as acções é justificado pela sua percepção de que as expectativas de apreciação do preço mais que compensam a subdiversificação decorrente da posição compradora assumida.[28] Os indicadores de confiança excessiva relacionados com a assunção do risco idiossincrático da empresa foram utilizados por Jenter (2005), Malmendier e Tate (2005a, 2008), Doukas e Petmezas (2007), Billett e Qian (2008), Bouwman (2010), Croci *et al.* (2010), John *et al.* (2012), Hirshleifer *et al.* (2012), Deshmukh *et al.* (2013), entre outros.

Uma segunda medida de excesso de confiança dos gestores baseia-se na percepção que a opinião pública tem dos gestores de acordo com o que é publicado na imprensa. Os gestores excessivamente confiantes serão, neste caso, aqueles que são mais vezes descritos nos *media* como sendo confiantes ou optimistas por oposição aos gestores que são mais frequentemente apresentados como sendo prudentes, cautelosos, conservadores, ou frugais. Os indicadores de excesso de confiança dos gestores baseados na análise da imprensa remontam pelo menos a Hayward e Hambrick (1997) embora tenham tido maior difusão após a proposta do indicador apresentado por Malmendier e Tate (2008). Este tipo de medida foi utilizado também, entre outros, por Brown e Sarma (2007), Malmendier *et al.* (2011), Hribar e Yang (2011), John *et al.* (2012) e Ferris *et al.* (2013).

Uma terceira forma de medir o excesso de confiança dos gestores recorre às características dinâmicas do fenómeno a que já fizemos menção. É mais provável que um gestor que tenha tido sucesso ao longo do tempo seja afectado pelo excesso de confiança. Assim, podem-se utilizar medidas de acerto por parte do gestor como indicador desse enviesamento. Por exemplo, Hilary e Hsu (2011) consideram que os gestores com mais excesso de confiança são aqueles que registaram um maior acerto no passado recente na tarefa de previsão dos resultados trimestrais da empresa. Também Lin *et al.* (2005) utilizam uma medida baseada nas previsões dos resultados divulgadas pelos gestores para medir o seu excesso de optimismo. Neste caso, os gestores serão tanto mais optimistas quanto mais frequentes forem as previsões de resultados superiores aqueles que efectivamente são obtidos pelas empresas.

Uma quarta medida do fenómeno recorre à política de dividendos do gestor. Os gestores que são excessivamente confiantes tendem a sobrestimar a componente permanente dos resultados da empresa e, por esse motivo, acabam por distribuir demasiados dividendos. Wu e Liu (2011) sugerem esta forma de detectar o excesso de confiança.

Em quinto lugar pode ser referido o indicador proposto por Li (2010) que parte da noção de que uma das causas do excesso de confiança é o enviesamento de auto-atribuição. O autor recorre à análise da linguagem utilizada nos relatórios de gestão produzidos pelos executivos. É de esperar que os gestores mais afectados pela auto-atribuição se refiram mais vezes a si próprios nos relatórios de gestão uma vez que esse enviesamento os leva a acreditar serem eles os responsáveis pelos sucessos da empresa. Assim, a frequência de utilização das primeiras pessoas verbais (o "eu" e o "nós") em relação à segunda e terceira pessoas serve como indicador de auto-atribuição e, consequentemente, como medida de excesso de confiança. Para confirmar a utilidade do indicador para esse efeito é útil verificar que a prevalência de auto-referências nos relatórios (i) é maior nas frases com conteúdo positivo e (ii) é maior nas empresas que tiveram um melhor desempenho nos tempos recentes. Outros autores como DeAngelo *et al.* (1996) e Aktas *et al.* (2012) recorrem igualmente a estudos de conteúdo de documentos produzidos pelos gestores de empresas.

Em sexto lugar importa referir os indicadores que procuram captar a importância que o gestor atribui a si próprio. Alguns gestores têm uma ideia exagerada em relação às suas próprias capacidades e esse excesso de confiança pode revelar-se nas gratificações ou benefícios que o gestor atribui a si próprio, na centralização de poder ou na acumulação de cargos no interior da organização. Nesta linha, Hayward e Hambrick (1997) propõem como indicador de excesso de confiança o salário que o gestor aufere quando comparado com aquele que é atribuído aos restantes executivos da empresa.

Em sétimo lugar temos alguns autores que tomam a propensão dos gestores para levar a cabo operações de fusão ou aquisição num curto espaço de tempo como medidas de excesso de confiança. O fundamento deste raciocínio assenta na ideia de que uma sucessão de operações deste tipo constitui uma má estratégia de investimento e sinaliza uma divergência particularmente pronunciada entre a avaliação dos investidores reflectida no preço das acções e a avaliação levada a cabo pelo próprio gestor. Por sua vez, esta divergência é atribuída a um nível anormalmente elevado de confiança do gestor nas suas próprias capacidades. Os indicadores deste tipo encontram ainda sustentação em diversos estudos que sugerem que os gestores com mais elevado excesso de confiança levam a cabo mais operações de fusões e aquisições.[29] Entre os autores que utilizam este tipo de indicadores podem ser referidos os nomes de Doukas e Petmezas (2007), por exemplo.

Por último, os resultados de inquéritos distribuídos aos gestores podem também servir para medir o seu excesso de confiança. Solicitam-se aos gestores estimativas com diversos graus de confiança quanto aos valores futuros de um índice accionista, por exemplo. Como já vimos, um gestor excessivamente optimista tenderá a subestimar a variância das suas estimativas pelo que as suas distribuições subjectivas de probabilidade são tipicamente mais estreitas. Assim, o excesso de confiança pode ser definido em função do facto dos gestores terem estabelecido no inquérito intervalos de confiança demasiado estreitos quando comparados com a distribuição histórica (i.e., com a variância observada) do índice de acções. Este indicador tem a vantagem de medir o excesso de confiança através do contacto com os gestores mediado por um inquérito construído propositadamente para o efeito. No entanto, como é evidente, o indicador apresenta a desvantagem de, normalmente, apenas poder ser aferido para um conjunto limitado de gestores. Além disso, por vezes, é questionada a pertinência de aferir o excesso de confiança nas decisões empresariais através da resposta a inquéritos. Argumenta-se que os dois tipos de tarefas – a resposta a inquéritos e a tomada de decisões em contexto empresarial – são essencialmente diferentes e que, por esse motivo, as respostas aos inquéritos não são extrapoláveis para outros domínios. Em resposta a esta crítica, Puri e Robinson (2007) mostram que as pessoas com as estimativas mais optimistas na resposta aos inquéritos (no caso, as questões eram relacionadas com as expectativas quanto ao tempo de vida) são também aquelas que tomam decisões financeiras de forma consistente com quem sofre do enviesamento: apresentam uma menor diversificação das suas carteiras e é mais provável que estejam empregadas por conta própria, por exemplo. O optimismo reflectido nos inquéritos manifesta-se igualmente as decisões financeiras individuais. Para além dos autores referidos, esta estratégia de aferição do excesso de confiança foi também utilizada por Ben-David *et al.* (2012), por exemplo.

2.3. A FALÁCIA DO PLANEAMENTO E O PENSAMENTO EM CENÁRIOS

A acção dos agentes económicos *hoje* é ditada por aquilo que julgam que vai ser o *futuro*. Por isso, a sua actuação vai ser orientada pelas suas previsões do que vai acontecer. Haverá poucas ilustrações tão evidentes deste facto como o caso do gestor. Nas decisões de investimento, de contratação de trabalhadores ou no lançamento de novos produtos, o gestor tem que conceber aquele que, em sua opinião, será o futuro mais provável. É esse futuro provável ou, se preferirmos, esse conjunto de cenários possíveis, que orientam os gestores nas decisões que tomam a cada momento.

Mas, como já vimos, não é fácil antecipar o futuro quando se decide numa situação de incerteza. A incerteza e o excesso de confiança que caracterizam o gestor conjugam-se para dar origem à chamada falácia do planeamento. A falácia do planeamento pode ser definida como a tendência para acreditar que é possível realizar mais objectivos num determinado período de tempo do que realmente se é capaz. Os gestores vítimas da falácia do planeamento tomam as suas decisões com base em expectativas optimistas face ao futuro em vez de ponderar de forma sensata os ganhos, perdas e respectivas probabilidades. Sobrestimam os benefícios das suas decisões e subestimam os seus custos. Vislumbram cenários de sucesso sem apreciar com a atenção devida o potencial de enganos e erros de avaliação. É isso que leva a que uma parte significativa dos projectos não cumpra nem os prazos nem os orçamentos inicialmente previstos.

No que diz respeito à elaboração de previsões quanto ao futuro, é útil perceber como são elaborados pelos gestores e outros agentes empresariais os cenários que os orientam nas decisões a tomar. Imagine-se que a empresa quer prever o valor das vendas de um produto novo a lançar no próximo ano. Podemos identificar duas formas de fazer previsões quanto a essa ou outras variáveis relevantes para as decisões actuais da empresa.[30] Uma forma de fazer previsões passa pela chamada *visão interna*. Na visão interna, o gestor e os membros da sua equipa focam-se no problema concreto que têm em mãos. Prestam grande atenção às suas características particulares, àquilo que distingue o problema de outros aparentemente semelhantes, atendem aos objectivos a atingir, aos recursos disponíveis e às capacidades do grupo responsável, consideram aos obstáculos que podem surgir. Com base nestas informações tende-se a construir cenários extrapolando as tendências actuais para o futuro.

Na *visão exterior*, pelo contrário, ignoram-se por completo os detalhes e factores distintivos do problema concreto e não se tenta prever os eventos que poderão influenciar o andamento do problema no futuro. Em vez disso, considera-se a experiência no passado em situações semelhantes, procura-se construir uma distribuição dos resultados obtidos nessas situações e tenta-se posicionar o problema actual nessa distribuição.

Note-se a diferença de perspectiva nas duas situações descritas: enquanto que na visão interna se tem uma perspectiva do problema de forma isolada, relevando aquilo que o distingue e reflectindo um envolvimento pessoal dos elementos da organização com a situação, na visão externa a avaliação é realizada de forma desapaixonada, procurando-se enquadrar o problema num conjunto mais vasto de problemas semelhantes a que se respondeu no passado. Na visão interna, o que é realçado são as particularidades do problema; na visão externa, o problema é visto em perspectiva, considerando-se a experiência havida em situações semelhantes.

No caso da previsão das vendas de um novo produto, por exemplo, esperaríamos que, no quadro da visão interna, essa estimativa surgisse da ponderação das capacidades apercebidas da equipa de vendas, do preço a praticar ou dos potenciais concorrentes. A tendência no crescimento das vendas observado no passado recente poderia também servir de referência. Mas é mais provável que a previsão de vendas, realizada desta forma, se viesse a revelar afectada pelo optimismo típico dos decisores, ainda para mais actuando em contexto de incerteza.

Já na visão externa, o problema seria encarado de forma diferente. A questão a colocar começaria por ser: quais foram as vendas verificadas no passado durante o primeiro ano após a introdução de um novo produto? Depois, procurar-se-ia quantificar a variabilidade das vendas nessa situação, através do cálculo de medidas de dispersão, por exemplo. Por fim, tentar-se-ia situar as vendas previstas no caso concreto no intervalo estimado: será que é de esperar que as vendas do produto em causa tenham condições para ser superiores às verificadas em média no passado?

Estas duas perspectivas têm consequências muito importantes para a gestão. E isso por três motivos principais. O primeiro decorre do facto de que é de esperar que a precisão das previsões recorrendo aos dois tipos de métodos seja muito diferente. Geralmente verifica-se que as previsões que provêm da visão externa são muito mais precisas do que as que nascem da visão interna uma vez que estas tendem a ser afectadas pelo optimismo e excesso de confiança dos gestores. Ora, é precisamente nos casos relativamente novos para a empresa que o optimismo tem mais condições para se fazer sentir. Pelo contrário, os estudos mostram que quando os decisores recorrem à visão externa, as suas previsões tendem a ser mais objectivas e fiáveis. Isto ocorre porque na visão externa se evitam os enviesamentos que afectam os agentes e os factores da organização que exacerbam esses enviesamentos. Na visão externa, os gestores não têm que conceber cenários e imaginar acontecimentos pelo que não podem falhar nessas previsões. E mesmo que os gestores avaliem erradamente as capacidades dos seus concorrentes, por exemplo, tal não é importante na visão externa porque o impacto de factores como esse está já reflectido nos resultados observados no passado.

Em segundo lugar, este assunto é importante porque se verifica que nas organizações os indivíduos recorrem, de forma sistemática, à visão interna para elaborar estimativas. A visão interna não é a perspectiva adoptada apenas por uma questão de hábito; é também a forma mais intuitiva de se fazerem previsões. De facto, a forma mais natural de se pensar num problema complexo é focar-se no próprio problema procurando trazer ao de cima tudo o que se sabe a seu respeito, em particular acerca daquilo que o distingue dos restantes. Evidenciar o conhecimento que se tem das especificidades e pormenores de um problema é até, frequentemente, uma forma de demonstrar na organização que se controla a situação. A ideia de se pensar em problemas semelhantes, com características aproximadas do caso concreto, de se abstrair das traços particulares do problema e de se procurar generalizar o caso com base na recolha de estatísticas baseadas na experiência passada raramente surge aquando da elaboração de previsões.

Em terceiro lugar, importa referir que a propensão à utilização de uma visão interna na gestão tende a aumentar em circunstâncias particulares. Em especial, deveremos esperar que a visão interna dos problemas seja reforçada nos períodos que se seguem a épocas de maior sucesso empresarial. O sucesso da organização é frequentemente atribuído ao gestor ou à equipa de gestão e só raramente se valorizam suficientemente o papel das condições circunstanciais nesse sucesso. Sendo assim, os êxitos empresariais tendem a reforçar o papel do gestor na organização e a provocar o desenvolvimento de padrões de crenças e justificações de apoio às decisões anteriores. Estão assim criadas as condições para que a análise dos problemas seja levada a cabo de uma forma demasiado estreita e focada no próprio problema (visão interna) sem se ter em devida conta as perspectivas trazidas pela consideração dos resultados verificados em problemas semelhantes no passado (visão externa).

Por ser a opção predominante quando se é chamado a elaborar previsões num contexto empresarial e por poder provocar erros graves, a visão interna dos problemas deve ser evitada procurando-se fomentar métodos de previsão que contrariem as fontes pessoais e organizacionais do optimismo.

2.4. OUTROS ENVIESAMENTOS DECISIONAIS

Os gestores podem ser afectados, nas suas decisões, por outros enviesamentos para além do excesso de confiança e do optimismo excessivo. No entanto, estabelecer uma distinção clara entre os diversos enviesamentos é difícil uma vez que se verificam existir interacções entre alguns deles. Por exemplo, a ilusão de controlo, que veremos a seguir, pode exacerbar o excesso de confiança. Apesar da distinção entre enviesamentos poder ser algo problemática, estes têm-se mostrado úteis para explicar as decisões dos gestores e, por isso, merecem ser estudados. Referir-nos-emos, de seguida, ao enviesamento de confirmação, ao enviesamento de ancoragem, ao enviesamento de disponibilidade, à dissonância cognitiva e à ilusão de controlo.

A) O ENVIESAMENTO DE CONFIRMAÇÃO

O enviesamento da confirmação designa a tendência para se atribuir demasiada importância às informações que confirmam as convicções existentes e para subvalorizar as informações que as contrariam. Como é mais difícil conciliar ideias contraditórias do que ver confirmada uma ideia pré-existente, os gestores que sofrem deste enviesamento tendem a procurar informações que revalidam as opções tomadas – em termos dos investimentos realizados, por exemplo – e a ignorar outras informações difíceis de compaginar com as suas opiniões. Este tipo de comportamento dificulta a aprendizagem e dá azo a que se reforcem, erradamente, as escolhas de gestão realizadas.[31]

B) O ENVIESAMENTO DE ANCORAGEM

A ancoragem consiste na atribuição de demasiada importância a uma determinada informação inicial ("a âncora") quando se toma decisões. Os indivíduos, quando são chamados a realizar uma estimativa, consideram um ponto de referência inicial e efectuam ajustamentos sucessivos a partir desse ponto, de forma a reflectir a informação adicional, até se atingir a estimativa final. Ora, verifica-se que os ajustamentos levados a cabo a partir da estimativa inicial ("a âncora") tendem a ser insuficientes pelo que a estimativa final acaba por ser depender demasiadamente da estimativa inicial.

Este enviesamento pode influenciar as escolhas empresariais. Por exemplo, quando os gestores elaboram previsões acerca de um projecto, existe geralmente um ponto de partida, um plano preliminar definido pela pessoa ou equipa que propõe o projecto. A seguir, esse plano original é ajustado tendo por base informações que vão sendo recolhidas a partir de, por exemplo, pesquisas de mercado ou análises financeiras até que se chega à decisão de como proceder. Os resultados deste processo podem ser prejudicados pela ancoragem. Como o plano inicial, em razão do excesso de optimismo, tende a acentuar os aspectos positivos – e os projectos de mais provável aceitação são aqueles em que se, em princípio, os efeitos do optimismo estarão mais agravados – é de esperar que a análise e o ajustamento subsequente sejam insuficientes para contrariar o optimismo inscrito na previsão inicial. Este fenómeno de ajustamento insuficiente traduz, precisamente o resultado do enviesamento da ancoragem, um dos mais frequentes enviesamentos decisionais observados.[32]

C) O ENVIESAMENTO DE DISPONIBILIDADE

O enviesamento de disponibilidade manifesta-se quando os indivíduos atribuem demasiada importância às informações que estão mais disponíveis em termos cognitivos, por serem mais fáceis de recordar, por exemplo. Os efeitos do enviesamento de disponibilidade fazem-se sentir, sobretudo, em contextos em que as informações relevantes acerca do ambiente económico (empresas, mercados financeiros, factores de política económica, etc.) são muito numerosas e complexas, e em que, por isso, os agentes tendem a atribuir demasiada importância às informações mais recentes não porque sejam mais importantes mas porque são mais fáceis de recordar.[33]

D) A DISSONÂNCIA COGNITIVA

A dissonância cognitiva pode ser definida como a tensão interior causada por se ter ideias contraditórias, em simultâneo. Esta situação de conflito mental ocorre quando a informação de que se teve conhecimento mais recentemente entra em conflito com as noções pré-existentes. Assim, a dissonância cognitiva pode ser considerada como uma espécie de desconforto no reconhecimento dos erros sendo que os erros, neste caso, se referem às crenças ou pressupostos assumidos. Como a maioria das pessoas tem de si própria uma imagem positiva, acreditando ser competente e inteligente, os seus esforços para reduzir a dissonância são tendentes a preservar a sua auto-imagem. Normalmente, a redução da dissonância será marcada pelo desejo de não tomar uma posição contrária às crenças que caracterizam os indivíduos. De facto, na generalidade das experiências relativas a este assunto verifica-se que os indivíduos tentam reduzir a tensão através de dois procedimentos que ocorrem de forma inconsciente: são eles a análise selectiva da informação disponível (percepção selectiva) e a racionalização das escolhas efectuadas (decisão selectiva).

Com a percepção selectiva, os indivíduos têm tendência a processar apenas a informação que parece confirmar a escolha efectuada produzindo assim uma visão da realidade que é incompleta e enviesada. É notória a proximidade deste efeito com os produzidos pelo enviesamento de confirmação. Incapazes de compreender objectivamente as evidências disponíveis, os indivíduos tornam-se cada vez mais propensos a cometer erros. Já a tomada de decisões selectiva ocorre normalmente quando o compromisso em relação à decisão inicial é elevado. Neste caso, tende-se a racionalizar as acções que permitem ao indivíduo manter a decisão inicial ainda que a um custo económico manifestamente elevado. Vários estudos mostram que os indivíduos reforçam as suas decisões ou os compromissos assumidos de início, ainda que a informação disponível aconselhe a actuação contrária.[34]

E) A ILUSÃO DE CONTROLO

A ilusão do controlo é a tendência para se acreditar que se podem controlar ou, ao menos, influenciar resultados que, de facto, estão para além do poder dos indivíduos. Os gestores são propensos a ser afectados pela ilusão de que controlam as variáveis empresariais. De facto, é frequente os gestores não reconhecerem o papel do acaso no resultado dos planos que elaboraram. O risco acaba por ser encarado como um desafio a ser enfrentado pelo exercício das suas capacidades. Acredita-se (erradamente) que os resultados obtidos são essencialmente determinados pela actuação dos indivíduos, quer sejam os gestores quer sejam aqueles que com eles trabalham. Assim, os gestores tendem a encarar-se a si próprios não como agentes que lidam com um mundo incerto e, em grande medida, não controlável, mas sim como agentes que controlam os eventos à sua volta. Esta perspectiva falaciosa reflecte-se nas previsões realizadas na medida em que se tende a minimizar o papel de circunstâncias aleatórias que podem impedir a consecução dos objectivos propostos. Por isso, os gestores, ao subponderar a possibilidade de acontecimentos que estão para além do seu poder, tendem a enveredar por políticas que acabam por se revelar demasiado arriscadas. Para além disso, a ilusão de controlo pode provocar uma menor sensibilidade ao retorno informacional do ambiente e, assim, dificultar a aprendizagem.[35]

Para além dos enviesamentos referidos existem vários outros que afectam as decisões humanas e, por maioria de razão, os gestores de empresas. Em apêndice, apresenta-se, de forma sumária, uma descrição dos principais enviesamentos decisionais. Alguns desses enviesamentos serão referidos ao longo do texto à medida que for relevante mencionar os efeitos que exercem nas decisões tomadas pelos gestores.

3. Decisões em grupo

3.1. INTRODUÇÃO

Embora muitas das decisões financeiras possam ser tomadas individualmente – pense-se nas decisões de compra/venda de activos financeiros dos investidores individuais –, é de supor que uma parte importante das escolhas na empresa não seja realizada de forma isolada pelo gestor. É natural que, para além da decisão individual, a organização contemple escolhas que dependem de vários decisores em processos sequenciais ou até decisões em grupo. Mais, parece ser plausível presumir que, quanto mais importantes forem as decisões a tomar, maior tenderá a ser probabilidade de que se opte por um processo mais deliberativo envolvendo a consulta e/ou concordância de diversos profissionais da organização. Esses processos institucionais podem afectar a forma como a decisão enviesada do gestor enquanto indivíduo se traduz na decisão da organização. Por este motivo, importa tentar perceber o que distingue as escolhas em grupo das escolhas individuais. Será que os enviesamentos decisionais característicos da decisão humana são atenuados ou, porventura, eliminados quando as decisões são tomadas de forma colegial? Será que o grupo decide melhor do que o indivíduo?

Uma primeira visão sobre esta questão poderia levar-nos a pensar que a escolha em grupo seria mais vantajosa. Esta ideia, quase intuitiva, de que "duas cabeças pensam melhor do que uma" segundo o dito popular, decorre das vantagens apercebidas da decisão em grupo. Por um lado, há a noção de que o grupo irá, naturalmente, possuir mais informação do que cada um dos seus membros. A partilha da informação conduziria, nesta perspectiva, a uma melhor decisão. Por outro lado, a possibilidade oferecida pelo grupo de discordância entre os seus membros, acredita-se, poderá também acarretar vantagens. Essa discordância pode colocar em marcha uma "diversificação" dos efeitos das opiniões de cada um e atenuar o efeito na decisão final das opiniões individuais mais extremas e, potencialmente, mais erradas. A procura de um consenso em grupo levaria, nesta perspectiva, a que a decisão pudesse ser entendida como uma média das decisões que os indivíduos que dele fazem parte tomariam se lhes fosse dada a possibilidade de decidir de forma isolada.[1]

Estas noções, benevolentes para os resultados da decisão em grupo, partem de alguns pressupostos importantes. Pelo menos duas questões merecem ser consideradas: uma primeira relacionada com as características pessoais dos indivíduos que compõem o grupo; e uma outra que tem a ver com a interacção entre os dois planos da questão: a decisão individual e a decisão em grupo.

Comecemos, então, pelas características dos indivíduos: se os indivíduos que compõem um grupo fossem afectados por enviesamentos decisionais *aleatórios*, é possível que a decisão fosse mais correcta quando tomada em grupo do que seria se a escolha fosse realizada individualmente. O efeito de diversificação e a necessidade de se obter um nível mínimo de concordância entre os membros do grupo levaria naturalmente a que as opiniões extremas (marcadas por um optimismo excessivo, por exemplo) fossem rejeitadas. Mas aqui levanta-se uma questão importante: se dizemos que as decisões em grupo poderão ser melhores do que as decisões individuais, a que decisões individuais nos estamos a referir? Se a decisão do grupo é como que uma média das decisões dos indivíduos então o grupo decidirá melhor do que os piores dos seus membros mas *decidirá pior* do que os indivíduos mais capazes.[2] De qualquer forma, o pressuposto de que os enviesamentos dos elementos que compõem o grupo são aleatórios é muito difícil de se verificar na prática. Conforme já foi referido, os enviesamentos, quando considerados no conjunto de uma população, não se compensam uma vez que não são aleatórios: na prática, não encontramos indivíduos optimistas e pessimistas, por exemplo, com a mesma frequência. As pessoas são antes sistematicamente optimistas, umas em maior e outras em menor grau, mas sistematicamente optimistas. Por isso, é difícil de conceber que, na prática das decisões tomadas em grupo nas organizações, os enviesamentos individuais sejam eliminados.

O segundo ponto, porventura ainda mais importante, diz respeito à relação entre a opinião dos indivíduos que compõem o grupo e a decisão tomada colectivamente. A ideia de que a informação é partilhada de forma eficiente no grupo e que a decisão colectiva pode ser entendida como uma simples "média" das decisões dos seus membros ignora que o grupo é mais do que a simples "soma" dos indivíduos que dele fazem parte. Os indivíduos, quando integrados num grupo, interagem entre si de forma dinâmica pelo que se podem gerar efeitos que não têm paralelo com o caso em que a decisão é individual.

3.2. AS EVIDÊNCIAS EMPÍRICAS

Os dois pontos referidos devem levar-nos a reconsiderar as decisões tomadas de forma colegial e, mais especificamente, devem levar-nos a procurar identificar as principais conclusões a que chegaram os estudos existentes sobre o assunto.

Uma primeira conclusão a destacar é a de que, de facto, a decisão do grupo está longe de poder ser descrita como o resultado do mero somatório das decisões individuais. São vários os efeitos produzidos pela dinâmica de grupo. Em primeiro lugar, os problemas começam com a própria partilha da informação individual. A este respeito verifica-se consistentemente que os grupos não são capazes de resolver de forma eficaz o problema da partilha da informação. De facto, verifica-se que a comunicação em grupo é uma forma muito ineficaz de agregar as informações relevantes para sustentar uma boa decisão. Constata-se, por exemplo, que as pessoas tendem a falar mais de informações que os membros do grupo já possuem do que de informações detidas por apenas cada um dos seus elementos. E os factos que são do conhecimento de apenas um dos membros do grupo tendem a ser tratados com cepticismo pelos restantes elementos não influenciando a decisão final. Estas são algumas das razões que levam a que os grupos não sejam capazes de conduzir às melhores escolhas, em especial quando a distribuição inicial de informação entre os indivíduos não é equilibrada.[3] Além disso, mesmo quando se discute em grupo informação que inicialmente estava na posse de apenas alguns dos indivíduos, a informação comum continua a ter um maior impacto nas escolhas realizadas. Por isso, mesmo quando o grupo tem toda a informação, o debate raramente permite ultrapassar a distorção provocada pela distribuição incompleta da informação relevante entre os membros do grupo.[4]

Em segundo lugar, observa-se que o grupo pode não só exacerbar alguns enviesamentos decisionais individuais, amplificando a diferença entre as opiniões extremas (polarização de opiniões) como também pode criar outros enviesamentos. Os estudos mostram que, com a informação e as opiniões individuais que são partilhadas entre os elementos do grupo são também transmitidos outros factores, de ordem emocional, e que podem prejudicar a decisão colectiva.[5]

Em terceiro lugar, constata-se que os indivíduos tendem a alterar as suas opiniões no interior do grupo por forma a serem aceites pelo colectivo. Esta propensão ao conformismo pode levar a que alguns membros do grupo não expressem as suas opiniões quando estas contrariam as opiniões maioritárias. E pode também fazer com que os indivíduos manifestem uma opinião diferente da tida inicialmente.[6] O conformismo pode ser ainda agravado quando no interior do grupo se desenvolve um espírito de pertença de tal forma forte que as opiniões dissonantes tendem a ser vistas de forma crítica independentemente do mérito dos argumentos apresentados. Este pensamento grupal, em que o colectivo adquire uma identidade que tende a suplantar a de cada um dos seus membros, tem sido caracterizada pela psicologia organizacional. Quando as opiniões dissonantes são suprimidas, a troca de opiniões entre os membros do grupo deixa de desempenhar a sua função essencial. E os enviesamentos dos indivíduos que compõem o colectivo podem reforçar-se mutuamente na medida em que as opiniões irrealistas são validadas pela aprovação do grupo. Para além da auto-censura e da pressão exercida sobre as opiniões divergentes, outros factores que caracterizam o pensamento grupal são a ilusão de invulnerabilidade do grupo, a percepção de que há uma superioridade moral dos seus membros face ao exterior e a criação de uma visão estereotipada dos elementos que não pertencem ao grupo.[7]

3.3. AS DECISÕES FINANCEIRAS EM GRUPO

Dados os efeitos comportamentais enunciados, o que esperar então da decisão tomada por um conjunto de indivíduos, naturalmente enviesados, quando essa decisão envolve risco financeiro?

Um primeiro efeito tem a ver com o nível de risco aceite. Na decisão tomada em grupo tende-se a assumir um maior nível de risco do que aquele que cada um dos membros do grupo aceitaria se decidisse de forma isolada.

Opera-se um efeito de *transferência de risco* do indivíduo para o grupo: quando alguns dos restantes elementos do grupo estão dispostos a assumir mais risco, as restrições que seriam colocadas pelos elementos mais avessos ao risco tendem a enfraquecer.

A relação entre a decisão em grupo e o excesso de confiança é um segundo ponto a que devemos dedicar atenção. Aqui, os estudos existentes não são concludentes. Embora os grupos tendam a ter mais confiança do que os indivíduos, não é claro se este facto reflecte um *excesso* de confiança.[8]

Um terceiro ponto especialmente importante quando nos referimos às escolhas financeiras de investimento empresarial diz respeito à *falácia dos custos afundados*. Como veremos em mais detalhe quando abordarmos as escolhas de investimento, os gestores tendem a considerar os investimentos realizados no passado (os "custos afundados"), quando apenas os efeitos marginais, previstos para o futuro, deveriam se tidos em conta na decisão. Por isso, em vez de se abandonar um projecto que se prevê que venha a gerar perdas, existe a tendência para se investir ainda mais, gerando uma escalada de comprometimento com o projecto que é difícil de quebrar. Ora, num contexto em que existem custos afundados verifica-se que a decisão em grupo é normalmente *pior* do que a decisão individual. Num estudo, descrições idênticas de dois projectos foram dadas a conhecer a indivíduos e a grupos. Em ambos os casos tratava-se de projectos prejudiciais para a empresa mas um dos projectos tinha custos afundados. Em ambos os casos, a existência de custos afundados fez aumentar o número de pessoas que recomendaram investimentos adicionais no projecto, mas o aumento foi mais pronunciado quando os indivíduos faziam parte de um grupo. Tal leva a concluir que o comprometimento do grupo com o projecto é, em geral, superior ao que ocorre nos casos das decisões tomadas individualmente.[9]

Em geral, atendendo aos pontos referidos, não é de esperar que a decisão em grupo nos contexto das organizações consiga mitigar os problemas inerentes aos enviesamentos que afectam a decisão individual do gestor. O grupo pode até decidir pior do que os indivíduos que o compõem ao agravar esses enviesamentos. Apesar disso, os efeitos da decisão colectiva parecem depender de múltiplos factores como a dimensão do grupo, o tipo e magnitude dos enviesamentos que afectam os seus elementos, o processo de formação da decisão (regras de maioria, por exemplo), o tempo disponível para o efeito, etc. Considerando todos estes factores, Kerr *et al.* (1996) concluem sobre o assunto: «Embora tenhamos defendido que os grupos podem amplificar os enviesamentos sob algumas condições e atenuá-los noutras condições, os leitores notarão que prevemos um *aumento dos enviesamentos* da decisão em grupo nas condições que caracterizam muitas das decisões tomadas pelos grupos no mundo real; (...) entre os exemplos mais evidentes incluem-se as decisões de investimento» (p. 714, nosso itálico).

3.4. MELHORAR AS DECISÕES EM GRUPO

Sendo as decisões em grupo tão importantes no contexto empresarial e podendo ser tão afectadas pelos enviesamentos de que temos vindo a falar, interessa agora ponderar se existe a possibilidade de, pelo menos, minorar os efeitos negativos da decisão colectiva.

Existe alguma margem para criar mecanismos e regras da decisão em grupo capazes de atenuar os problemas referidos. Alguns exemplos podem ser referidos.

Num grupo constituído por indivíduos heterogéneos, é plausível supor que os profissionais com maior antiguidade na organização ou com posições mais elevadas na sua hierarquia sejam menos afectados pelo desejo de conformismo e de aceitação pelo colectivo. Esta distinção deve ter consequências. Se a partilha da informação individual começar por ser feita pelos elementos séniores do grupo, é mais provável que o desejo de conformismo dos restantes elementos se faça sentir mais fortemente nas opiniões que expressam a seguir. Nesta medida, para que seja mais proveitoso para o grupo o conjunto das opiniões dos seus membros, é aconselhável que, na ordenação dos elementos a partilhar informação, comecem por se pronunciarem aqueles que mais podem ser afectados pelo desejo de conformidade, ou seja, os elementos mais novos ou com uma posição hierárquica mais baixa.[10]

A interacção entre a tendência natural ao conformismo e o excesso de confiança de alguns dos elementos do grupo é outro aspecto que deve ser considerado. Os indivíduos com excesso de confiança tendem a valorizar a informação privada de que dispõem face à informação detida pelos restantes elementos do grupo. Por este motivo, a inserção no grupo de indivíduos com excesso de confiança pode permitir uma maior difusão da informação. Mas nem todos os efeitos são positivos: é de esperar igualmente que o excesso de confiança leve a que se cometam alguns erros. Por isso, é de ponderar as vantagens e os inconvenientes do enviesamento. A externalidade informacional positiva inerente à introdução de indivíduos excessivamente confiantes no colectivo é mais benéfica nos casos dos grupos de maior dimensão, quando é pouco precisa a informação ao dispor dos seus elementos e quando o excesso de confiança é apenas moderado (não extremo).[11]

Uma outra sugestão tem como objectivo procurar ultrapassar os efeitos do optimismo extremo. Como vimos, o optimismo exagerado em relação às perspectivas de um investimento empresarial, por exemplo, pode prejudicar a decisão do gestor. E isso é assim quer quando a decisão é tomada individualmente quer quando é tomada no seio de um grupo em que a generalidade dos membros é excessivamente optimista. Uma das formas de atenuar os efeitos do excesso de optimismo no momento da tomada da decisão em grupo pode passar pelo exercício de elaboração de uma espécie de "história do futuro". Caso a decisão tenha sido a de avançar com o investimento, deve--se colocar os gestores, antes da concretização da decisão, perante a tarefa seguinte: imaginar que se estava no futuro, que o projecto tinha sido, entretanto, implementado e que tinha fracassado rotundamente. O gestor deveria fazer a história desse fracasso, encontrando os factores que o explicam. Este exercício teria a vantagem de permitir aos gestores apresentar, antes do momento da tomada de decisão definitiva, argumentos negativos acerca do projecto que, de outra forma, poderiam colidir com o optimismo do grupo e com o desejo de conformidade dos seus membros. O ponto de partida do exercício é o de que o projecto falhou. Quando se procura justificar essa possibilidade, é mais provável (embora, ainda assim, difícil) que os gestores consigam atenuar o seu natural excesso de optimismo.

4. Aprendizagem, competição e incentivos

Se, como vimos, as escolhas dos gestores enviesados conduzem a escolhas sub-óptimas, devemos em seguida ponderar se gestores com essas características têm condições para persistir em funções ao longo do tempo.

Muitos autores em Finanças, apesar reconhecerem que os gestores podem ter decisões enviesadas face ao que seria o ideal, defendem que, na prática, isso não é importante uma vez que os efeitos desses enviesamentos têm tendência a desaparecer ao longo do tempo através de dois mecanismos: i) *a aprendizagem* que supostamente fará com que os gestores consigam eliminar os enviesamentos de que padecem à medida que acumulam experiência na função, e ii) *a competição* e o processo de selecção que ela implica que farão com que os gestores enviesados e que fazem escolhas erradas sejam substituídos por gestores que não são afectados pelos efeitos comportamentais que temos vindo analisar. Além destes dois argumentos que se poderão manifestar ao longo do tempo, é também frequentemente referido um outro, neste caso sem dimensão temporal: *o efeito dos incentivos* no esforço dos agentes. Neste caso, defende-se que os gestores, uma vez que são bem remunerados no contexto da organização, têm todo o interesse em se esforçar de forma a ultrapassar os seus enviesamentos decisionais.

Afigura-se-nos necessário debater cada um destes três argumentos. A aprendizagem, a competição e o esforço dos agentes podem, em abstracto, contribuir para minorar os efeitos negativos dos enviesamentos e, por essa via, contribuir para uma melhoria na afectação dos recursos. No entanto, é necessário discutir se as condições para a efectivação destes mecanismos se encontram reunidas na prática.

4.1. A APRENDIZAGEM

É necessário perceber que a aprendizagem dos gestores não ocorre de forma automática. Depende antes do contexto concreto em que as decisões são tomadas e cujas características podem ou não favorecer a superação dos enviesamentos. No caso dos gestores, a aprendizagem dá-se nas organizações pelo que o relevante é tentar perceber se as condições que favorecem a aprendizagem estão ou não presentes no ambiente organizacional. Mas quais as condições ideais para aprender? A aprendizagem efectiva exige que os agentes tenham um retorno informacional imediato e preciso acerca da relação entre a decisão que foi tomada e o resultado dessa decisão. Ora, verifica-se que o retorno necessário para que os gestores possam aprender está frequentemente ausente no contexto das organizações. Isto acontece por quatro motivos principais: (i) os resultados são muitas vezes visíveis apenas em momentos muito posteriores às decisões e não são facilmente atribuíveis a uma decisão em particular; (ii) a variabilidade no ambiente degrada a fiabilidade do retorno especialmente nas situações em que se está perante resultados aos quais se atribuíam, à partida, uma probabilidade reduzida de ocorrência; (iii) frequentemente não existe informação acerca do resultado que se obteria se se tivesse tomado outra decisão; e (iv) as decisões mais importantes são únicas e, por conseguinte, proporcionam poucas oportunidades de aprendizagem.[1]

Note-se que o essencial das decisões tomadas pelos gestores no ambiente empresarial baseia-se em estimativas acerca de acontecimentos marcados pela *incerteza*. Por exemplo, se o gestor actuar com base no pressuposto de que existe uma probabilidade de 30% de que o preço do petróleo esteja acima dos 100 dólares o barril no horizonte temporal de um ano e se isso, de facto, ocorrer, não é fácil para o gestor ajuizar da precisão da estimativa que realizou. A única forma de aprender acerca do acerto da estimativa seria recolher, de forma sistemática, um número muito elevado de previsões semelhantes realizadas ao longo do tempo para aferir, *a posteriori*, se os acontecimentos a que se atribuíram uma probabilidade de ocorrência de 30% aconteceram, de facto, em 30% das previsões realizadas. Este procedimento requereria, como se disse, a recolha de um número elevado de informações durante um período longo de tempo o que é pouco prático de se fazer num contexto empresarial onde a preocupação tende a ser maior com o acerto de cada decisão em particular do que com a estimativa da precisão das decisões em geral.[2]

Mas existem outros factores a ter em conta. Mesmo que se admita que, em teoria, é possível, ao longo do tempo, recolher mais informação, tal não leva necessariamente a melhores estimativas em contexto de incerteza. É que as capacidades cognitivas dos indivíduos constituem outra limitação importante. De facto, embora a conclusão seja contra-intuitiva, mais informação não se traduz automaticamente em estimativas mais precisas. Embora informação adicional possa servir para melhorar o entendimento do decisor acerca das características do ambiente, também aumenta a complexidade da tarefa de previsão e pode levar a que a carga cognitiva inerente a essa tarefa vá para além dos limites humanos de capacidade de processamento de informação. A necessidade de conhecimento do ambiente da decisão tem que ser conciliada com os limites humanos. Por isso, não é de surpreender que se verifique empiricamente que, em contexto de incerteza, os indivíduos tendam a usar apenas uma parcela da informação disponível. Mais, o acesso a mais informação pode agravar alguns enviesamentos decisionais e, também por essa via, fazer piorar a precisão das estimativas. É o que ocorre com o excesso de confiança, por exemplo. À medida que se tornam mais bem informados, os indivíduos tendem a tornar-se também mais excessivamente confiantes quanto à importância da informação detida.[3]

À dificuldade trazida pelos limites cognitivos humanos e pela incerteza do contexto da organização, é ainda necessário adicionar outros factores susceptíveis de afectar a aprendizagem *ao longo do tempo*. A este respeito, é de esperar que os factores que dificultam a aprendizagem se intensifiquem à medida que evolui a carreira dos gestores. De facto, quanto mais sobem os gestores na hierarquia da empresa, mais provável é que se defrontem com o tipo de ambiente de decisão propício à subsistência dos enviesamentos. É também mais provável que as decisões tomadas tenham uma frequência reduzida e que tenham lugar num ambiente em que o retorno informacional é mais ambíguo. As decisões a cargo dos gestores de topo como investimentos de larga escala, decisões de fusão ou aquisição ou decisões de reestruturação de capital são eventos relativamente raros na vida da empresa e cada projecto tem características próprias que tornam difícil a comparação com experiências passadas.

Por outro lado, tem-se verificado que alguns dos enviesamentos prejudicam, eles próprios, a aprendizagem. Por exemplo, o enviesamento de auto-atribuição a que já fizemos referência pode, ao dificultar a aprendizagem, favorecer a continuação de comportamentos marcados pelo excesso de confiança. De facto, é natural que um gestor que atribua os seus sucessos apenas às suas capacidades desenvolva, ao longo do tempo, um sentimento exagerado de confiança. Uma vez que as pessoas têm mais insucessos do que o esperado, a aprendizagem ao longo do tempo poderia contribuir para atenuar ou eliminar o excesso de confiança. No entanto, como os resultados desfavoráveis são interpretados como não sendo resultado de erros próprios, o excesso de confiança pode subsistir.[4]

Um outro ponto que nos sugere que os efeitos da aprendizagem nas decisões dos gestores têm um papel limitado relaciona-se com os chamados erros de aplicação. Uma coisa é os indivíduos terem consciência dos seus erros na avaliação dos problemas; outra bem diferente é a capacidade de incorporarem essa informação para decidir de forma correcta num problema em concreto. De facto, em vários estudos experimentais verifica-se que o enviesamento é compreendido quando é explicado aos indivíduos, mas que isso não impede que estes voltem a cometer o mesmo erro, no imediato, em situações específicas.[5]

A existência de erros de aplicação é consistente com a perspectiva de que os enviesamentos que afectam os gestores não se encontram no domínio do consciente, antes têm a ver com a forma como os indivíduos interpretam a realidade que os cerca. Por isso, é extremamente difícil que a aprendizagem sirva para os eliminar.

Em conclusão, podemos afirmar que parecem não existir condições favoráveis nas organizações para uma aprendizagem dos gestores conducente à atenuação dos seus enviesamentos decisionais. Os estudos empíricos existentes parecem corroborar a perspectiva de que os gestores cometem erros e que esses erros tendem a persistir ao longo do tempo não sendo eliminados pela aprendizagem.[6]

4.2. A COMPETIÇÃO

Os autores mais cépticos em relação às finanças comportamentais argumentam frequentemente que os enviesamentos cognitivos manifestados pelos gestores têm, na prática, uma importância reduzida uma vez que os agentes que tomam decisões sub-óptimas em resultado desses enviesamentos tenderão a ser substituídos por gestores não enviesados. Neste caso, a competição entre os gestores favoreceria a ascensão na empresa dos gestores com menores níveis de enviesamentos em detrimento dos gestores mais enviesados.

É exactamente este mesmo argumento que é apresentado para justificar a sobrevivência nos mercados financeiros dos denominados investidores racionais à custa dos investidores enviesados. No entanto, existe já uma abundante literatura que mostra que, mesmo num contexto muito competitivo como o desses mercados, os investidores enviesados podem sobreviver e, inclusivamente obter rendibilidades superiores aos seus concorrentes. A título de ilustração, basta atentar no caso dos agentes cujo excesso de confiança os leva a subestimar o risco assumido nos seus investimentos e, em consequência, a investir de forma mais agressiva e arriscada. A excessiva tomada de risco conduzirá à obtenção de rendibilidades superiores, em média, às observadas para os investidores ditos racionais. Este é apenas um de entre vários casos, em que os enviesamentos permitem que o agentes sobrevivam num contexto altamente competitivo.[7]

Tendo por base o que acontece nos mercados financeiros, quais poderão ser então as condições de sobrevivência dos gestores no contexto empresarial? À partida, se compararmos as condições de concorrência entre investidores nos mercados financeiros e entre gestores no "mercado empresarial" seremos levados a concluir que, neste último caso, o nível de competição tenderá a ser consideravelmente mais reduzido.

São várias as razões que sustentam esta ideia. Em primeiro lugar, é necessário notar que existem menos agentes a decidir nas finanças da empresa do que nos mercados financeiros. Como esperamos que a competição aumente com o número de agentes, tal leva a crer que a competição é menor entre gestores do que entre investidores.

Em segundo lugar, é necessário ter em atenção que o gestor tem maior informação acerca da empresa do que os restantes agentes. Assim, por razões de assimetria de informação, é mais difícil para os restantes *stakeholders* da empresa aferir da racionalidade das decisões tomadas na empresa e actuar em conformidade.

Em terceiro lugar, é necessário considerar que, mesmo que os *stakeholders* detectem decisões sub-óptimas, a maior parte desses agentes não pode fazer muito para as eliminar uma vez que existe, da sua parte, uma capacidade limitada para arbitrar tais decisões. Os custos de transacção para a arbitragem mais óbvia no caso da "irracionalidade" na gestão – as aquisições empresariais – são extremamente elevados devido, principalmente, a barreiras legais e de regulação. Além disso, os investidores especializados que procuram levar a cabo uma aquisição empresarial têm que assumir um risco idiossincrático muito elevado. Uma outra estratégia de arbitragem possível seria a de assumir uma posição curta (vendedora) nos activos que o gestor enviesado pode gerir mal na empresa. No entanto, esta estratégia é também difícil de implementar porque as decisões de gestão incidem sobre activos, como os recursos humanos, por exemplo, que são transaccionados em mercados onde não existem mecanismos de venda a descoberto ou contratos de derivados que possibilitem a arbitragem. E, no final, se os enviesamentos decisionais dos gestores forem um fenómeno generalizado, não existe sequer qualquer garantia de que um gestor enviesado seja substituído por um gestor não enviesado. Em suma, todos estes factores limitam fortemente o poder da arbitragem no contexto empresarial pelo que existem razões para acreditar que as decisões possam ser afectadas de forma intensa pelos enviesamentos no espaço proporcionados pelos limites à arbitragem.[8] Como sumariza Heaton (2002, p. 33): «...existem maiores limites à arbitragem a proteger a irracionalidade dos gestores do que a proteger os erros de preço nos mercados de capitais».

Por último, também não é líquido que os mecanismos de incentivos internos da empresa ou a cultura empresarial contribuam para eliminar as decisões sub-óptimas dos gestores causadas pelos enviesamentos. Alguns desses mecanismos inerentes à competição entre os diversos gestores no interior da empresa pelos lugares de topo da organização podem até favorecer os gestores enviesados em detrimento dos gestores ditos racionais. A este respeito podem ser apontados, pelo menos, três exemplos relevantes. Em primeiro lugar, os gestores enviesados, tal como acontece com os investidores, podem assumir riscos excessivos que, apesar de fazerem diminuir a sua utilidade esperada (mas não a sua utilidade esperada apercebida), permitem aumentar a probabilidade de que sejam bem sucedidos na competição interna na empresa. Como o processo de progressão interna na hierarquia da empresa é um jogo de "tudo-ou-nada" e em que os desempenhos extremamente positivos são premiados, os gestores com maior confiança e optimismo tenderão, ao longo do tempo, a assumir lugares de maior responsabilidade na hierarquia da empresa ultrapassando os gestores mais realistas.[9] Em segundo lugar, os gestores enviesados podem também subsistir pelo facto de contribuirem para diminuir os custos de agência (ver capítulos 8 e 13). Na verdade, os interesses dos accionistas numa relação de agência podem até ser melhor servidos quando os gestores são enviesados se se conceberem de mecanismos que, em vez de anularem ou atenuarem os enviesamentos, permitam explorar esses enviesamentos. Por exemplo, os accionistas podem implementar mecanismos de incentivo que conduzam a uma menor remuneração dos gestores enviesados através do aproveitamento das avaliações incorrectas levadas a cabo por estes agentes acerca das suas próprias capacidades ou do nível de risco assumido pela empresa.[10] Em terceiro lugar, a presença de gestores com excesso de confiança pode ser favorecida pelo facto de permitir uma melhor difusão da informação no interior da empresa dada a menor tendência ao conformismo destes agentes.[11]

Em geral, nos casos em que os gestores enviesados apresentam vantagens face aos gestores com racionalidade completa, estão reunidas as condições para a subsistência desses agentes no longo prazo (ver capítulo 13).

Assim e em conclusão, é difícil que, na prática, estejam reunidas as condições para que a competição actue eficazmente no sentido de atenuar a presença de gestores enviesados em lugares de responsabilidade nas organizações.

4.3. OS INCENTIVOS

Refere-se, por vezes, que os erros cometidos pelos agentes são atribuíveis à ausência de incentivos apropriados e que, caso esses incentivos existam, os erros decisonais poderão ser eliminados.

Dada a natureza dos enviesamentos decisionais a que já fizemos referência (ver secção 2.1), é de esperar que os incentivos, financeiros ou outros, tenham um papel limitado na sua atenuação. Mas, ainda assim, a questão deve ser explorada empiricamente.

O estudo dos efeitos dos incentivos nas decisões humanas decorre geralmente em contexto experimental. Isto significa que os indivíduos que são os sujeitos das experiências são chamados a decidir num contexto controlado em que é possível manipular um conjunto de variáveis entendidas como sendo relevantes por forma a isolar os efeitos na decisão de alterações nessas variáveis. Os resultados a que em geral se chega apontam para o facto dos incentivos financeiros não serem capazes de eliminar os enviesamentos decisionais. Os erros persistem mesmo na presença de incentivos monetários significativos.

Apesar destas evidências, deve ser realçado que os estudos experimentais dificilmente podem replicar as condições de incentivos que os agentes económicos encontram no mundo real. Os pagamentos monetários a atribuir aos sujeitos sob teste dependem do financiamento dos estudos realizados e, dadas as naturais restrições orçamentais na investigação, apenas excepcionalmente os indivíduos dispõem de incentivos comparáveis àqueles que teriam caso estivessem a decidir num ambiente "natural". Esta limitação dos estudos experimentais tem sido, no entanto, ultrapassada de diversas formas. Têm sido levados a cabo estudos em contextos diferentes onde os incentivos monetários atribuídos às correctas decisões dos agentes são substancialmente mais elevados. Em primeiro lugar, têm sido realizados estudos experimentais em países com rendimentos médios mais baixos do que os EUA ou os países europeus e onde, por esse motivo, os mesmos incentivos monetários (em valor absoluto) representam um maior tempo de trabalho dos sujeitos sob teste. Em segundo lugar, existem estudos em ambientes onde os incentivos monetários existentes são muito elevados como são os casos de alguns concursos de televisão com elevados prémios ou das escolhas realizadas por atletas de alta competição, por exemplo. Na generalidade dos estudos verifica-se que os enviesamentos decisionais subsistem apesar dos elevados (e, por vezes, muito elevados) incentivos financeiros.[12]

Como concluem Camerer e Hogarth (1999, p. 7) num artigo sobre este assunto: «...não existe nenhum estudo em que se tenham feito desaparecer as violações ao princípio da racionalidade através do simples aumento dos incentivos [aos agentes]».

Mas a evidência de que os incentivos em montantes elevados não eliminam os enviesamentos não se restringe sequer aos estudos experimentais. Existem numerosas evidências de que esses enviesamentos afectam as escolhas dos agentes mesmo em ambiente "natural". Por exemplo, no campo dos mercados financeiros onde a questão tem sido mais estudada, a literatura mostra que os indivíduos cometem erros significativos de forma sistemática. Verifica-se que os desvios à racionalidade persistem na presença de incentivos financeiros fortes e óbvios em contextos muito diversos: por exemplo, no caso dos investidores individuais, no caso dos profissionais de mercado e no caso dos gestores de fundos de investimento mobiliário.[13] Não existem razões para supor à partida que o comportamento dos gestores seja significativamente diferente do observado para os agentes que acabamos de referir.

Na verdade, conforme veremos quando nos referirmos às operações de fusão ou aquisição empresarial (capítulo 11) onde os montantes envolvidos são, em geral, extremamente elevados existindo, por isso, incentivos financeiros óbvios para atenuar os efeitos comportamentais, o impacto dos enviesamentos decisionais está presente e de forma muito notória.

Por último, é necessário ponderar o efeito potencial dos incentivos. É verdade que os incentivos financeiros podem fazer aumentar a atenção e o esforço que os indivíduos aplicam nas decisões a realizar e diminuir os erros cometidos por descuido. Mas o ponto é que a atenção e o esforço, por si só, não garantem a tomada de boas decisões. É provável que um maior esforço cognitivo permita aumentar o conjunto de factores a considerar na decisão, mas isso não assegura que os factores mais relevantes sejam os mais fortemente ponderados pelos indivíduos. Dados os limites cognitivos dos agentes e dados os efeitos negativos de um esforço excessivo verifica-se que, em alguns casos, mais esforço pode até fazer diminuir a qualidade do desempenho.[14]

Em resumo, existem sérias dúvidas de que, no contexto organizacional, estejam reunidas as condições para que a aprendizagem dos gestores, a competição e a atribuição de incentivos contribuam de forma decisiva para atenuar os enviesamentos. Os efeitos limitados destes factores, conjugados com as condições que propiciam o reforço de enviesamentos como o excesso de confiança do gestor ao longo do tempo – ver ponto 2.2, alínea c) –, permitem compreender o impacto desses enviesamentos nas decisões financeiras, o qual será objecto de análise na parte II deste livro.

5. As decisões dos empreendedores

O objectivo principal deste livro é o de analisar as decisões financeiras que o gestor toma na empresa. Mas antes que o gestor decida seja o que for, é necessário que alguém tenha fundado a empresa. É necessário que tenha havido um empreendedor que tenha transformado uma ideia num negócio.

Começaremos por isso por estudar o empreendedor e por mostrar em que medida as características pessoais desse agente podem influenciar as suas decisões.

Principiemos por caracterizar a actividade do empreendedor. É necessário reconhecer que começar um novo negócio é uma actividade arriscada. As diversas estatísticas disponíveis mostram que existe uma elevada sinistralidade nos novos negócios. Os diversos estudos existentes para os EUA indicam que entre 34% a 50% dos novos negócios encerram num período de dois anos após o início de actividade e que, passados cinco anos, a taxa de sinistralidade atinge valores entre os 50% e os 71% do total dos negócios. Passados 10 anos desde o seu nascimento, quase 80% das empresas cessaram a sua actividade. Em Portugal, a realidade não é muito diferente: passados dois anos desde a fundação sobrevivem apenas 56,28% das novas empresas.[1]

Além de arriscado, o empreendedorismo não parece ser uma actividade especialmente lucrativa. Estudos nos EUA indicam que o rendimento mediano do empreendedor após 10 anos de actividade é 35% inferior ao salário previsível que se obteria numa actividade alternativa após esse período de tempo. Em média, uma empresa tem que esperar 3,5 anos para obter lucros. Além disso, uma vez que uma parte substancial da riqueza do empreendedor está normalmente investida no seu próprio negócio, os empreendedores suportam um nível elevado de risco.[2]

As novas empresas parecem ter, em geral, poucas vantagens face aos seus concorrentes já estabelecidos no mercado enquanto que as desvantagens são evidentes. Embora alguns novos negócios possam correr de forma extremamente favorável, a evidência é de que muitos, talvez a maioria, não produzem lucros elevados. Quando se avaliam os negócios recém-criados verifica-se que, em média, os resultados do investimento são pouco satisfatórios, em particular quando se tem em conta o risco assumido.

Neste cenário adverso ao empreendedorismo, torna-se importante perceber o que motiva o empreendedor. Se a taxa de insucesso é elevada e os benefícios financeiros resultantes do empreendedorismo são difíceis de obter, como entender então que a actividade empreendedora se manifeste de forma tão intensa?

As estatísticas falam por si: nos EUA, mais de sete milhões de pessoas estão, num qualquer momento do tempo, em vias de iniciar um negócio surgindo mais de 50 000 novos negócios por mês. Este fenómeno não se circunscreve aos EUA, é claro. Em Portugal, por exemplo, surgiram ao longo dos últimos anos cerca de 30 000 novas sociedades por ano, um número que corresponde a cerca de 115 novas empresas em cada dia útil. As empresas com menos de um ano representavam em 2009 mais de 10,33% do total de empresas existentes.[3]

As diferenças observadas entre as rendibilidades obtidas pelos empreendedores, e as que obteriam se trabalhassem por conta de outrem sugerem que os benefícios não financeiros do empreendedorismo são substanciais e que, portanto, os factores comportamentais desempenham um papel importante nesta actividade. De facto, os benefícios de se iniciar o próprio negócio não precisam de ser financeiros: questões de *status* social, a componente lúdica associada ao controlo das variáveis de gestão, a possibilidade de desenvolvimento pessoal e o sentimento de independência podem justificar uma parte da propensão para criar empresas.[4]

Mas não é plausível que estes factores possam explicar toda a intensidade do empreendedorismo.

Uma parte da justificação para o entusiasmo na formação de novas empresas pode radicar nas características pessoais dos empreendedores. Existem vários estudos que sugerem que o empreendedor típico é excessivamente optimista e que, por isso, não se apercebe, ao lançar um novo negócio, da sua reduzida possibilidade de sucesso.

Um primeiro conjunto de dados que aponta nesse sentido provém de inquéritos realizados aos empresários com actividade recém-iniciada. Quando se pergunta "Qual é, em sua opinião, a probabilidade de sucesso do seu negócio?", mais de 80% dos empresários respondem pelo menos 70% e um terço dos respondentes afirma que a sua chance de sucesso é de 100%. Existe, assim, um contraste claro entre as crenças dos empresários e as suas reais possibilidades de sucesso aferidas pelas taxas médias de sobrevivência dos novos negócios a que já fizemos menção. O empresário típico sobrestima as suas possibilidades de sucesso.

É curioso notar que a visão optimista dos empresários quanto às suas possibilidades de sucesso não se estende aos novos negócios dos concorrentes. Quando se pergunta "Qual é, em sua opinião, a probabilidade de sucesso de um negócio semelhante ao seu?", verifica-se que a percentagem média é de apenas 59% e que em 68% das respostas os valores obtidos no inquérito ficam aquém da probabilidade de sucesso que o empresário atribui ao seu próprio negócio. Os resultados indicam, assim, que os fundadores de negócios consideram ter perspectivas mais favoráveis do que aquelas garantidas por uma avaliação objectiva com base em dados históricos e também mais favoráveis do que as atribuídas aos concorrentes com negócios similares. É a ideia de que "o futuro vai ser muito bom e especialmente para mim". Estes resultados verificam-se em países com características culturais e institucionais muito diversas incluindo em Portugal.[5]

Em segundo lugar, os estudos experimentais confirmam o papel do excesso de confiança dos empreendedores na decisão de criar novos negócios. É o excesso de confiança acerca das suas capacidades que conduz a uma frequência excessiva de novas entradas nos mercados. Os estudos experimentais baseiam-se em jogos criados para o efeito e em que aos participantes é colocada a possibilidade de entrarem num dado mercado em função de vários factores que variam de caso para caso. Verifica-se que, quando os resultados da decisão de entrada no mercado se baseiam nas suas próprias capacidades, os indivíduos tendem a sobrestimar a possibilidade de sucesso e, em consequência, a entrar mais frequentemente no mercado do que o que ocorre na situação em que os resultados obtidos não dependem das suas capacidades. Os participantes no jogo estão dispostos a apostar excessivamente nas suas próprias capacidades e este excesso de confiança leva-os a entrar no mercado mesmo quando o resultado esperado do jogo é negativo.[6]

Em terceiro lugar, há estudos que se preocupam em identificar as condições necessárias para que os empresários de empresas recém-criadas sejam excessivamente optimistas. Embora, como já foi referido, o excesso de optimismo seja um fenómeno generalizado, verifica-se que não é necessário que a população seja optimista para termos como resultado uma classe de empreendedores com esse enviesamento. Mais uma vez, é de esperar que os mecanismos da auto-selecção sejam relevantes. Um exemplo é elucidativo: imagine-se que os agentes numa dada economia têm que escolher entre i) realizar um trabalho que lhes confere um salário certo e ii) levar avante um projecto que lhes proporcionará uma rendibilidade aleatória. Nesta situação, os indivíduos formarão expectativas acerca dessa rendibilidade, algumas das quais serão optimistas e outras pessimistas. Os indivíduos pessimistas e realistas tenderão a optar pela hipótese menos arriscada. E, como é evidente, será mais frequente que um indivíduo excessivamente optimista decida enveredar pelo novo negócio. A heterogeneidade quanto às expectativas e o facto dos indivíduos mais optimistas se seleccionarem a si próprios como empreendedores fará com que seja de esperar que a classe dos empreendedores seja formada por indivíduos particularmente afectados pelo excesso de optimismo.[7]

As previsões de modelos com agentes heterogéneos são confirmadas empiricamente: verifica-se não só que as pessoas em geral são excessivamente optimistas, mas também que as pessoas que criaram o seu próprio emprego são aquelas em que o excesso de optimismo é maior.[8]

Deve ainda ser notado que o empreendedorismo tem algumas características que o tornam particularmente susceptível ao enviesamento referido. Vimos já que o excesso de optimismo tende a ser mais intenso nas situações em que a ambiguidade é maior e a avaliação objectiva dos dados do problema é mais difícil. Por outro lado, o optimismo é também maior nas situações que parecem estar sob o controlo do indivíduo.[9] Ora, a tarefa de gestão do próprio negócio parece preencher estas duas condições. É também de esperar que a aprendizagem para o empreendedor seja difícil: o empreendimento a levar a cabo é novo, na maioria dos casos não existem empresas semelhantes a que o empreendedor tenha acesso para aprender, e as condições de incerteza do mercado são, em geral, significativas. Os estudos empíricos parecem corroborar a ideia de que a aprendizagem dos gestores por conta própria não é favorecida pelas suas competências cognitivas e/ou condições do ambiente em que decidem. De facto, constata-se que os profissionais não aproveitam de forma completa a informação a que vão tendo acesso no exercício de funções para actualizar as suas expectativas iniciais.[10]

Mas as consequências do modo de decidir do empreendedor podem ser ainda mais importantes se o excesso de confiança nas suas capacidades próprias não se esgotar na fundação de um único negócio. Tem sido defendido que a experiência adquirida pelos empreendedores conjugada com o excesso de confiança que os caracteriza pode ajudá-los a desenvolver qualidades úteis de resiliência emocional, cognitiva, social e financeira que podem ser mobilizadas para o lançamento de novos negócios. Desta forma, os desaires que possam eventualmente ter ocorrido nas tentativas iniciais de negócio podem acabar por ser compensados ou agravados nas iniciativas levadas a cabo em momentos posteriores.[11]

A identificação dos factores que podem exacerbar o optimismo dos empreendedores constitui uma questão ainda em aberto. Nalguns estudos, o excesso de optimismo não encontra justificação objectiva. Não se encontram relações significativas entre as crenças dos empresários quanto ao seu próprio potencial e indicadores relativos à experiência de gestão e nível de formação académica. No entanto, noutros estudos, conclui-se que os empreendedores com maior formação académica e que desenvolvem ideias próprias tendem a ser mais optimistas quando comparados com os empresários com menos estudos e que prosseguem projectos iniciados por outrem.[12]

Mas o que os dados permitem afirmar com maior segurança é que os empresários não iniciam novos negócios porque são lucrativos mas sim porque erradamente acreditam que os lucros irão surgir.[13] O excessivo número de novos negócios, para além do que a economia pode sustentar, tem como consequência uma elevada taxa de sinistralidade empresarial embora, como é óbvio, a probabilidade de insucesso de cada empresa dependa das suas características particulares.

Perceber o papel do excesso de optimismo no lançamento de novas empresas é também importante porque permite prever a evolução do empreendedorismo. Se o excesso de optimismo dos empresários é um dos factores que explica o ímpeto empreendedor, então é de esperar que quando o sentimento social é mais positivo assistamos a mais pessoas a iniciar novos negócios. Já quando o sentimento social é negativo mais pessoas estarão pessimistas e será menor o número daquelas com o optimismo necessário para se tornarem empreendedores. Esperamos ainda que o empreendedorismo seja mais intenso quando à situação de optimismo social se soma a maior ambiguidade do sector em que o empreendedor actua.

A constatação de que empreendedores são afectados por excesso de optimismo permite que se actue para lidar com o problema. A prevalência do enviesamento na classe implica que os empreendedores deverão procurar obter aconselhamento junto de agentes não implicados no negócio e, por isso, potencialmente mais objectivos. Por outro lado, existem consequências em termos de políticas públicas. Se os empreendedores não conseguem avaliar correctamente as perspectivas do seu negócio isso significa que os recursos que estão a utilizar poderiam ser melhor aplicados. Além disso, tal aconselha igualmente que as habituais políticas públicas de apoio ao empreendedorismo através da subsidiação, por exemplo, deveriam ser, pelo menos em parte, substituídas por apoios à formação e à aprendizagem em contexto empresarial com o intuito dos empreendedores poderem tornar mais precisas as suas estimativas.

B. O excesso de confiança dos empreendedores

Pinfold (2001) levou a cabo um estudo sobre o empreendedorismo na Nova Zelândia. Inquiriu os indivíduos que tinham iniciado um negócio nos três meses anteriores ou que se preparavam para o fazer nos seis meses seguintes. Foram obtidas respostas de 548 empreendedores o que representava seis por cento de todos os negócios iniciados no país durante o período de recolha de dados.

Perguntou-se aos empreendedores (i) qual a probabilidade de que os seus negócios estivessem em actividade cinco anos depois do seu início e (ii) qual a probabilidade de isso ocorrer nos negócios semelhantes ao seu. Os resultados apresentam-se na tabela seguinte:

Resposta dos empreendedores ao inquérito

Probabilidade percentual de que o negócio estará em actividade cinco anos depois do seu início	Estimativa dos fundadores	
	Próprio negócio	Negócios semelhantes
0-10	0,0	0,6
11-20	0,0	1,8
21-30	0,7	6,0
31-40	1,3	10,6
41-50	3,5	20,6
51-60	13,3	31,0
61-70	15,9	18,6
71-80	20,3	8,0
81-90	21,5	2,2
91-100	23,5	0,6
Média	75,7	52,3

Os resultados mostram que, em média, os novos empreendedores julgam que a probabilidade de que o seu negócio falhe é cerca de metade (100%-75,7%=24,3%) daquela que atribui a negócios semelhantes iniciados por outros (100%-52,3%=47,7%).

A probabilidade de sucesso para os negócios alheios (52,3%) é superior à observada na realidade (42,5%, valor não inscrito no gráfico) o que sugere que os empreendedores têm dificuldade em avaliar os riscos envolvidos nos negócios em geral e, em especial, o risco inerente ao seu próprio caso. Tendem a subestimar o risco e a acreditar excessivamente nas suas capacidades para ultrapassar as dificuldades.

A importância dos factores comportamentais é realçada pela motivação declarada dos empreendedores para iniciar um novo negócio. Foram inquiridas as suas motivações pedindo-se que avaliassem cada um dos factores apresentados numa escala de 1 a 5 em que 1 corresponde a "discordo fortemente" e 5 corresponde a "concordo fortemente". Os resultados obtidos apresentam-se no gráfico seguinte:

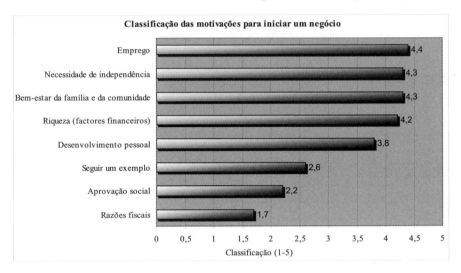

Os resultados mostram que as principais motivações para criar um novo negócio estão longe de ser puramente financeiras: a riqueza (factores financeiros) apresenta-se apenas como o quarto motivo mais importante no conjunto das razões apresentadas.

6. Os gestores importam?

6.1. INTRODUÇÃO

A maior parte dos estudos empíricos em Finanças assume implicitamente a visão neoclássica da empresa segundo a qual os gestores de topo constituem uma classe homogénea que serve como mais um *input* na função de produção da empresa. Nesta perspectiva, os diferentes gestores são encarados como substitutos perfeitos uns dos outros. Uma consequência desta visão é a de que os gestores não importam quando se trata de perceber o que se passa no interior da empresa. Muito embora os executivos possam ser diferentes nas suas preferências, níveis de aversão ao risco e capacidades, considera-se que nenhuma destas características se reflectirá nas escolhas realizadas pela empresa. Entende-se que isso é assim por um de dois motivos. Ou por razões institucionais relacionadas com o governação e o processo de decisão nas organizações que impedem que uma única pessoa não seja capaz de afectar essas escolhas. Ou porque se considera que os gestores decidem tendo em conta critérios estritamente técnicos que são de todo imunes às suas características pessoais. Em qualquer dos casos, não se esperará que os gestores, enquanto indivíduos, tenham importância para as decisões empresariais. As decisões tomadas são então explicadas tendo apenas em consideração os factores definidores do sector em que a empresa compete e as características da própria empresa. Tal implica, por exemplo, que duas empresas com tecnologias, factores de produção e mercados de produto similares farão escolhas similares quer tenham ou não a mesma equipa de gestores. Ignoram-se, assim, as características pessoais dos gestores que são, ao fim e ao cabo, quem decide no interior das empresas.

6.2. AS EVIDÊNCIAS EMPÍRICAS

Devemos questionar se esta ideia de que as características pessoais gestores não influenciam as suas decisões se verifica na realidade. Apesar de serem os gestores a decidir, as suas características pessoais em nada importam? É necessário investigar a questão tanto em termos teóricos como empíricos para perceber qual o significado do impacto da personalidade dos gestores nas decisões tomadas nas organizações, nomeadamente nas decisões de carácter financeiro.

Esta indagação pode ser feita em diversos planos. Num primeiro plano, a que dedicaremos a presente secção, procuraremos saber em que medida as diferenças entre os gestores se podem reflectir nas empresas independentemente dos factores institucionais próprios de cada organização. Aqui a questão não é a de identificar o efeito de cada uma das características dos gestores nas decisões tomadas mas tão só procurar indagar se gestores diferentes conduzem a decisões diferentes. Já na secção seguinte, a perspectiva será diversa: procuraremos relacionar as idiossincrasias dos gestores com os factores institucionais da organização para perceber como podem interagir na tomada de decisão.

O que leva as empresas a seguir diferentes caminhos quando confrontadas com problemas semelhantes? A resposta a esta questão fundamental está ainda em debate. A heterogeneidade das decisões tomadas em empresas com características similares e que operam em contextos semelhantes sugere que os fundamentais do sector e das próprias empresas não são suficientes para se responder à questão.

Por outro lado, a noção que se tem quando se contacta com os próprios gestores e com a comunicação social é a de que os gestores são diferentes e que as suas características pessoais se reflectem na forma e no conteúdo das decisões tomadas nas organizações. Os gestores são frequentemente descritos como tendo um estilo próprio que se reflecte em decisões empresariais estratégicas e que deixam, portanto, a sua marca pessoal nas empresas geridas.

A investigação a este respeito é problemática devido à dificuldade em encontrar um contrafactual adequado que permita isolar de forma convincente os efeitos directos atribuíveis ao gestor. Em teoria, as empresas não escolhem (nem despedem) os gestores de forma aleatória e, por isso, a atribuição de diferenças no desempenho aos próprios gestores e não a factores relacionados com os fundamentais do sector ou às características da empresa é uma tarefa difícil de levar a cabo.

Mas, ainda assim, existem estudos empíricos que se colocam estas questões e que explicam uma parte importante do problema. Em primeiro lugar, diversos estudos mostram que os gestores constituem uma classe heterogénea e que cada gestor apresenta diferenças sistemáticas face aos restantes que se mantêm ao longo do tempo e mesmo quando o gestor transita de uma empresa para outra. É possível identificar padrões específicos na tomada de decisão dos gestores o que indica que existem diferenças de estilo persistentes entre os diversos profissionais. Essas diferenças de estilo traduzem-se em abordagens diferentes, mas consistentes, quanto a questões como a estratégia de crescimento da empresas (despesas de publicidade, investigação e desenvolvimento, políticas de corte de custos, etc.) e mesmo as escolhas financeiras a realizar (políticas de investimentos, financiamento, dividendos, etc.). Estes resultados contrariam a noção de que as escolhas financeiras são realizadas numa base estritamente técnica. Na verdade, uma parte significativa da heterogeneidade nas decisões financeiras e nas práticas das organizações pode ser explicada pela presença de efeitos fixos atribuíveis ao gestor.

Em segundo lugar, como os gestores são diferentes entre si e isso se reflecte em escolhas financeiras diversas, estilos de gestão diferentes acabam por provocar diferenças significativas também no desempenho das empresas tanto em termos comerciais como em termos financeiros.

Em terceiro lugar, verifica-se que os gestores com melhores efeitos fixos no desempenho tendem a ser melhor remunerados e a ser encontrados em empresas com melhor governação. Este ponto é importante pelas suas implicações para a questão da eficiência na gestão dos recursos: os resultados parecem sugerir que as empresas com melhor governação são capazes de seleccionar e atrair os gestores cujo estilo de gestão tem consequências mais favoráveis em termos de incremento nos indicadores de desempenho da empresa.

Estes resultados sustentam a noção de que os gestores são uma determinante chave no desempenho da empresa.[1]

6.3. A PERSONALIDADE DOS GESTORES E OS FACTORES INSTITUCIONAIS

A heterogeneidade que se verifica na prática dos gestores aconselha-nos a ter em conta as suas características pessoais em termos de personalidade, preferências, níveis de aversão ao risco, capacidades ou opiniões se queremos entender as decisões empresariais e os seus efeitos em termos de desempenho. Mas, apesar disso, podem existir duas interpretações possíveis acerca da forma como as diferenças dos gestores se reflectem em escolhas diferenciadas.

Uma primeira interpretação decorre dos modelos de agência. Os modelos de agência reconhecem que os gestores têm capacidade de tomar decisões na empresa e que podem usar essa capacidade para alterar as políticas empresariais e beneficiar os seus próprios interesses. Apesar disso, estes modelos geralmente não consideram que o comportamento possa ser diferente de gestor para gestor na medida em que os modelos de agência não se debruçam normalmente sobre as diferenças idiossincráticas entre gestores. Em vez disso, os modelos de agência atribuem as variações no comportamento da empresa à heterogeneidade dos factores institucionais que se verificam entre as diversas empresas, em especial na intensidade dos mecanismos de governação de controlo dos gestores. Ora, se admitirmos uma extensão aos modelos de agência podemos considerar a hipótese do gestor poder impor as suas características idiossincráticas na empresa se os mecanismos de controlo forem limitados. Nesta perspectiva, podemos esperar que o impacto da actuação dos gestores aumente à medida que as fontes de controlo interno e externo enfraquecem.

Mas existe uma segunda interpretação possível. Pode ser que não seja o gestor a marcar as decisões empresariais com as suas características pessoais mas que seja antes a empresa a escolher o gestor por causa das características pessoais que lhe são atribuídas. Por exemplo, um conselho de administração pode entender que é necessário que a empresa atravesse uma fase de maior crescimento por via de aquisições e, nesse sentido, optar pela contratação de um gestor mais agressivo e mais propenso a adoptar estratégias de expansão daquele tipo.

Estas duas variações na visão de que as características pessoais do gestor têm importância nas decisões tomadas na empresa têm implicações bastante diferentes em termos de eficiência. No caso da primeira interpretação, algumas características ou preferências dos gestores podem levar a que a empresa adopte estratégias sub-óptimas. A medida em que tal pode ocorrer estará limitada pela capacidade do conselho de administração para controlar o gestor. Já no que diz respeito à segunda interpretação, as diferenças no estilo de gestão não conduzirão a ineficiências desde que o conselho de administração seleccione de forma óptima o gestor certo na altura mais adequada.

No entanto, em qualquer uma das interpretações, as características dos gestores são essenciais para se entender as mudanças processadas no interior das empresas.

A questão que nos deve ocupar agora é a de saber qual das interpretações se verifica na realidade. Os resultados dos estudos empíricos apontam para a verificação da primeira interpretação, ou seja, a de que são os agentes que impõem o seu estilo de gestão às empresas que lideram. Regra geral, os efeitos fixos do gestor não podem ser explicados de forma plausível pelas escolhas que a empresa faz ao contratar um determinado gestor.[2]

Se os gestores têm diferentes estilos então a distribuição de poder nas empresas pode afectar as decisões que são tomadas. Para que as decisões empresariais afectem o desempenho da empresa, é de esperar que tanto as características dos gestores como as variáveis organizacionais influenciem esse desempenho. Como a probabilidade de concretização de decisões extremas (muito boas ou muito más) é maior em empresas em que o poder do gestor para influenciar as decisões é maior do que em organizações em que existem várias instâncias de decisão para além do gestor principal, interessa estudar se a variabilidade no desempenho da empresa depende do poder detido pelo gestor.

Ora, nesse sentido, os estudos empíricos mostram que as características pessoais dos gestores têm maior impacto nas decisões tomadas na empresa quando os gestores têm mais poder. Verifica-se empiricamente que a presença de gestores com mais poder na empresa tem como consequência uma maior variabilidade das rendibilidades das acções. Nas empresas onde o gestor tem menos poder são necessários compromissos entre as diversas instâncias de poder da organização pelo que as decisões extremas tendem a ser substituídas por decisões mais moderadas. Os gestores com mais poder são os responsáveis pelos melhores desempenhos mas também pelos piores desempenhos empresariais de tal forma que o efeito líquido do incremento do poder dos gestores na empresa não é claro. Os resultados sugerem que o sentido da causalidade vai do poder detido pelos gestores para o desempenho da empresa e não no sentido inverso. Desta forma, confirma-se a importância da interacção entre factores organizacionais relacionados com a distribuição de poder e as características idiossincráticas dos gestores na geração do desempenho empresarial.[3]

7. Características pessoais e percurso de vida dos gestores

A existência de diferenças sistemáticas entre os gestores e a verificação do impacto dessas diferenças nas escolhas financeiras levadas a cabo nas empresas é um ponto interessante e com implicações importantes. Isso significa que, para entender as decisões financeiras não bastam as características do sector em que a empresa actua e as características específicas à empresa. Conhecer o gestor ajuda a compreender as decisões tomadas na empresa e, por esta via, o seu desempenho.

Mas, apesar disso, a constatação de que existem efeitos fixos atribuíveis ao gestor não nos diz muito sobre as características específicas que podem influenciar a tomada de decisão. É preciso então estudar a relação entre essas características pessoais e as decisões que têm lugar na empresa.

Em termos teóricos, a investigação sobre este assunto não tem registado grandes avanços. A ideia presente em vários estudos é a de que o ambiente em que a empresa opera é importante para determinar qual o melhor estilo de liderança. Um dos temas do debate centra-se na identificação da personalidade do gestor que melhor permite que sejam atingidos os objectivos de maximização dos resultados da empresa. A escolha é entre, por um lado, personalidades mais democráticas e comunicativas e, por outro lado, perfis mais autocráticos e menos dados à comunicação. Em teoria, gestores mais democráticos tendem a ser mais bem sucedidos num ambiente rico de novas ideias que a empresa pode explorar. Neste contexto, gestores mais empáticos para com os seus subordinados conseguem maiores índices de motivação e aproveitam de forma mais eficaz as oportunidades existentes, embora apresentem a desvantagem de aceitar mais ideias não lucrativas. Por outro lado, os gestores com um estilo mais autocrático, ou seja, mais focado na maximização dos resultados e menos nas preferências dos subordinados, tendem a ser mais adequados para ambientes menos ricos de novas ideias uma vez que proporcionam menos incentivos para a participação desses subordinados.

Se não existem, à partida, bons ou maus estilos de liderança, cabe ao conselho de administração da organização seleccionar, a cada momento do tempo, os gestores com as características mais adequadas ao ambiente e circunstâncias com que a empresa se depara.

Mas as características do ambiente podem alterar-se ao longo do tempo. E isso obrigaria, em teoria, que os gestores fossem capazes de seleccionar o melhor estilo de liderança a cada momento tendo em conta os *trade-off* existentes entre os dois tipos de liderança. Uma maior determinação por parte do gestor implica que reaja menos à informação que lhe surge e que comunique menos com os restantes agentes da empresa mas é importante para afirmar a credibilidade da missão da organização. Já um gestor mais comunicativo está mais disposto a ouvir e é mais capaz de construir equipas de trabalho com melhor desempenho. Nestas condições, o gestor está perante um dilema: ele gostaria de basear a missão da organização em toda a informação relevante disponível acerca do ambiente mas, uma vez que essa informação é revelada apenas aos poucos ao longo do tempo, pode ter que rever a missão da organização à medida que vai sendo conhecida mais informação. Ora, o seu desejo de modificar a missão da organização enfraquece a sua capacidade para coordenar a actuação dos subordinados na empresa e de construir equipas de alto rendimento.

O ponto óptimo no *trade-off* entre as duas características depende da qualidade da informação ao dispor dos restantes agentes na empresa. Um gestor mais determinado é mais adequado quando a informação acerca do ambiente está igualmente ao dispor do gestor e dos restantes agentes. É quando existem assimetrias no conhecimento da informação que a questão da coordenação das equipas de trabalho se torna mais pertinente e que as competências de comunicação podem trazer mais vantagens, embora mesmo neste caso existam algumas vantagens num gestor determinado.

No confronto entre os dois perfis de personalidade, os estudos empíricos sugerem que o gestor mais determinado leva vantagem. Contrariamente à visão mais generalizada que enfatiza a importância das qualidades de comunicação na liderança, verifica-se que o desempenho das empresas está positivamente relacionado com as capacidades de determinação dos gestores e está negativamente relacionado com as suas características de comunicação e de trabalho em equipa.[1]

Mas, para além destas características de personalidade, existem factores individuais relacionados com o percurso de vida pessoal que podem exercer um efeito importante nas decisões que esses agentes tomam. Referimo-nos a factores observáveis como a idade dos gestores, a sua formação académica, ou a vivência de épocas históricas particularmente marcantes, por exemplo.

A idade pode ser um factor importante na caracterização dos gestores uma vez que existem estudos que indicam que os decisores mais velhos tendem a ser mais avessos ao risco. De facto, verifica-se que os gestores mais velhos tendem a tomar decisões mais conservadoras nas empresas nomeadamente ao investirem menos, ao preferirem estruturas de financiamento menos alavancadas e ao manterem níveis mais elevados de reservas de liquidez. A distinção entre o excesso de optimismo e o excesso de confiança parece ser relevante neste contexto uma vez que, enquanto o optimismo têm tendência a diminuir com a idade, quanto mais velhos os gestores maior tende a ser o seu excesso de confiança.[2]

O cumprimento do serviço militar no início da vida adulta e, em particular, a exposição a situações de combate, pode ser uma experiência marcante e com reflexos nas escolhas realizadas ao longo de toda a vida do indivíduo. O serviço militar proporciona um conjunto de experiências capazes de contribuir para a formação de capacidades de liderança e de comando. Assim, é de esperar que essa experiência de vida se traduza numa postura mais agressiva nas opções a tomar – incluindo as opções financeiras –, numa menor aversão ao risco e numa maior capacidade para lidar com situações difíceis ou de crise. É isso que se encontra nos estudos empíricos: os gestores que cumpriram o serviço militar tendem a adoptar políticas de endividamento mais agressivas e tendem a investir menos tanto em capital como em investigação e desenvolvimento. Quando estão nas empresas adoptam estruturas de financiamento significativamente mais alavancadas do que as que se verificam durante a liderança dos gestores que os antecederam e que os sucederam no cargo. A experiência militar do gestor acaba assim por se reflectir no desempenho das organizações. Os gestores de topo que foram militares apresentam um melhor desempenho quando são chamados a lidar com situações económicas difíceis. Além disso, têm menor probabilidade de se verem envolvidos em actividades fraudulentas.[3]

É de esperar também que o nível de formação académica influencie as decisões dos gestores. Na prática, observa-se que os gestores que possuem um MBA tendem a prosseguir estratégias mais agressivas na medida em que se endividam mais, distribuem menos dividendos e respondem de forma mais intensa às oportunidades de investimento disponíveis independentemente da disponibilidade de fundos gerados internamente na empresa. A diferença na actuação dos gestores com MBA traduz-se em diferenças significativas no seu desempenho: as taxas de rendibilidade dos activos são superiores em mais de um ponto percentual quando o gestor possui um MBA face à média observada para os casos em que o gestor não possui esse grau.[4]

Os modelos convencionais em Finanças presumem que os indivíduos são dotados de preferências estáveis quanto ao risco e que estas não se alteram em função da experiência. De igual forma, esses modelos pressupõem que os indivíduos têm em conta toda a informação histórica disponível na formação das suas opiniões acerca das opções que envolvem risco.

Ao contrário, na literatura do campo da Psicologia argumenta-se que as experiências pessoais, especialmente as mais recentes, podem exercer uma maior influência nas decisões pessoais do que a informação provinda da formação académica. Uma corrente recente no estudo das questões económicas sugere que o ambiente político e cultural em que os indivíduos cresceram afecta significativamente as suas preferências e opiniões em campos que se irão reflectir, ao longo da sua vida, nas escolhas financeiras que irão realizar. De facto, verifica-se que a vivência de determinados períodos históricos pode deixar marcas importantes.

Por exemplo, é de esperar que a vivência da Grande Depressão, ao longo dos anos 30, tenha provocado uma desconfiança em relação aos mercados de capitais, um maior nível de aversão ao risco, e uma maior propensão à auto-suficiência financeira.[5] Esta experiência provocou, de facto, um efeito duradouro nos indivíduos que se reflecte nas suas decisões enquanto gestores.

E isso comprova-se quando se descobre que os gestores que cresceram durante a Grande Depressão tendem a ser mais conservadores. Recorrem menos à dívida do que o que seria aconselhável para usufruir dos efeitos fiscais positivos associados à mesma e recorrem excessivamente ao financiamento interno em alternativa ao recurso aos mercados de capitais. Estes efeitos prolongam-se por cerca de três décadas: até ao final dos anos 50 do século passado o sector privado nos EUA resistiu ao endividamento apesar das taxas de juro historicamente baixas e apesar da desalavancagem entretanto verificada.[6]

Mas não é sequer necessário ter vivido uma crise económica com a gravidade da Grande Depressão para se ficar afectado durante décadas. De uma forma mais geral, os gestores que iniciam a sua carreira durante uma recessão tendem a escolher estruturas de capital mais conservadoras, ou seja, marcadas por um menor recurso ao financiamento e com maior predominância do financiamento interno face à alternativa do financiamento externo. Além disso, investem menos em investigação e desenvolvimento e tendem a diversificar mais intensamente a sua actividade em vários segmentos de negócio. Também o desempenho do mercado de acções é importante na formação dos gestores. A experiência mostra que os choques económicos experimentados pelos indivíduos – medidos pela rendibilidade do mercado de acções – exercem um efeito duradouro nos seus níveis de aversão ao risco e tornam os agentes mais ou menos avessos à tomada de decisões de investimento que envolvam o recurso a transacções nos mercados de acções. Embora as experiências mais recentes exerçam, como é natural um maior impacto, as vivências ocorridas nas décadas anteriores têm também um efeito significativo.[7]

As diferenças ideológicas entre as pessoas são uma realidade e podem ser relacionadas com diferenças fundamentais de personalidade que decorrem de diferenças nas necessidades psicológicas e na mundividência de cada um.[8] Existem estudos acerca do impacto da orientação política dos gestores nas decisões financeiras por eles tomadas nas empresas. Segundo a teoria da consistência comportamental, os indivíduos tendem a exibir disposições comportamentais estáveis em diversas situações. Prevê-se que os traços de personalidade do gestor permitam, na maior parte dos casos, prever com consistência o seu comportamento em diversas situações similares. Ora, verifica-se empiricamente que as decisões que os indivíduos tomam nas empresas enquanto gestores são consistentes com as suas posições pessoais. Por exemplo, os estudos acerca desta questão nos EUA concluem que os gestores simpatizantes do Partido Republicano levam a cabo políticas empresariais mais conservadoras do que os gestores apoiantes do Partido Democrata. O conservadorismo político dos gestores Republicanos corresponde a um conservadorismo financeiro que se traduz em políticas caracterizadas por menos endividamento, menos investimentos arriscados tanto em capital como em investigação e desenvolvimento e maior distribuição de dividendos. Para além disso, verifica-se que o conservadorismo financeiro é influenciado pela sucessão de eventos políticos: na sequência dos ataques de 11 de Setembro, o aumento da incerteza provocou um aumento na intensidade das políticas conservadoras nas empresas dos EUA. As diferenças ideológicas traduzem-se também em termos de desempenho: os gestores republicanos adoptam políticas que produzem menos risco e rendibilidades mais elevadas.[9]

As diferenças de religião são também relevantes na caracterização dos gestores e das suas decisões. Comprova-se existir uma relação entre a personalidade dos gestores e a cultura da organização no que diz respeito ao nível de religiosidade dominante. Além disso, empresas que se localizam em áreas com maior religiosidade tendem a ter escolhas financeiras caracterizadas por uma maior aversão ao risco: investem menos tanto em capital corpóreo como em investigação e desenvolvimento e apresentam uma menor variabilidade quer na rendibilidade das acções quer na rendibilidade dos activos.[10]

A teoria da consistência comportamental permite explorar, por exemplo, a relação entre as escolhas de financiamento realizadas na empresa pelos gestores e as decisões de financiamento que estes tomaram na sua vida pessoal. De acordo com o previsto por essa teoria, verifica-se que a alavancagem pessoal dos gestores e a alavancagem da empresa por eles geridas se apresentam positivamente correlacionadas. O efeito é estatisticamente muito significativo: as preferências individuais do gestor são a variável que mais explica as escolhas de financiamento da empresa.

O que se passa com os gestores é também relevante a outro nível. Há análises, por exemplo, às repercussões na empresa do sucesso mediático dos gestores. Verifica-se que os gestores galardoados com prémios atribuídos pela imprensa económica apresentam subsequentemente um desempenho – medido pela rendibilidade dos activos e pela rendibilidade das acções – abaixo do mercado e dos vencedores potenciais do prémio. Para além disso, depois de ganharem o prémio, os gestores passam mais tempo em actividades públicas e privadas fora das empresas, e isso ao mesmo tempo que conseguem aumentar os rendimentos auferidos na empresa. Em geral, conclui-se que o sucesso mediático do gestor o distrai das tarefas de aumento do valor da empresa.[11]

Em resumo, podemos dizer que as experiências de vida do gestor, em particular durante a sua juventude, têm efeitos duradouros muito para além do momento em que essa experiência teve lugar. Este facto é importante pelo menos por dois motivos: em primeiro lugar, permite entender que os efeitos macroeconómicos – no caso de uma recessão, por exemplo – se estendem, na verdade, para muito além dos efeitos económicos imediatos. Os gestores formados nessa experiência vão continuar a exibir diferenças significativas na propensão à assunção do risco durante várias décadas. Em segundo lugar, como o período formativo dos gestores influencia as características da generalidade dos profissionais pertencentes a um dado *cohort*, as suas experiências pessoais podem influenciar significativamente o contingente de gestores disponíveis a cada momento no mercado de trabalho. Por exemplo, se se assistiu a um período prolongado de recessão ou crescimento lento, é de esperar que a geração dos gestores formados nessas condições partilhe um conjunto de características comuns. A consequência provável é a de que em condições económicas diversas – por exemplo, marcadas por um crescimento elevado – haja escassez de gestores pertencentes a essa geração e que possuam as melhores características para administrar empresas nessa situação diversa.

Os resultados dos estudos aqui apresentados sugerem que o gestor faz reflectir nas decisões empresariais as suas próprias preferências. Tal permite entender o comportamento da organização para além daquilo que os factores relativos às características da empresa e do sector permitem fazer. Por isso, conhecer as preferências pessoais do gestor é importante para compreender melhor – e até prever – as decisões financeiras. É esse o objecto da segunda parte deste livro.

Parte II
Decisões financeiras nas organizações

8. Decisões de investimento

8.1. INTRODUÇÃO

As decisões de investimento estão entre as mais importantes decisões tomadas no seio das empresas. Essas decisões envolvem montantes elevados e delas depende, em boa parte, o sucesso no longo prazo das organizações. Com os investimentos em capital as empresas pretendem obter e sustentar vantagens competitivas que são essenciais para gerar riqueza e criar emprego.

As decisões de investimento constituem também matéria de interesse para a política económica na medida em que o crescimento de toda a economia depende do investimento empresarial.

As abordagens tradicionais na avaliação de investimentos realçam o valor esperado das alternativas de investimento presumindo-se que os gestores analisam todas as alternativas e seleccionam aquela ou aquelas com o maior valor esperado. De facto, em teoria, os gestores deveriam aceitar apenas os projectos de investimento que acrescentam valor à empresa. Nessa escolha deveriam ponderar os benefícios e os custos de cada projecto. E deveriam ser abandonados todos aqueles projectos em que o valor decorrente da continuação é inferior ao valor que advém do seu abandono.

Mas o contraste entre as condições que servem de base aos modelos teóricos convencionais de avaliação de investimentos e aquilo que se passa na realidade das empresas é gritante. Podem ser destacados alguns pontos em que a divergência é mais significativa.

Podemos começar por referir que as condições em que os gestores decidem os projectos de investimento *não são* aquelas enunciadas pelas teorias financeiras convencionais. Em teoria, o decisor na empresa deveria ter em conta o acréscimo esperado de valor que o investimento traz para a empresa nomeadamente através da actualização para o momento da decisão dos fluxos financeiros que se espera que o projecto venha a gerar. Para o efeito dever-se-ia utilizar uma taxa de actualização capaz de reflectir o custo dos capitais da empresa. Mas o gestor, no mundo real em que tem que decidir, não tem acesso ao valor esperado dos fluxos financeiros futuros nem sequer à distribuição de probabilidade desses fluxos futuros. O contexto de incerteza em que a decisão tem lugar não permite modelizar os fluxos financeiros dos projectos de investimento. E num mundo tão marcado pela mudança nem sequer o passado é uma boa fonte de informação acerca do futuro: como já vimos, cada projecto de investimento é, em grande medida, único pelo que geralmente não existem outros projectos semelhantes em número elevado o suficiente de forma a estabelecer as bases para inferir acerca do valor e das probabilidades do projecto em questão.

A este respeito, convém relembrar a distinção fundamental entre risco e incerteza. Na obra clássica *Risk, Uncertainty and Profit*, escrita em 1921, Frank Knight, um professor da Universidade de Chicago, estabelece a distinção entre os conceitos de risco e incerteza. O risco, diz Knight, refere-se a algo que pode ser medido através de probabilidades matemáticas. Ao contrário, a incerteza não pode ser medida porque não existem padrões objectivos que permitam exprimir as respectivas probabilidades. Knight mostra que nas decisões tomadas em contexto empresarial se está numa situação de incerteza e não de risco uma vez que, se as probabilidades de distribuição dos fluxos financeiros fossem conhecidas, as empresas poderiam diversificar o risco recorrendo a instrumentos semelhantes aos que utiliza para cobrir o risco de um evento diversificável como, por exemplo, um incêndio (com um seguro, por exemplo). Nestas condições, as empresas poderiam transformar o risco empresarial num custo fixo. É pelo facto de actuarem numa situação de incerteza e não de risco que algumas empresas têm lucro.[1] O mundo com incerteza é assim caracterizado por Knight (1921): «É um mundo de mudança aquele em que vivemos e um mundo de incerteza. (...) Isto é tão verdade nos negócios como noutras esferas de actividade» (p. 199). «Vivemos num mundo cheio de contradições e paradoxos, um facto para o qual talvez a mais fundamental ilustração seja a seguinte: a existência de um problema de conhecimento [em relação ao futuro] depende do facto do futuro ser diferente do passado, enquanto que a solução do problema exige que o futuro seja como o passado» (p. 313).

Também John Maynard Keynes, outro dos autores clássicos do pensamento económico, enfatiza o impacto da incerteza na dificuldade de estimar o valor dos investimentos. O carácter único dos investimentos conjugado com a incerteza no mundo real impede que se aceda ao valor esperado ou à distribuição de probabilidade real do investimento a partir da informação do passado. Nas palavras de Keynes (1936, p. 134): «O facto mais saliente é a extrema precariedade da base de conhecimento em que têm que ser realizadas as nossas estimativas [acerca da rendibilidades dos investimentos]. O nosso conhecimento dos factores que determinarão a rendibilidade de um investimento nos anos seguintes é muito pequeno e, frequentemente insignificante. Se falarmos francamente, a nossa base de conhecimento para a estimativa da rendibilidade durante os próximos dez anos de um caminho-de-ferro, de uma mina de cobre, de uma fábrica têxtil, de uma patente médica, de um transatlântico ou de um edifício na cidade de Londres *equivale a pouco ou nada*» (nosso itálico).[2]

Mas então, se os gestores actuam num contexto de tal desconhecimento em relação ao futuro como são tomadas as decisões de investimento? Knight e Keynes concordam que é nestas condições de incerteza e em que não existe um método objectivo para estimar o valor dos investimentos que os factores psicológicos e os enviesamentos decisionais dos gestores se devem fazer sentir mais fortemente. Os gestores têm que decidir rapidamente e com base em pouca informação pelo que é natural que as opções tomadas sejam influenciadas por factores psicológicos. Além disso, as decisões de investimento são frequentemente complexas e não são adequadas à aprendizagem ao longo do tempo pelo que é natural que os enviesamentos comportamentais se manifestem de forma mais intensa. O próprio contexto institucional da empresa pode contribuir para incentivar esses enviesamentos. É frequente que na empresa sejam gerados grupos que competem entre si por recursos escassos defendendo diversos projectos possíveis. Neste cenário, é de esperar que sejam escolhidos aqueles projectos com perspectivas de resultados mais favoráveis o que constitui um incentivo importante ao optimismo dos gestores. Em consequência, é mais provável que sejam seleccionados os projectos cujas estimativas se apresentam mais prejudicadas por erros de optimismo. Os enviesamentos no processo de selecção dos investimentos podem ter um impacto importante: é sabido que o projecto típico termina depois do prazo inicialmente previsto, ultrapassa o orçamentado e falha na obtenção dos objectivos iniciais.[3] Apesar disso, os factores psicológicos na tomada de decisão de investimento empresarial têm sido frequentemente ignorados.

Akerlof e Shiller (2009) expõem o contraste entre as condições simplificadas em que o estudo da avaliação de projectos de investimento se tem desenvolvido e a prática dos gestores no mundo real: «O processo de decisão de investimento [por parte dos gestores] é, em última análise, intuitivo e psicológico. (...) Os estudantes de Gestão estudam a matemática da avaliação de projectos de investimento e a teoria das decisões óptimas de investimento. Mas quando nas empresas se decide efectivamente quanto investir, os factores psicológicos que subjazem ao investimento desempenham um papel principal. A aplicação da teoria de avaliação de projectos exige diversos *inputs*: os fluxos financeiros que se espera que o investimento venha a gerar, o custo dos capitais estimados para a empresa, as reacções estimadas do preço das acções da empresa ao investimento e também correlações com outros riscos. Além disso, estes *inputs* dependem indirectamente de um conjunto de outros factores: as oportunidades de aprendizagem da empresa com a experiência, as oportunidades de estabelecimento de contactos e de canais de distribuição, sinergias com outros investimentos e efeitos na reputação empresarial. Não existe uma receita simples para quantificar estes factores e preencher os números que a teoria de avaliação de projectos requer. E os gestores trabalham normalmente num contexto altamente competitivo. Eles têm que tomar decisões rapidamente com base na informação disponível e seguir em frente» (p. 143).

Em face do que foi dito é então de esperar que as decisões de investimento sejam influenciadas pelas leis da Psicologia. A questão merece ser estudada empiricamente.

8.2. O GESTOR E O INVESTIMENTO

Dada a importância do investimento para as empresas e também para a economia como um todo parece ser essencial perceber melhor de que forma os gestores tomam essas decisões. Na verdade, apenas por simplificação dizemos que a decisão de investimento *é tomada pela empresa*. De facto, é o gestor, de forma isolada ou em equipa, que decide. Por isso, a forma como o gestor se comporta, ou seja, as suas características pessoais (psicológicas ou outras) são relevantes para se entender as decisões tomadas.

Num contexto de incerteza, o desafio chave para a decisão de selecção de projectos assenta na formulação de previsões quanto ao futuro. Por sua vez, essas previsões subjectivas dependem das expectativas dos gestores.

Ora, a investigação no domínio da Psicologia mostra que o processamento de informação pela mente humana e, por conseguinte, as decisões tomadas, pode ser afectado por um conjunto de enviesamentos decisionais de base cognitiva ou emocional.

Para começar, verifica-se que factores não financeiros podem influenciar a tomada de decisões de investimento. As decisões financeiras não são tomadas no vácuo. O gestor decide num contexto concreto em que interage com outras pessoas e em que existem relações interpessoais significativas susceptíveis de afectar emocionalmente os agentes. O gestor, sendo uma pessoa de carne e osso, não consegue ficar imune aos sentimentos de frustração, de ira, de injustiça, etc. Estes factores podem ser particularmente importantes nas decisões de investimento uma vez que estas acarretam frequentemente interacções interpessoais decorrentes da negociações entre as partes, de trabalhos em equipa e de relações de partilha e delegação de poder. De facto, verifica-se empiricamente que essas reacções emocionais influenciam os gestores no momento de decidir os investimentos empresariais e que esse facto afasta a sua decisão daquela que seria a esperada se fossem tidos em conta apenas factores estritamente financeiros. Por exemplo, os gestores tendem a rejeitar projectos que desencadeiam reacções emocionais negativas apesar dessas alternativas rejeitadas implicarem um maior valor esperado. E nas respostas aos inquéritos, cerca de 50% dos gestores afirma considerar a intuição (*gut feel*, no original) nas decisões de afectação de capital no interior da empresa. Assim, se queremos entender as decisões dos gestores, mesmo em decisões financeiras como a selecção de investimentos, temos que ter em consideração factores não financeiros.[4]

Mas a descoberta da importância, na prática, de factores comportamentais na decisão de investimento vai para além dos motivos emocionais implícitos na actividade dos indivíduos nas organizações. Por isso, merecem ser expostas, de seguida, outras evidências empíricas relacionadas com as decisões de investimento.

A) O INVESTIMENTO E OS RECURSOS FINANCEIROS INTERNOS DA EMPRESA

Na análise do investimento empresarial parte-se normalmente da noção, assente nas teorias neoclássicas, de que o investimento deveria depender apenas da lucratividade – dada pela relação entre risco e rendibilidade – das oportunidades de investimento. De acordo com o teorema de Modigliani-Miller, as decisões de investimento não deveriam depender da composição do financiamento da empresa, dos fluxos financeiros gerados pela mesma, da liquidez ou das condições dos mercados financeiros.

No entanto, a evidência empírica recolhida ao longo das últimas décadas mostra que o investimento depende não apenas da sua lucratividade, mas também dos fluxos financeiros que a empresa tem disponíveis para investir. Este fenómeno é designado de dependência ou sensibilidade do investimento aos fluxos financeiros.

Em consequência, foram propostas novas teorias que prevêem que o investimento possa ser sensível ao montante dos recursos financeiros disponíveis na empresa. As duas explicações tradicionais para as distorções no investimento assentam no desalinhamento entre os interesses dos gestores e dos accionistas (teoria da agência)[5] e na existência de assimetrias de informação entre os *insiders* e os mercados de capitais[6]. Tanto num como noutro caso, as teorias justificam a sensibilidade do investimento ao montante de liquidez disponível na empresa. Apesar disso, as teorias são contraditórias entre si acerca dos custos e benefícios da existência de fluxos financeiros disponíveis para investir na empresa.

Assim, de acordo com as teorias da agência, os fluxos financeiros gerados pela empresa provocam efeitos negativos devido ao conflito de interesses entre gestores e accionistas. Os gestores com recursos internos abundantes investem em excesso com o objectivo de colher benefícios para si (privilégios, reputação, poder associado à gestão de estruturas empresariais de dimensão elevada, etc.). Os accionistas desejam que os gestores distribuam dividendos porque isso é entendido como uma forma de limitar o investimento em projectos que beneficiam os gestores e prejudicam a empresa. Como os mercados de capitais limitam a capacidade para os gestores prosseguirem os seus próprios objectivos – que não são os da empresa –, um aumento dos fluxos financeiros internos conduz a um sobreinvestimento por parte dos gestores na forma de adopção de projectos que diminuem o valor da empresa. Neste contexto, seria benéfica a diminuição dos recursos financeiros ao dispor do gestor.

Mas, de acordo com as teorias de assimetria de informação, os recursos ao dispor do gestor são benéficos para a empresa porque se presume que estes agentes procuram servir os interesses dos accionistas e possuem informação que não é apercebida pelos mercados de capitais. Assim, neste contexto, são os próprios gestores que, em defesa dos interesses dos accionistas, restringem o recurso ao financiamento externo de forma a evitar a emissão de acções subavaliadas e consequente diluição do valor das acções da empresa. Por este motivo, os gestores irão, por vezes, recusar oportunidades de investimento benéficas para a empresa porque a sua aceitação implicaria a emissão de títulos a um preço demasiado baixo num mercado de capitais mal informado. A escassez de recursos implica um subinvestimento por parte dos gestores na forma da renúncia à adopção de projectos de investimento vantajosos para a empresa. Por isso, neste caso, será benéfico o aumento dos recursos financeiros ao dispor do gestor.

Como vemos, as duas explicações têm implicações contraditórias. Segundo a teoria da agência, é bom que o gestor tenha menos recursos ao seu dispor; para as teorias de assimetria de informação é benéfico o aumento dos recursos disponíveis.

Além disso, as teorias não explicam a sensibilidade do investimento aos fluxos financeiros de forma satisfatória. Como refere Stein (2003, p. 110) num resumo do estado do conhecimento sobre a matéria: «O que sabemos: as empresas com mais recursos investem mais. O que não sabemos: porque motivo as empresas com mais recursos investem mais».

Uma explicação alternativa para a relação entre os recursos financeiros ao dispor dos gestores e as suas escolhas de investimento assenta nas características pessoais desses agentes. Como já foi referido no segundo capítulo, é de esperar que os gestores sejam afectados pelo excesso de confiança.

Ora, existem também características específicas nas tarefas de avaliação e selecção de projectos de investimento que tornam este tipo de decisões propensas a serem afectadas pelo excesso de confiança. Falamos, por exemplo, da ilusão de controlo, do compromisso com bons resultados e dos pontos abstractos de referência que tornam difícil a comparação do desempenho entre os indivíduos. Estes factores, como vimos, podem exacerbar o sentimento de excesso de confiança dos gestores e estão presentes nas decisões de investimento. De facto, é provável que um gestor que escolhe um projecto de investimento subestime a probabilidade de insucesso do investimento e acredite que pode controlar o seu resultado. O gestor típico está também fortemente comprometido com o bom desempenho da empresa uma vez que a sua riqueza pessoal, reputação e o valor do seu capital humano dependem do desempenho da empresa. Por fim, a avaliação, em termos relativos, das capacidades de gestão em comparação com os restantes gestores e, mais especificamente, a capacidade de seleccionar os melhores projectos de investimento, é uma tarefa difícil devido a todos os factores que influenciam o desempenho geral das empresas.

O excesso de confiança afecta a forma como o gestor encara os projectos de investimento. A consideração do excesso de confiança dos gestores permite conciliar as conclusões contraditórias da teoria da agência e das teorias de assimetria de informação.[7]

Por um lado, a confiança excessiva do gestor leva-o a acreditar que o mercado de capitais subavalia os títulos emitidos pela empresa. Por conseguinte, o enviesamento conduz a uma preferência por recursos financeiros internos que pode implicar custos em termos sociais. Os gestores confiantes e que dependem do financiamento nos mercados de capitais rejeitam, por vezes, projectos vantajosos para a empresa acreditando que o custo do financiamento externo é demasiado elevado. Neste caso, mais recursos internos podem ser benéficos. Quando a empresa tem acesso a oportunidades de investimento que geram valor e que os gestores recusarão devido à sua percepção incorrecta dos custos do financiamento externo, os recursos financeiros internos podem evitar escolhas socialmente indesejáveis resultantes do subinvestimento.

Mas, por outro lado, o excesso de confiança dos gestores provoca um empolamento sistemático nas previsões dos fluxos financeiros dos projectos de investimento o que leva a que sobreavaliem as oportunidades de investimento ao dispor da empresa. Se existissem recursos ao dispor do gestor optimista e se este não fosse limitado pelos mecanismos de governação empresarial, aceitaria projectos que levariam à redução do valor da empresa. Mas, por efeito da percepção de que o financiamento externo é demasiado custoso, os gestores com recursos internos insuficientes podem ser levados a rejeitar a adopção de projectos de investimento prejudiciais para a empresa e que, por efeito do enviesamento, entendem (erradamente) que podem acrescentar valor. Neste caso, a existência de recursos financeiros internos é prejudicial uma vez que dispensa o recurso ao financiamento nos mercados de capitais possibilitando assim a adopção de projectos prejudiciais mas que erradamente são entendidos como sendo benéficos.

Em resumo, devido à sobreavaliação das rendibilidades dos projectos, os gestores enviesados podem investir em projectos prejudiciais à empresa quando têm ao seu dispor fundos gerados internamente em montante suficiente. Mas, uma vez esgotados esses fundos e sofrendo a empresa restrições ao financiamento devido à percepção de que os mercados de capitais subavaliam os títulos emitidos pela empresa, os gestores terão relutância em emitir novos títulos pelo que poderão ter que rejeitar projectos potencialmente vantajosos.

Estes resultados têm implicações para a sensibilidade do investimento aos recursos gerados internamente pela empresa, para as preferências dos accionistas e para o padrão de investimento a observar nas empresas.

Quanto à primeira questão, deve ser notado que o excesso de optimismo dos gestores *faz aumentar* a sensibilidade do investimento aos fluxos financeiros internos quando a empresa está num contexto em que as restrições ao financiamento são relevantes. Isso acontece porque os gestores com excesso de optimismo investirão mais do que os gestores não enviesados quando os fluxos financeiros internos são abundantes e menos quando os fluxos financeiros internos forem insuficientes.

No que diz respeito aos accionistas, os resultados implicam a preferência desses agentes pela retenção de fluxos financeiros em empresas com gestores excessivamente confiantes com boas oportunidades de investimento e pela distribuição dos recursos internos em empresas com gestores demasiado confiantes e com oportunidades de investimento menos favoráveis.

Por último, no que se refere ao padrão de investimento, a teoria do gestor com excesso de optimismo ou confiança permite estabelecer uma visão unificada do padrão do investimento nas empresas. À partida, o efeito do excesso de optimismo no volume do investimento é indeterminado e vai depender do grau de disponibilidade de recursos internos. Assim, devemos observar um sobreinvestimento na presença de fluxos financeiros internos abundantes (o gestor sobrestima o valor do projecto) e um subinvestimento quando os recursos de financiamento são obtidos externamente (o gestor acredita que o financiamento externo é demasiado custoso). É assim possível observar um subinvestimento ou sobreinvestimento com o mesmo gestor de empresas. Ultrapassa-se assim a visão parcelar e contraditória entre si inerente às teorias de agência e de assimetria de informação.

Os estudos empíricos sugerem que o excesso de confiança dos gestores proporciona uma explicação satisfatória para o padrão das decisões de investimento.

Num estudo incidindo sobre mais de 11 600 previsões, recolhidas durante nove anos, realizadas por gestores acerca da evolução de um índice accionista, Ben-David *et al.* (2012) mostram que o excesso de confiança é um fenómeno que afecta fortemente esses profissionais. As rendibilidades observadas do índice incluem-se nos intervalos com 80% de confiança estimados em apenas 36% dos casos. O excesso de confiança detectado reflecte--se nas decisões dos gestores: são os gestores com maior excesso de confiança aqueles que mais investem, em média. Este resultado sugere então que o efeito líquido do enviesamento é o de um acréscimo no investimento.

Mas existem outros estudos empíricos com conclusões interessantes. Verifica-se, em diversos estudos realizados nos EUA que, de acordo com o previsto pela teoria comportamental, existe uma forte relação estatística positiva entre o excesso de confiança dos gestores e a sensibilidade do investimento aos recursos internos da empresa.[8] Quando há recursos internos, os gestores optimistas investem mais e quando esses recursos não são suficientes, esses mesmos gestores restringem o investimento não recorrendo a fontes externas de financiamento. Para além disso, verifica-se que a sensibilidade do investimento aos fluxos financeiros internos é maior quando as empresas sofrem maiores restrições ao financiamento externo. Os resultados obtidos são consistentes com os efeitos esperados da decisão de gestores enviesados e exclui-se explicitamente a possibilidade de que tenham sido causados pelos efeitos propostos no seio das teorias da agência e de assimetria de informação.[9] Além disso, os resultados são robustos na medida em que parecem não depender da forma como se mede o excesso de confiança nem parecem ser exclusivos dos gestores dos EUA uma vez que têm vindo a ser recolhidas evidências semelhantes noutros países com contextos tão diferentes como a Alemanha e Taiwan.[10] Os resultados parecem ser também resilientes à forma como se organiza o processo de decisão na empresa uma vez que o efeito do optimismo persiste mesmo quando se consideram as características comportamentais de toda a equipa de gestão e não apenas de um único gestor (principal).[11]

B) A RESISTÊNCIA AO ABANDONO DE INVESTIMENTOS E A ESCALADA DE COMPROMETIMENTO

Uma das questões interessantes na forma como são geridos os investimentos da empresa diz respeito à atitude dos gestores quando confrontados com a necessidade de abandonar um projecto de investimento que está em curso. Em termos normativos, o gestor deveria abandonar um projecto sempre que o valor que advém desse projecto, em caso de abandono, fosse superior ao valor que adviria para a empresa se o projecto continuasse. As perdas já verificadas com o projecto, os chamados custos afundados, não deveriam ser tidos em conta nesta avaliação. No entanto, apesar da clareza da solução normativa, não é isso que se verifica na vida concreta das empresas. Muitos projectos em que a empresa investiu continuam a ser sustentados pela organização apesar de ser mais vantajoso desistir. As razões para este comportamento dos gestores podem ser encontradas nas finanças comportamentais[12]; pelo contrário, a este respeito as finanças tradicionais pouco ou nada têm a dizer.

Porque ficam os gestores, tantas vezes, "presos" durante tempo demasiado a projectos prejudiciais às empresas? Há várias explicações para este comportamento. Abordaremos de seguida os efeitos da aversão ao arrependimento, dos enviesamentos do auto-controlo e da contabilidade mental e, por último, das normas sociais.

Estudos diversos na área da economia comportamental têm revelado que a relutância dos investidores em abandonar os projectos se deve, pelo menos em parte, à aversão ao arrependimento. O arrependimento pode ser definido como a dor psicológica que os indivíduos sentem quando se dão conta que diferentes opções tomadas no passado conduziriam a melhores resultados. Para evitar essa dor psicológica, os gestores resistem a abandonar os projectos ainda que, em termos normativos, o devessem fazer. O arrependimento tende a ser maior quanto maior for a responsabilidade do gestor pelo sucesso do investimento. Ora, é frequente, como já foi referido, existir uma competição entre executivos na empresa pela implementação de diferentes projectos de investimento. Essa competição pode levar a que os gestores vencedores fiquem comprometidos com o projecto seleccionado. E é natural que esse comprometimento subsista mesmo depois do projecto apresentar resultados abaixo das expectativas. Esse sentido de comprometimento pessoal conjugado com a aversão ao arrependimento explica a relutância ao abandono dos projectos mal-sucedidos. De facto, tem sido observado que essa relutância pode mesmo levar a que, depois de investidos recursos no projecto, os gestores, em reacção ao desempenho negativo, apliquem ainda mais recursos (escalada de comprometimento) em vez de ponderar o abandono. Os gestores apercebem-se da divergência entre os resultados obtidos e os resultados observados mas isso não os leva a alterar a estratégia. Em vez disso, interpretam o desempenho negativo como um sinal de que o projecto necessita mais recursos.

Acabamos de referir que o sentimento de responsabilidade pessoal pelo projecto pode levar os gestores a resistir demasiado ao abandono do mesmo. Quando o gestor defende um dado projecto na competição intra-empresarial, esse investimento passa a ser o *seu* projecto de investimento. Por isso, é natural que sinta que a desistência se refere não ao projecto da empresa mas sim ao projecto do próprio gestor. E é esse sentimento que influencia a decisão a tomar.

Mas, para além da identificação dos gestores com os investimentos, existem outros factores na vida das organizações que podem exacerbar o sentimento de compromisso pessoal dos investidores e assim, fazer aumentar a resistência ao abandono dos projectos. O primeiro desses factores tem a ver com o grau de competição entre os gestores na empresa. Normalmente, a competição interna entre os gestores de uma mesma organização é encarada de forma positiva na medida em que, entre outros efeitos, pode contribuir para a motivação dos profissionais. No entanto, quando os gestores se confrontam com a decisão de abandono de um investimento, os efeitos não são necessariamente positivos. De facto, verifica-se em diversos estudos que a competição intensa entre gestores pode levá-los a estarem mais focados no desejo de superar os colegas – resistindo ao abandono o mais possível – e não tanto nas consequências para a empresa de não se abandonar o projecto atempadamente. Esse sentimento de "excitação competitiva" exerce também efeitos relevantes noutras decisões financeiras como veremos quando abordarmos as fusões e aquisições.[13]

A segunda circunstância capaz de intensificar o sentimento de responsabilidade pessoal relaciona-se com o sentimento de insegurança profissional dos gestores. Verifica-se que os gestores que trabalham num ambiente de maior insegurança profissional, no sentido em que a sua carreira na empresa depende mais do sucesso no projecto, são os que se sentem mais comprometidos com o projecto. Naquelas circunstâncias, admitir que se errou na adopção do projecto pode implicar a perda do emprego para o gestor daí que se tenda a apresentar maiores resistências ao abandono do projecto.

Um terceiro factor relevante tem a ver com o facto do abandono de um projecto se dar de forma isolada ou na sequência de outros abandonos em circunstâncias semelhantes. O abandono de um investimento pode aliviar a pressão sobre outros gestores que, em momentos posteriores, devem tomar uma decisão semelhante. A existência de casos similares ocorridos anteriormente, alivia o arrependimento e retira alguma da responsabilidade pessoal ao profissional ao permitir transmitir a informação na organização de que as causas do abandono não estão exclusivamente relacionadas com as competências específicas do gestor em causa.

Por último, verifica-se que os gestores que se confrontam com opiniões contrárias de outras instâncias no interior da empresa (departamentos, órgãos consultivos, etc.) relativamente à gestão dos projectos, tendem também a apresentar uma maior relutância ao abandono.

O enviesamento do auto-controlo corresponde à falta de disciplina que é frequentemente observada nas escolhas dos indivíduos e que os impede de tomar aquelas que seriam as melhores decisões. Este enviesamento pode explicar o facto de muitos indivíduos terem dificuldade em controlar comportamentos ou estados que lhes são prejudiciais: o controlo do peso e as dietas falhadas ou as tentativas para se deixar de fumar são dois dos exemplos mais referidos. Mas esta incapacidade para lidar no imediato com comportamentos que, a longo prazo, podem ser prejudiciais também se pode fazer sentir nas escolhas financeiras. Ora, no caso do abandono de projectos, o impacto subjectivo do arrependimento no gestor dá-se de forma mais intensa quando o projecto é, de facto, abandonado, e a perda é assumida. Por causa do problema de auto-controlo, os gestores têm tendência a adiar sucessivamente a decisão de abandonar o projecto como forma de adiar o sentimento de arrependimento. O adiamento sucessivo da decisão – de tal forma que pode nunca vir a ser tomada em tempo útil – constitui uma manifestação do problema do auto-controlo. Note-se que o problema do auto-controlo não exige que haja desconhecimento da situação: o gestor pode saber (no sentido cognitivo, de conhecimento dos dados financeiros do projecto, por exemplo) que é melhor abandonar o projecto, mas a componente comportamental não lhe permite tomar a decisão mais adequada (o abandono do projecto) em tempo oportuno. De notar ainda que o problema do auto-controlo pode interagir com a questão da responsabilidade pessoal e da aversão ao arrependimento: é de esperar que a tendência para adiar a decisão motivada pelo enviesamento do auto-controlo seja mais intensa quando a responsabilidade pessoal pelo projecto é mais elevada.[14]

O enviesamento da contabilidade mental pode também justificar a relutância em seguir os modelos normativos de finanças no abandono de projectos. Os custos afundados do projecto não deveriam ser tidos em conta na avaliação do mesmo. No entanto, o facto dos gestores terem a tendência para criar contas mentais em que se agregam montantes de natureza diferente leva-os a ter dificuldades em ignorar os custos afundados.

Um exemplo serve para ilustrar o que queremos dizer: imagine-se que o gestor tem perante si um projecto em que já se perderam 2000 u.m. Está agora confrontado com a escolha entre abandonar o projecto o que implica um ganho certo de 1000 u.m. e a possibilidade de continuar o projecto o que implica um jogo em que existem probabilidades iguais de ganhar 2000 u.m. ou de nada ganhar. Um indivíduo que seguisse a regra normativa deveria assumir a perda já concretizada de 2000 u.m., ou seja, deveria "fechar" essa conta e, por isso, deveria focar-se apenas na escolha que se apresenta. Assim, a única conta mental relevante deveria conter 1000 u.m. se o ganho certo fosse a escolha do gestor (abandonar o projecto) ou conter 2000 u.m. ou zero se o jogo (continuar o projecto) fosse a hipótese seleccionada. Admitindo que o gestor é avesso ao risco, deveria escolher abandonar o projecto obtendo as 1000 u.m. certas em vez de aceitar um jogo com o mesmo valor esperado e risco superior.

Mas os indivíduos não aceitam perdas facilmente. É isso que os leva a ser propensos ao risco nas perdas – ver ponto 2.1, alínea a). Por isso, o gestor pode não ver a perda de 2000 u.m. já realizada como um custo afundado. O enviesamento da contabilidade mental leva o gestor a considerar que a perda de 2000 u.m. se encontra numa conta ainda "aberta". O gestor encarará então as escolhas que se lhe apresentam de outra forma. Considera que a escolha se coloca entre abandonar o projecto o que implica uma perda certa de 1000 u.m. (resultante da soma da perda de 2000 u.m. e do ganho de 1000 u.m.) e continuar o projecto, caso em que estará perante um jogo em que, com hipóteses iguais, pode perder 2000 u.m. (zero acrescentado da perda de 2000 u.m.) ou ficar com zero (resultante do ganho de 2000 u.m. e da perda de 2000 u.m.). Entre o abandono do projecto que traz uma perda certa de 1000 u.m. e a manutenção do projecto que se traduz num jogo com risco em que o valor esperado é uma perda de valor igual, a escolha será agora diferente. Os indivíduos tendem a ser propensos ao risco nas perdas. Por isso, para evitar assumir a perda certa de 1000 u.m. correspondente ao abandono e uma vez que não conseguiu ignorar os custos afundados, o gestor irá escolher continuar o projecto. Dito de outra forma, o facto do gestor não conseguir ignorar o custo afundado em resultado do enviesamento da contabilidade mental leva-o a decidir continuar um projecto que, de acordo com o modelo normativo, deveria ser abandonado.[15]

Por fim, é de referir que as normas sociais podem constituir ainda um outro factor no sentido de dificultar o abandono de projectos por parte do gestor. Em termos sociais, a relutância ao abandono pode ser entendida como coerência face à decisão inicial de lançar o projecto. A imagem social de um gestor que está comprometido com as suas decisões iniciais face à adversidade é favorecida face à de um gestor que pode transmitir uma ideia de estilo "experimental" e demasiado reactivo à alteração das circunstâncias. E como, pelo menos durante algum tempo, a coerência pode ser socialmente mais prezada do que a alteração da posição inicial do gestor em face dos dados desfavoráveis em relação ao desempenho do projecto, o profissional pode ser levado a, pelo menos, adiar a concretização da decisão até que as desvantagens da manutenção do projecto sejam socialmente reconhecidas.

Os factores comportamentais têm-se mostrado úteis na compreensão das escolhas de investimento dos gestores em situações concretas. Por exemplo, efeitos como o excesso de confiança, a sensibilidade aos custos afundados e o pensamento grupal têm permitido explicar vários dos erros cometidos pelos gestores em investimentos de elevada visibilidade como, por exemplo, no sector da aviação comercial com o Airbus A380 ou no sector do entretenimento caseiro como o caso da consola Microsoft Xbox 360.[16]

C) IMPLICAÇÕES PARA A GOVERNAÇÃO EMPRESARIAL

Os ensinamentos das finanças comportamentais ajudam-nos a perceber e a prever as decisões dos gestores quando tomam decisões financeiras, mas também são importantes para orientar os agentes na escolha das melhores decisões a tomar. Faz sentido questionar quais os mecanismos institucionais capazes de minorar os problemas resultantes dos enviesamentos decisionais. Vamos abordar de seguida as respostas a duas importantes questões, a saber, o alinhamento dos interesses entre accionistas e gestores e a resistência dos gestores ao abandono de projectos em curso que são prejudiciais à empresa.

Um dos problemas mais importantes nas finanças da empresa diz respeito aos incentivos que devem existir para que os interesses dos gestores fiquem alinhados com os dos detentores do capital (accionistas). Os gestores tendem a ser excessivamente conservadores e demasiado avessos ao risco (na perspectiva dos accionistas) uma vez que têm o seu capital humano investido na empresa e não o podem diversificar facilmente. Por outro lado, os accionistas pretendem que os gestores assumam maior risco uma vez que tal se traduz, em média, em maiores rendibilidades. A questão da conciliação dos interesses de gestores e accionistas é um problema de agência. Ora, para alinhar os interesses entre as duas classes de agentes, é frequentemente defendido que devem ser atribuídas opções de compra sobre as acções da própria empresa aos gestores. A atribuição de opções aos gestores conheceu uma grande divulgação nos EUA sobretudo a partir dos anos 90 do século passado.

Também é importante atender às características pessoais dos gestores porque se verifica que o excesso de confiança destes agentes pode ser uma solução alternativa para o problema de agência referido.[17] Isto é assim porque um gestor com excesso de confiança é naturalmente mais propenso a assumir riscos do que um gestor não enviesado que seja avesso ao risco. Enquanto que um gestor não enviesado tende a adiar os projectos de investimento por tempo excessivo até que surja informação necessária que justifique a sua adopção – informação essa que pode nunca surgir ou surgir demasiado tarde para evitar que um concorrente ultrapasse a empresa – o gestor com excesso de confiança hesita menos quando se trata de tomar a decisão. Um gestor enviesado subestima o risco pelo que decide mais cedo e, além disso, por acreditar que pode influenciar os destinos da empresa, esforça-se mais. Em consequência, um gestor enviesado pode acabar por resolver mais satisfatoriamente o problema de agência. Pode criar mais valor na empresa e defender melhor os interesses do accionista do que um gestor dito racional.

As vantagens de um gestor com excesso de confiança podem ajudar a perceber o que leva as empresas, em particular empresas que operam em sectores de elevado crescimento, a preferir contratar gestores com essas características.[18] De facto, tem sido verificado empiricamente que a vantagem de se ter um gestor com demasiada confiança tende a ser maior naqueles negócios caracterizados por um nível de risco superior e é precisamente aí que os gestores com maior excesso de confiança tendem a encontrar lugar. Comprova-se ainda que as empresas em sectores em que a inovação é importante são as que mais ganham por ter gestores com excesso de confiança: são mais inovadoras porque investem mais em inovação, obtêm mais patentes e a inovação em que investem é mais bem sucedida.[19]

E é precisamente por serem capazes de assumir um maior nível de risco quando tal é vantajoso para a empresa que os gestores com excesso de confiança podem ser úteis para empresas pequenas e inovadoras em particular nas fases positivas do ciclo económico.[20]

Apesar do excesso de confiança poder ser benéfico no quadro do problema de agência, tal não significa que o nível de excesso de confiança do gestor seja indiferente. Por isso, é necessário investigar se os efeitos benéficos do enviesamento se fazem sentir independentemente da sua intensidade. A resposta a esta questão é negativa. De facto, os estudos existentes permitem concluir que os efeitos do excesso de confiança são benéficos para o accionista, no sentido em que ajudam à criação de valor na empresa, apenas quando esse excesso de confiança é moderado. Quando o enviesamento atinge um nível demasiado elevado, o gestor tende a aceitar projectos prejudiciais para a empresa.

Uma outra questão interessante é a de se saber se, com gestores com excesso de confiança na empresa, continua a ser aconselhável a atribuição de opções sobre acções a esses profissionais. Aqui, os dados existentes sugerem que a atribuição de opções a gestores com confiança em excesso pode ser negativa do ponto de vista do interesse dos accionistas. Os gestores demasiado confiantes não necessitam de incentivos para procurar aumentar o valor da empresa – isso é já o que acreditam estar a fazer. A atribuição de opções sobre acções a gestores que, por si só, já são confiantes em excesso, poderá levá-los a ser demasiado propensos ao risco face às preferências dos accionistas e, em consequência, a aceitar projectos de investimento que reduzem o valor da empresa.

A maioria das teorias presume que os gestores se comportam de forma não enviesada. No entanto, o que decorre do que acabamos de dizer é que pode ser errado adoptar medidas de incentivo aos gestores sem se ter em conta as suas características. Assim, a prevalência de gestores excessivamente confiantes que se verifica existir de forma generalizada como já foi referido, e de forma mais exacerbada em alguns sectores e em alguns períodos históricos, deve ser tida em conta no desenho dos instrumentos de incentivo à gestão.

Em termos mais gerais, a existência, na empresa, de diversas instâncias de aprovação dos investimentos pode ter o efeito salutar de atenuar os inconvenientes da confiança excessiva do gestor. A actuação desses mecanismos de controlo pode ser particularmente útil se se tratar de uma "visão externa", capaz de chamar as atenções do gestor para as informações que podem indiciar que as suas percepções estão incorrectas.[21] A revelação de outras perspectivas através da monitorização externa pode revelar-se importante quer por incentivar a uma maior ponderação por parte do gestor na decisão de execução de investimentos de méritos questionáveis, quer no encorajamento na adopção de projectos entendidos como sendo benéficos mas que, por questões relacionadas com a percepção de restrições ao financiamento, se entende, numa primeira análise, não dever ser implementados.

A continuação de projectos prejudiciais para a empresa pode acarretar custos avultados. Uma vez que, como vimos, a decisão de não-abandono dos projectos resulta, numa importante medida, do compromisso pessoal que os profissionais sentem em relação aos projectos sob sua alçada, poder-se--ia pensar que a solução estaria na redução desse sentido de compromisso. No entanto, é preciso ponderar que esse sentido de responsabilidade pessoal tem também aspectos benéficos para a organização: serve de motivação para o gestor se esforçar mais para atingir os objectivos. Assim, o sentimento de compromisso pessoal tem dois efeitos: por um lado, serve para gerar a motivação necessária para levar a cabo projectos complexos; por outro lado, pode fazer com que o gestor tenha dificuldade em abandonar projectos prejudiciais à empresa.

Uma das formas de minorar o problema pode ser a de aproveitar os efeitos positivos do compromisso pessoal e procurar minorar os efeitos negativos. A ideia é de procurar manter o compromisso com os bons projectos e procurar quebrar o compromisso com os projectos destruidores de valor. Tal pode ser conseguido, por exemplo, através da preparação específica dos gestores no sentido de ultrapassar o enviesamento da contabilidade mental e a incorrecta percepção relativamente aos custos afundados. Outra medida a adoptar pode passar pela implementação de regras pré-definidas que permitam orientar a actuação do gestor no abandono de projectos sem que tenha que sentir todas as implicações negativas do arrependimento pela decisão. A obrigatoriedade de uma avaliação periódica dos projectos seguindo a avaliação normativa e o estabelecimento da regra de que a continuação do projecto está dependente da obtenção de resultados que suportam a decisão nessa avaliação poderá fazer diminuir os problemas originados pela aversão ao arrependimento e pelo enviesamento do auto-controlo.

Um sistema de incentivos do gestor pode também ser importante. Incentivos elevados ao sucesso e penalizações elevadas em caso de insucesso levarão, naturalmente, a um maior sentido de comprometimento do gestor com os investimentos. Esse sentimento é importante quando o projecto está a ser bem sucedido mas dificulta a decisão correcta quando o investimento deve ser abandonado. Um melhor equilíbrio nos incentivos poderia ser atingido se se privilegiasse a divulgação de informação correcta acerca do investimento, quer essa informação seja positiva quer seja negativa. Tal pode ser útil, em primeiro lugar, porque o gestor do projecto tende a ser, dentro da organização, quem o melhor conhece e, em segundo lugar, tem a vantagem de tornar visível os dados necessários para a tomada da melhor decisão.

É preferível que as más notícias sejam conhecidas mais cedo do que adiar uma situação que pode acarretar perdas importantes.

A aversão ao arrependimento é mais grave quando o gestor se confronta com a oposição de outras instâncias na organização e quando sente que a continuação da sua carreira profissional depende do sucesso no projecto. Nestes casos, é de esperar uma maior relutância para reconhecer as perdas e abandonar o investimento. Também neste caso podem ser tomadas medidas que permitam sentir ao gestor que os níveis superiores da organização, sem abdicar da sua capacidade de crítica, reconhecem que tarefa de gestão do investimento é difícil e que o desempenho do projecto não depende apenas de factores pelos quais o gestor pode ser responsabilizado.

9. Decisões de financiamento

9.1. INTRODUÇÃO

A estrutura de capital que as empresas devem escolher em ordem a minimizar o custo desses capitais é uma questão de grande interesse teórico e prático. E ainda hoje é um dos assuntos mais controversos no domínio das finanças empresariais.

Existem diversas abordagens que formam a teoria da estrutura de capitais. Comecemos pelas teorias tradicionais do *trade-off* e do *pecking-order*. Modigliani e Miller (1958) demonstraram que, num mercado eficiente e sem fricções, as escolhas do gestor quanto ao financiamento não são capazes de reduzir o custo do capital. Nesta teoria, designada normalmente por teoria do *trade-off*, o custo das diferentes formas de financiamento relaciona-se entre si de tal modo que não há vantagem em mudar entre elas substituindo dívida por capital próprio ou dívida de curto prazo por dívida de longo prazo, por exemplo. Conclui-se, portanto, que a estrutura de capitais é irrelevante.

Mais do que descrever a realidade, a teoria do *trade-off* permite identificar os factores que podem afastar as conclusões do modelo e que, por conseguinte, podem tornar *relevante* a estrutura de capitais da empresa. É o caso dos impostos e dos custos de falência, por exemplo. O passo lógico seguinte foi, portanto, o de investigar o impacto dessas variáveis. Ora, a introdução na teoria do *trade-off* quer dos efeitos fiscais do endividamento quer dos custos de falência permite calcular o peso que a dívida deve assumir na estrutura de capital de forma a minimizar o custo dos capitais. Dito de outra forma, passa a existir uma estrutura de capitais óptima caracterizada por um rácio de dívida a atingir pela empresa. Os modelos de ajustamento dinâmico constituem um outro desenvolvimento dos modelos de *trade-off*. Aqui, o *trade-off* prolonga-se ao longo do tempo pelo que se assume que, apesar da empresa poder não ter a estrutura de capitais óptima num determinado momento, tal encontra justificação em custos de ajustamento e em diversos choques que afectaram o rácio de dívida. De qualquer forma, defende-se que a empresa tenderá a prazo para a estrutura óptima dos capitais ainda que o próprio objectivo a atingir possa igualmente variar com o passar do tempo.

Na teoria do *pecking-order* proposta por Myers e Majluf (1984) parte-se do pressuposto de que os gestores estão mais bem informados do que os investidores acerca da empresa (assimetria de informação entre empresas e mercados de capitais). Os investidores sabem disso pelo que têm relutância em adquirir títulos (obrigações e acções) emitidos pela empresa para obter financiamento. Por sua vez, o gestor tem também consciência dessa posição por parte dos investidores. Nestas condições, as empresas tenderão a privilegiar o financiamento recorrendo a uma ordenação das diversas fontes de capital: em primeiro lugar, procurarão utilizar os seus resultados retidos (financiamento interno), depois instrumentos de dívida e apenas em circunstâncias extremas irão recorrer à emissão de acções. A estrutura de capital resulta das diversas opções do gestor tendo em conta estas circunstâncias pelo que na teoria do *pecking-order* não se pode dizer que exista uma estrutura de capitais óptima para a empresa.

Para além destas teorias tradicionais foram sendo criados ao longo do tempo diversos modelos a partir dos quais podem ser identificados um elevado número de factores que podem determinar a estrutura de capitais. Referimo-nos, por exemplo, aos modelos em que as estruturas de capitais são definidas de forma a minorar os conflitos de interesses existentes entre os diversos grupos com direito ao recebimento dos rendimentos gerados pela empresa (*stakeholders*) incluindo os gestores (teoria da agência) ou de forma a transmitir informações úteis aos mercados de capitais (teoria da sinalização).[1]

Em face desta proliferação de quadros teóricos, o que dizer acerca do que *realmente* se passa com a estrutura de capital das empresas? A propósito da relação entre a componente teórica e empírica nos estudos sobre as estruturas de capital devem ser realçados dois pontos.

Em primeiro lugar, é necessário referir que os estudos empíricos não permitiram identificar de forma clara quais os determinantes da estrutura de capitais das empresas que se mostram mais relevantes em cada contexto.

A necessidade de estudos empíricos com esse objectivo é premente. Como concluem Harris e Raviv (1991, pp. 342, 351) numa revisão da literatura sobre o assunto: «Como as teorias [existentes] são, em grande parte, complementares, qual dos factores [teóricos] é importante em diversos contextos continua a ser uma questão empírica sem resposta. (...) De qualquer forma, é essencial que o trabalho empírico seja dirigido especificamente para a identificação dos efeitos que são importantes em diversos contextos». Dito de outra forma, a questão da estrutura de capitais das empresas tem que ser resolvida empiricamente uma vez que existem diversas teorias a partir das quais se podem fazer previsões contraditórias (casos raros) mas também porque as teorias são complementares (maioritariamente) o que deixa em aberto a sua aplicabilidade em contextos particulares. Ora, o estudo do impacto das características pessoais dos gestores nas escolhas de financiamento empresarial pode proporcionar indicações relevantes nesse sentido.

Em segundo lugar, deve ser referido que nenhuma das teorias tradicionais parece prevalecer na prática. Mais concretamente, algumas evidências empíricas, em especial as que se referem à persistência da estrutura de capitais atribuível a factores específicos à empresa, não encontram explicação clara em nenhuma das teorias existentes. As teorias tradicionais têm dificuldade em explicar por que razão empresas que têm os mesmos fundamentais e pertencem ao mesmo sector persistem em realizar diferentes escolhas de financiamento. A estrutura de capitais das empresas parece depender mais de factores específicos do que de factores que afectam a generalidade das organizações.[2] Um conjunto de evidências empíricas contraditórias coloca em questão a validade de cada uma das abordagens teóricas e tem levado os investigadores a focar-se, de uma forma mais profunda, nos factores que na realidade determinam a estrutura de capitais. Ora, entre esses factores avulta a influência do gestor na tomada da tomada de decisão quanto ao financiamento empresarial.

9.2. O GESTOR E O FINANCIAMENTO

Na prática, uma parte importante das escolhas de financiamento observadas continua por explicar, mesmo depois de se terem em conta os determinantes propostos pelas teorias tradicionais tais como efeitos ficais, custos de falência e assimetrias de informação.

As diferentes características psicológicas e sócio-demográficas dos gestores permitem perceber a variação observada nas escolhas de financiamento realizadas nas empresas pertencentes ao mesmo sector e com fundamentais semelhantes. Verifica-se que os gestores são muito diferentes entre si e que essas diferenças se reflectem na variedade das suas escolhas quanto ao financiamento das empresas.[3]

A heterogeneidade entre os gestores e também as diferenças de perspectiva entre os gestores e os accionistas quanto ao futuro da empresa constituem vias úteis para compreender as decisões de financiamento. Comecemos por nos debruçar sobre os efeitos da existência de diferenças de opinião entre gestores e accionistas.

A) DIVERGÊNCIAS DE OPINIÃO ENTRE GESTOR E ACCIONISTAS

Os agentes económicos têm diversas características idiossincráticas e podem, por isso, discordar mesmo quando na posse da *mesma informação* acerca dos problemas. Note-se que esta situação é substancialmente diferente daquela que está na base das teorias de *pecking-order*, por exemplo, em que se pressupõe que existe assimetria de informação entre os agentes.

Os gestores procuram obter financiamento externo para levar a cabo projectos de investimento. Ora, num contexto em que as opiniões dos gestores e dos accionistas são heterogéneas, aqueles agentes procurarão financiar a empresa através da venda de acções nos momentos em que existe um maior acordo entre os próprios gestores e os accionistas acerca da valia dos investimentos a realizar com esse financiamento. Quando tal acontece, o gestor é capaz de aumentar a receita obtida com a venda das acções uma vez que o preço da acção tende a ser mais elevado pelo facto dos accionistas valorizarem uma actuação com a qual concordam. Além disso, conforme o esperado, verifica-se que é melhor o desempenho do preço das acções após a realização do investimento quando há concordância entre os agentes. Já quando o gestor antevê que não existe um acordo entre a sua perspectiva e a dos accionistas quanto à validade do investimento, opta pela contracção de dívida em vez de emitir acções. Este padrão de actuação verifica-se empiricamente e tem poder explicativo adicional face às teorias tradicionais a que já nos referimos.[4]

B) O EXCESSO DE CONFIANÇA DO GESTOR

Depois de termos analisado o impacto da divergência de opinião entre os gestores e os accionistas, é natural que nos questionemos acerca das suas causas. Uma das causas principais para a variação das opiniões entre os gestores pode ter a ver com as características psicológicas próprias de cada indivíduo e, em particular, com os enviesamentos decisionais que distinguem os agentes económicos. A este respeito, têm sido sobretudo estudados os efeitos do excesso de confiança dos gestores na estrutura de capital das empresas. Especificamente, a investigação teórica, também confirmada empiricamente, tem apontado dois efeitos do excesso de confiança: por um lado, na composição do capital das empresas e, por outro lado, no prazo do endividamento contraído.

No que diz respeito à estrutura dos capitais, os gestores com excesso de confiança contraem mais dívida do que os gestores não enviesados. A confiança em excesso leva-os a sobrestimar a capacidade de geração de resultados da empresa e, em consequência, a considerar que o financiamento externo é demasiado custoso. O efeito da divergência de opiniões entre gestores e investidores é mais pronunciado no mercado de acções uma vez que os títulos dependem, em maior grau, das expectativas quanto aos resultados futuros. Por isso, para o gestor, é o preço de mercado das acções da empresa que, por não reflectir as suas estimativas optimistas, se encontra mais fortemente subavaliado. Assim, verifica-se que os gestores enviesados recorrem à ordenação das fontes de financiamento típica da teoria do *pecking-order*. Utilizam menos o financiamento externo do que os gestores não enviesados e, quando o fazem, tendem a privilegiar a contracção de dívida em alternativa à emissão de acções. Além disso, os dados mostram que os enviesamentos nos gestores produzem efeitos duradouros na estrutura de capitais: quanto mais tempo estão à frente dos destinos da empresa, maior é o rácio de endividamento assumido.[5]

Mas o enviesamento a que temos vindo a referir não explica apenas a composição do capital das empresas entre dívida e capital próprio. Permite prever ainda a composição da dívida quanto ao seu prazo. De facto, quanto ao prazo do financiamento, observa-se que o excesso de confiança dos gestores e o seu desejo de controlo sobre os fluxos financeiros produzidos pela empresa se traduz numa preferência mais acentuada pela contracção de dívida para prazos mais curtos. A contracção de dívida por prazos longos tende a ser preterida pelo gestor demasiado confiante por sentir que condiciona excessivamente a sua actuação.[6]

A verificação de que o excesso de confiança do gestor exerce efeitos relevantes na estrutura de capitais das empresas suscita implicações interessantes em termos de governação empresarial. O gestor acredita estar a actuar em favor dos interesses do accionista pelo que os incentivos tradicionais de alinhamento de interesses entre as duas categorias de agentes como compensações baseadas no preço das acções, por exemplo, não se apresentam como instrumentos adequados. Se se pretende atenuar os efeitos potencialmente indesejáveis do excesso de confiança são aconselháveis outras medidas que limitem a margem de decisão do gestor tais como a estipulação de um nível superior de pagamento de dividendos ou o estabelecimento de um padrão de endividamento que diminua os recursos ao seus dispor.

Embora o estudo dos enviesamentos dos gestores tenha ajudado a compreender as escolhas de financiamento realizadas, é a actuação de gestores não enviesados em mercados ineficientes (teoria do *market timing*) que, como veremos no ponto 12.2, se tem apresentado como a principal via de investigação do impacto da actuação dos gestores nessas escolhas.

10. Dividendos

10.1. INTRODUÇÃO

A escolha quanto aos dividendos é um dos assuntos mais desafiantes em todas as Finanças. Alguns autores consideram mesmo que a razão que leva a que os accionistas queiram receber dividendos é o maior enigma nas finanças modernas.[1]

Apesar de se considerar que a política de dividendos tem perdido importância, vários autores assinalam um ressurgimento dos dividendos no século XXI aferível, por exemplo, pelo aumento do valor global dos dividendos pagos face ao que se verificava há vinte anos atrás.[2]

Ao longo das últimas décadas têm sido avançadas diversas teorias para explicar as decisões dos gestores e dos investidores relativamente a esta matéria. Vamos referir as mais importantes.[3]

Comecemos com as teorias que assentam em modelos com informação perfeita. Segundo a *teoria neoclássica*, a política de dividendos da empresa não deveria desempenhar um papel importante nas decisões tomadas pelos gestores uma vez que, na ausência de impostos, de custos de transacção e com mercados de capitais eficientes, os dividendos e as mais-valias deveriam ser substitutos perfeitos. O raciocínio é bastante simples. Dados os investimentos da empresa ao longo do tempo, o pagamento de um euro de dividendos teria como consequência a diminuição em exactamente um euro no preço das acções da empresa. Por isso, um investidor estaria numa situação de indiferença entre obter um euro de dividendos ou obter um euro de mais-valias criadas pela decisão de vender acções nesse mesmo valor. Neste mundo simplificado, o valor da empresa seria determinado apenas pela sua capacidade de geração de resultados e não pela forma como os distribui. Por esse motivo, a política de dividendos deveria ser irrelevante.[4]

Uma segunda teoria a referir assenta em *factores fiscais* e constitui um argumento contra o pagamento de dividendos por parte das empresas. Os dividendos são um rendimento que paga imposto duas vezes: em primeiro lugar ao nível da empresa uma vez que são uma parcela dos resultados desta; e em segundo lugar, ao nível do investidor que os recebe, em sede de imposto sobre os rendimentos das pessoas singulares. Por isso, uma vez que a taxa de imposto que incide sobre os dividendos excede a taxa de imposto que incide sobre os ganhos de capital resultantes da venda das acções – e esses ganhos de capital decorrem dos resultados retidos –, os investidores deveriam preferir não receber dividendos desde que a empresa dispusesse de oportunidades de investimento capazes de gerar uma rendibilidade igual ou superior ao seu custo de capital.[5]

Estas teorias não explicam, no entanto, a prática de pagamento de dividendos adoptada pelas empresas ao longo dos últimos cem anos, pelo menos. Nem explicam a preferência que os investidores parecem ter por receber dividendos. Em resposta, surgiram outras teorias.

A imperfeição de mercado que é gerada pela assimetria de informação entre gestores e accionistas constitui a base de quatro outras teorias que se propõem explicar a política de dividendos da empresa: a teoria da clientela, a teoria da sinalização, a teoria da agência e a teoria dos *free cash flow*.

A teoria da clientela está também relacionada com efeitos fiscais: as empresas utilizariam os dividendos para atrair investidores institucionais que, por beneficiarem de regimes fiscais mais favoráveis no recebimento de dividendos, estariam mais interessados em deter acções de empresas com políticas de dividendos generosas. Como os investidores institucionais têm, por questões de escala, maior capacidade e incentivos para monitorizarem as actividades empresariais, os gestores das "boas empresas" procurariam distribuir mais dividendos por forma a verem o seu valor reconhecido por esses accionistas e, assim, também revelado ao mercado.[6]

A diminuição das assimetrias de informação entre os gestores e os detentores do capital (accionistas) é a pedra angular da *teoria de sinalização* via dividendos. Segundo esta teoria, as empresas fazem variar os dividendos para proporcionar informações sobre as opiniões dos gestores acerca das perspectivas de resultados futuros da empresa. Nesta perspectiva, por exemplo, as empresas aumentariam os dividendos distribuídos como forma de transmitir uma informação favorável aos mercados de capitais. O aumento dos dividendos seria, então, encarado como uma indicação positiva na medida em que sinalizaria que a empresa tem um futuro auspicioso e pode, por isso, suportar o aumento dos dividendos.[7]

Em terceiro lugar temos *as teorias de agência* que defendem que a política de dividendos é utilizada pelas empresas para melhor alinhar os interesses dos accionistas e dos gestores. Os problemas de agência podem traduzir-se em transferências de riqueza dos obrigacionistas para os accionistas através da aceitação, por parte dos gestores, de projectos com risco excessivo na perspectiva dos obrigacionistas. A política de dividendos pode influenciar a relação entre essas duas classes de agentes. Os conflitos potenciais entre os accionistas e os obrigacionistas podem ser mitigados através de garantias que definam a prioridade no acesso aos recursos da empresa. Essa prioridade pode, no entanto, ser contornada através do pagamento de dividendos elevados aos accionistas. Nessa medida, a política de dividendos pode ser entendida como uma fonte de expropriação da riqueza dos obrigacionistas. Por isso, pode ser necessário conceder garantias aos obrigacionistas – denominadas de *covenants* – de que os pagamentos via dividendos serão limitados para impedir a transferência de riqueza daqueles agentes para os accionistas.[8]

Mas existe uma segunda forma através da qual a política de dividendos pode afectar os custos de agência: os custos de agência podem ser diminuídos através de uma maior monitorização por parte dos credores. De facto, ao diminuir os fundos disponíveis aos gestores através da preferência pela distribuição de dividendos, os accionistas estão na origem de um mecanismo de monitorização que os acaba por favorecer. Comprometendo-se a empresa a pagar dividendos que, de outra forma, seriam utilizados para investir, os gestores serão obrigados a recorrer aos mercados – bancários ou de capitais – e competir por fundos. E, na medida em que o processo de obtenção de capital externamente permite um maior escrutínio das actividades da empresa por parte do mercado, o pagamento regular de dividendos tem por consequência o aumento da influência dos interesses dos accionistas nas variáveis que, em última análise, ditam o valor da empresa como as decisões operacionais e as escolhas de investimento.[9]

A quarta teoria a merecer referência é *a teoria do free cash flow*. No quadro da teoria do *free cash flow*, o aumento no pagamento de dividendos no caso de empresas maduras e com boa capacidade de geração de fluxos financeiros terá como consequência o aumento do valor da empresa. Tal ocorre por que o aumento dos dividendos distribuídos permite diminuir o montante de fundos que os gestores têm disponíveis para aumentar os seus privilégios ou investir em projectos danosos para a empresa. Os fundos que sobejam na empresa depois de se ter financiado todos os projectos de investimento que acrescentam valor estão na origem de um conflito de interesses entre os gestores e os accionistas. O pagamento de dividendos (e também do serviço da dívida) ajuda os gestores a se concentrarem nas tarefas de aumento da rendibilidade e do valor da empresa e a resistirem à tentação de procurarem fazer crescer a empresa a qualquer custo.[10]

Apesar do seu interesse, nenhuma das teorias a que nos temos vindo a referir parece ser capaz de explicar a evidência empírica acerca da preferência dos accionistas pelos dividendos ou a política de dividendos posta em prática pelas empresas.[11] Contrariamente ao preconizado pela teoria da clientela, os investidores institucionais parecem preferir as acções com *menores* dividendos.[12] No que diz respeito às teorias de sinalização, conclui-se, por um lado, que as decisões de distribuição de dividendos contêm pouca informação acerca das variações futuras nos resultados das empresas. Na verdade, os gestores parecem pagar dividendos mais em resposta aos resultados obtidos pela empresa *no passado* do que às expectativas quanto aos dividendos esperados no futuro.[13] Por outro lado, é difícil de conciliar a noção de que os gestores querem veicular informações para o mercado através dos dividendos com a constatação de que as empresas que distribuem dividendos são, mais frequentemente, empresas de grande dimensão e visibilidade pública, precisamente aquelas com maior acesso aos orgãos de comunicação social, que recebem mais atenção dos analistas financeiros e que menos necessidade teriam de utilizar as decisões financeiras para comunicar com os investidores. Ao contrário, as empresas de mais reduzida dimensão, reconhecimento público limitado e mais restrito acesso aos *media* e que, por este motivo, mais ganhariam com a sinalização via dividendos, não são, tipicamente, as que pagam dividendos.[14]

Como veremos, uma das explicações para o insucesso empírico dos modelos tradicionais encontra justificação nos enviesamentos decisionais dos gestores. Apesar disso, os autores da corrente neoclássica atribuem as suas dificuldades de previsão a outros motivos. As explicações para a reduzida capacidade explicativa dos modelos centram-se, normalmente, em questões relacionadas com o método de análise adoptado, com o período da amostra ou com a frequência dos dados. Para responder a estes argumentos, Frankfurter e Wood Jr. (2002) levaram a cabo uma análise a 150 artigos publicados entre 1957 e 2001 acerca dos dividendos para testar a validade empírica dos paradigmas tradicionais. Os autores mostram que não são as questões referidas que estão na base da reduzida capacidade explicativa dos modelos. O que se passa é que nenhum racional económico considerado nos modelos tradicionais parece ser capaz de, por si só, explicar o fenómeno dos dividendos. Por isso, Frankfurter e Wood Jr. (2002) são peremptórios a concluir que «Os resultados [obtidos] são consistentes com o argumento de que nenhum modelo de dividendos, em separado ou em conjunto com outros modelos, se verifica invariavelmente» (p. 111).

A incapacidade dos modelos convencionais para explicar a realidade observada quanto aos dividendos abriu espaço às teorias comportamentais.

10.2. OS INVESTIDORES E A PROCURA DE DIVIDENDOS

Parece ser natural afirmar que as empresas distribuem dividendos porque os investidores os desejam. Mas, então, porque gostam os investidores de dividendos? O que justifica a sua procura por dividendos?

As teorias comportamentais permitem responder a estas questões. Estas teorias assentam em três princípios-base para justificar a preferência dos investidores por dividendos: o problema do auto-controlo, o princípio da contabilidade mental e a aversão ao arrependimento. Vamos analisar cada um destes argumentos.

Comecemos pelo auto-controlo. Como já foi referido, o problema do auto-controlo resulta da falta de disciplina que caracteriza os indivíduos e que, frequentemente, os impede de tomar aquelas que seriam, em termos normativos, as melhores decisões. Os indivíduos debatem-se com um conflito interno: por um lado, desejam consumir mais no presente; por outro, sabem que se esse consumo for excessivo, tal colocará em causa a sua riqueza no longo prazo. Como existe este conflito interno, os indivíduos valorizam as situações que os ajudem a encontrar uma boa solução para o problema. E isso é precisamente o que ocorre quando há distribuição de dividendos. Na verdade, o facto da empresa distribuir dividendos permite que o investidor possa consumir no presente (consumindo esses dividendos) sem colocar em causa a sua riqueza no futuro (ou seja, sem vender as acções que o investidor detém). Assim, devido aos seus problemas de auto-controlo, os indivíduos encontram vantagens em que o seu nível de consumo actual seja determinado pelos dividendos recebidos. Por outras palavras, o investidor pode desejar seguir uma regra segundo a qual o seu capital em carteira (as suas acções) não deve ser consumido, apenas os dividendos. Essa regra ajuda o investidor a lidar com a sua falta de disciplina. Note-se que, esta linha de raciocínio contraria a posição tradicional segundo a qual a venda de acções funciona como um substituto perfeito ao recebimento de dividendos. Num contexto de problemas de auto-controlo, permitir ao investidor vender as suas acções para consumir no presente pode levar a que a sua riqueza seja consumida mais rapidamente do que o que seria consistente com os seus objectivos de longo prazo.

O princípio da contabilidade mental é outra explicação comportamental para a preferência dos investidores por dividendos. Um euro de dividendos é diferente de um euro obtido através da venda de acções porque os investidores enquadram esses montantes em categorias mentais diferentes. Por este motivo, uma descida no preço da acção representa uma perda na conta mental de capital enquanto que a diminuição do dividendo é uma perda na conta mental dos dividendos. Note-se, mais uma vez, que segundo as teorias neoclássicas em finanças, deveria ser indiferente para o investidor ter um euro de dividendos ou um euro de ganhos de capital. Os indivíduos deveriam olhar para os activos que compõem as suas carteiras de forma integrada ignorando a fonte das variações de valor. No entanto, não é isso que ocorre na prática. De facto, os indivíduos tendem a olhar para as suas carteiras como sendo compostas por activos pertencentes a diversas categorias. O princípio da contabilidade mental pode estar relacionado com o problema do auto-controlo a que já nos referimos na medida em que a consideração de diversas contas mentais pode ser um estratagema útil ao investidor para garantir que uma parte da sua carteira, aquela referente à conta mental onde a aversão ao risco é superior, se encontra protegida em relação a perdas ou à possibilidade de gastos realizados de forma impulsiva.

A aversão ao arrependimento é uma terceira explicação comportamental para o desejo dos investidores por dividendos. A obtenção de recursos via liquidação das acções, em alternativa ao recebimento de dividendos, traz desvantagens aos investidores na medida em que os expõe ao arrependimento.[15] É diferente, para o investidor, utilizar para o consumo corrente os dividendos distribuídos pela empresa ou receitas equivalentes provenientes da venda de acções. Se o preço das acções aumentar nos momentos subsequentes à venda, o investidor sentirá arrependimento por ter liquidado as acções enquanto que esse arrependimento não existirá se, em vez disso, tiver utilizado os dividendos recebidos. A escolha de vender as acções implica a responsabilidade do investidor quanto ao momento e condições (de preço, principalmente) da venda e essa responsabilidade traz consigo a possibilidade do arrependimento. Ao contrário, o reecebimento dos dividendos não depende do investidor e, por isso, não envolve arrependimento. Neste contexto, o investidor estará disposto a pagar mais por acções que distribuem dividendos na medida em que estas permitem que não esteja exposto ao arrependimento.

Os efeitos comportamentais na preferência dos investidores por dividendos têm sido confirmados nos estudos empíricos.[16] Além disso, os efeitos comportamentais permitem perceber quer as diferenças nas preferências por dividendos entre diversas categorias de investidores (em função das suas características demográficas, por exemplo) quer as variações ao longo do tempo nessas preferências. Estas variações podem ser detectadas empiricamente, por exemplo, pelas diferenças verificadas nos rácios do valor de mercado das acções e do seu valor contabilístico entre as acções das empresas que pagam dividendos e as acções das empresas que não pagam dividendos.[17] A percepção por parte dos gestores de que as preferências dos investidores por dividendos variam ao longo do tempo desencadeia reacções por parte dos profissionais que decidem essa política na empresa como veremos na secção seguinte e no capítulo 12.

10.3. OS GESTORES E A OFERTA DE DIVIDENDOS

Para perceber como definem os gestores os dividendos a distribuir é necessário ter em atenção diversos aspectos do problema. Em primeiro lugar, é de supor que os efeitos comportamentais que guiam as preferências dos investidores por dividendos sejam tidos em conta pelos gestores no momento da definição da política de dividendos. De facto, como veremos com maior detalhe no capítulo 12, existem evidências de que uma parte relevante das decisões dos gestores, incluindo as escolhas relativas aos dividendos, surge em reacção às escolhas dos investidores nos mercados financeiros.

Mas há dois outros pontos que devem ser analisados com cuidado quando encaramos os dividendos numa óptica comportamental. Um deles tem a ver com o que os próprios gestores afirmam quando questionados sobre as suas escolhas. Um outro diz respeito às motivações comportamentais dos gestores quando decidem os dividendos a distribuir. Dedicaremos as secções seguintes à discussão destes dois temas.

A) OS INQUÉRITOS AOS GESTORES

Os resultados dos inquéritos aos gestores podem ajudar-nos a complementar os dados disponíveis com as próprias opiniões dos decisores. São importantes porque os dividendos a distribuir são determinados pelos gestores e a decisão destes depende das suas percepções acerca dessa política da empresa. As práticas habituais em várias áreas das Finanças que passam primeiro por criar modelos, frequentemente com pressupostos pouco realistas, e depois procurar confirmar ou rejeitar esses modelos através da manipulação de grandes quantidades de dados têm-se revelado de êxito limitado na explicação do fenómeno dos dividendos. Para além disso, essa estratégia não proporciona pistas para explorar o muito que ainda não é sabido acerca dos dividendos na medida em que se parte de concepções pré-existentes e não da realidade "produzida" pelos decisores *in situ*.[18]

Apesar disso, existe, ainda hoje, uma parte importante da comunidade científica na área da Economia e Finanças que encara os inquéritos aos agentes económicos como uma estratégia de abordagem às decisões financeiras, no mínimo, questionável. Apesar do interesse dessa estratégia científica ser natural e quase do senso comum – afinal, trata-se apenas de perguntar aos agentes porque decidiram fazer o que fizeram – e apesar de ter antecedentes ilustres na história das Finanças como veremos a seguir, ainda existem resistências. Um dos nomes maiores das finanças comportamentais, Robert Shiller (2004) refere-se a esse assunto na entrevista concedida a John Y. Campbell: «Parece-me que os economistas vivem muitas vezes num mundo rarefeito. Frequentemente, existem explicações muito simples para justificar o que as pessoas fazem e os economistas parecem ignorá-las. Devemos fazer perguntas às pessoas acerca daquilo que fazem para pelo menos descobrir qual o foco da sua atenção e os pressupostos que estão a assumir, ainda que não tomemos as suas respostas pelo seu valor facial» (p. 662).

Os estudos de inquéritos aos gestores acerca das suas escolhas quanto à política de dividendos remontam à década de 50 do século passado e ao trabalho pioneiro de John Lintner. Lintner (1956), a partir de entrevistas a gestores de 28 empresas, concluiu que a política de dividendos é activamente decidida pelos executivos tendo em atenção a sua percepção de que os accionistas preferem dividendos estáveis. A constatação de que existe uma escolha quanto aos dividendos contraria a proposição de que a política de dividendos é irrelevante. Além disso, a determinação activa da política de dividendos implica, por um lado, que o nível de resultados retidos constitui uma resultante da escolha do valor dos dividendos. Mas, por outro lado, os dividendos são função dos níveis actuais e passados do lucro bem como das expectativas quanto a essa variável no futuro. As escolhas dos gestores são no sentidos de se privilegiar a estabilidade dos dividendos e uma relação próxima entre os dividendos e os resultados esperados que se julgam ser sustentáveis no longo prazo. As conclusões de Lintner (1956), curiosamente, apresentam um tom que hoje chamaríamos de comportamental; os determinantes da política de dividendos estão longe de se circunscrever a factores estritamente financeiros, mas são antes, na opinião do autor, «uma *mistura de atitudes e sentimentos*, de pressões e de sentido de responsabilidade, de *padrões de justiça* e de bom desempenho de gestão» (p. 101, nosso itálico).

Os inquéritos que se sucederam permitem acentuar o divórcio entre a lógica que presidiu à formulação das principais teorias explicativas e os factores que os gestores afirmam ser relevantes na definição dos dividendos.

Por exemplo, a partir das respostas dadas ao inquérito proposto por Frankfurter *et al.* (2002) aos gestores de todas as empresas alemãs cotadas à data de Setembro de 2000 (em número de 420), e que foram conjugadas com a análise de dados contabilísticos, económicos e de mercado, conclui-se que não existe nenhuma teoria explicativa dos dividendos que prevaleça em todos os contextos. De facto, muitas respostas indiciam pensamentos ambivalentes ou mesmo percepções contraditórias face à política de dividendos.

Quase cinquenta anos depois de Lintner (1956), Brav *et al.* (2005), num inquérito semelhante a 407 gestores, confirmam que, nas empresas dos dias de hoje, os dividendos são alisados de ano para ano e estão ainda relacionados com os resultados sustentáveis no longo prazo. As visões dos gestores em relação aos dividendos, no essencial, não se alteraram: os dividendos são pagos porque os accionistas têm a expectativa de que os dividendos, pelo menos, se mantenham ao longo do tempo e os gestores acreditam que os investidores querem receber dividendos. Os gestores acreditam que o pagamento de dividendos é necessário para manter ou aumentar o preço das acções e para atrair novos investidores. As considerações quanto à transmissão de informações para o mercado via dividendos (teoria da sinalização) e quanto ao efeito fiscal (incluindo o efeito clientela) não fazem parte das motivações dos gestores. Cerca de metade dos gestores indica que são os pequenos investidores que têm preferência por dividendos. A teoria da sinalização é fortemente posta em causa pelo facto de *nenhum* dos 407 gestores inquiridos ter revelado preocupações desse teor. A política de dividendos é eminentemente conservadora: a decisão de manutenção do nível de dividendos é uma prioridade para os gestores e o aumento do valor dos dividendos é uma preocupação de segunda ordem. Apenas as empresas com aumentos estáveis e sustentáveis nos resultados e com as necessidades de investimento e liquidez asseguradas consideram aumentar ou iniciar o pagamento de dividendos. A decisão é tomada utilizando diversos critérios como a sustentabilidade dos resultados, as expectativas quanto à lucratividade futura e o padrão de dividendos praticado no sector de actividade da empresa. Aliás, os dividendos apenas são aumentados quando os gestores da empresa estão confiantes de que o nível mais elevado de dividendos pode ser mantido. Os gestores mostram-se relutantes em reduzir os dividendos mesmo em alturas desfavoráveis em termos financeiros.

As conclusões de Brav *et al.* (2005) sugerem que a abordagem comportamental tem potencial de explicação das opções tomadas pelos gestores. Neste sentido, atente-se a dois exemplos simples. No primeiro caso, é de destacar a revelação dos gestores que confessam arrependimento na decisão quanto à política de dividendos. Muitas dos gestores de empresas que pagam dividendos desejariam não o fazer e declaram que, se lhes fosse proporcionado decidir de novo, teriam optado por não pagar um nível tão elevado de dividendos como o verificado à época. Um segundo ponto a merecer menção é a percepção de que os gestores, na definição dos dividendos, tendem a utilizar regras simples e não optimizadoras tendo em atenção um conjunto de expectativas em relação à forma como os diversos agentes implicados na decisão irão reagir. Os modelos convencionais ou os raciocínios a eles subjacentes, na prática, não são considerados.

B) MOTIVAÇÕES COMPORTAMENTAIS DOS GESTORES

No quadro das finanças comportamentais interessa perceber o que move os gestores. E os dados mostram que as decisões financeiras tomadas pelos agentes económicos, incluindo os gestores, não dependem apenas de factores financeiros.

As características pessoais dos gestores afectam as suas escolhas quanto à política de dividendos. Como vimos na secção anterior, os inquéritos revelam que quase todos os gestores consideram que os dividendos a distribuir decorrem, em grande medida, das suas expectativas quanto à capacidade de geração de resultados por parte da empresa no futuro. Ora, esse facto leva-nos à dedução de que é provável então que essas expectativas *quanto ao futuro*, novamente formadas em contexto de incerteza, sejam influenciadas pelos enviesamentos que caracterizam os decisores e que, por essa via, acabem por influenciar os dividendos definidos *no momento presente*. Ora, se o dividendo depende dos resultados futuros antecipados pelo gestor então é importante estudar se as expectativas dos gestores estão efectivamente correlacionadas com os dividendos distribuídos e se os dividendos sinalizam os resultados futuros.

Em teoria, é de esperar que os enviesamentos decisionais afectem os gestores na definição da política de dividendos da empresa. No entanto, o efeito desses enviesamentos não pode ser definido à partida apenas em termos teóricos. Na verdade, o excesso de confiança dos gestores pode fazer com que definam um dividendo superior ou inferior ao que definiria um gestor não enviesado. Tal pode ser facilmente compreendido se atendermos a dois efeitos possíveis do excesso de confiança. Por um lado, um gestor com demasiada confiança pode sobrestimar a capacidade de geração de resultados da empresa no futuro o que o levará a julgar que existe a possibilidade de se fixar, já hoje, um dividendo mais elevado (demasiado elevado na verdade, embora o não perceba). Neste caso, então, o excesso de confiança traduzir--se-á num dividendo demasiado elevado.[19]

Mas, por outro lado, o excesso de confiança pode conduzir o gestor à fixação de um dividendo demasiado baixo. Um gestor demasiado confiante pode sobrestimar a disponibilidade das oportunidades de investimento futuras. Este efeito da confiança, associado a um outro já referido anteriormente e que consiste em se considerar que os mercados de capitais subavaliam a empresa e que, nessa medida, lhe impõem um custo de financiamento externo demasiado levado, pode levar os gestores a reter mais resultados já hoje, privilegiando a acumulação de recursos internos para as futuras necessidades de investimento face à alternativa de distribuição de dividendos. Nesta medida, o excesso de confiança levará então à definição de um dividendo demasiado baixo.[20]

Uma vez que qualquer dos dois efeitos do excesso de confiança pode prevalecer, o impacto do enviesamento no dividendo a distribuir não pode ser identificado em termos teóricos. A questão tem que ser resolvida empiricamente.

Comecemos com a possibilidade de definição de um dividendo demasiado elevado. Há condições específicas que podem fazer prever que o efeito do enviesamento nos dividendos se manifeste num determinado sentido. De facto, verifica-se empiricamente que, quando gestores demasiado confiantes são responsáveis por empresas que vêm numa sequência de bons resultados ao longo de vários anos, a auto-atribuição e a visibilidade dos bons resultados leva os agentes a extrapolar (erradamente) a tendência recente dos resultados para o futuro. Nestas condições, os dados dos estudos empíricos sugerem que o optimismo na definição dos dividendos é um fenómeno generalizado: há, por exemplo, autores que indicam que os gestores imunes a este efeito se situam na ordem dos 5% do total dos gestores considerados.[21] A extrapolação errada dos bons resultados recentes para o futuro provoca desvios na política de dividendos: os gestores com expectativas demasiado optimistas em relação aos resultados futuros tendem a definir dividendos demasiado elevados e que se vão revelar pouco relacionados com esses resultados. A incapacidade dos gestores para ultrapassar o enviesamento decisional inviabiliza que, na prática, os dividendos distribuídos sirvam como sinal informativo quanto ao futuro da empresa. Como concluem DeAngelo *et al.* (1996, p. 344): «No geral, os resultados não proporcionam praticamente qualquer apoio à hipótese de sinalização e, quando considerados em conjunto com outros estudos anteriores, levantam sérias dúvidas acerca da importância empírica da sinalização através dos dividendos».

Mas, se não atendermos às condições específicas a que acabamos de fazer menção e que propiciam a extrapolação exagerada dos resultados recentes da empresa para o futuro, os estudos empíricos apontam para a prevalência da diminuição da taxa de pagamento de dividendos por efeito do excesso de confiança dos gestores. A percepção de que o financiamento externo é demasiado custoso sobrepõe-se à visão demasiado optimista quanto aos resultados futuros pelo que os gestores enviesados estabelecem um dividendo demasiado baixo em relação ao que é decidido pelos gestores não enviesados. Assim, em termos globais, ou seja, sem atender a circunstâncias específicas que podem fazer alterar essas conclusões, verifica-se empiricamente que os gestores que têm maior excesso de confiança são os que, na prática, tendem a definir *dividendos mais baixos*.[22]

Uma questão relacionada diz respeito à percepção dos accionistas relativamente ao perfil psicológico dos gestores quando estes anunciam o dividendo a distribuir. É de esperar que os enviesamentos dos gestores afectem não só as suas escolhas nas empresas, mas também as reacções dos mercados a essas escolhas. Ora, os investidores sofrem de dois tipos de incerteza relativamente ao excesso de confiança dos gestores: por um lado, por questões informacionais, é de esperar que tenham mais dificuldades do que os gestores na estimativa dos rendimentos futuros a gerar pela empresa; por outro lado, desconhecem o grau de excesso de confiança que afecta os gestores. Neste contexto, os dividendos a distribuir poderiam, pelo menos em teoria, proporcionar informações acerca destas duas questões. No entanto, na prática, não existe ainda um consenso acerca do significado das evidências empíricas disponíveis. Por um lado, há dados que sugerem que os investidores são iludidos pela existência de gestores demasiado confiantes. Nesta medida, observa-se que os investidores reagem de forma positiva e mais fortemente ao anúncio de dividendos quando os gestores são enviesados. Este facto indica que os accionistas são influenciados pelas perspectivas positivas dos gestores quanto ao crescimento previsto para os resultados. Os problemas de agência ou as assimetrias de informação parecem não conseguir explicar este padrão nas observações. Mas, por outro lado, há autores que concluem que os dividendos anunciados contêm conteúdo informativo relevante acerca do nível de excesso de confiança dos gestores. Têm sido interpretados desse modo os estudos que mostram que os investidores reagem mais positivamente aos dividendos nos casos em que existe maior incerteza em relação aos enviesamentos que caracterizam os gestores. Neste caso, a causa da reacção nos preços estaria não no dividendo em si mas nas informações relativas aos gestores e estas seriam mais úteis, como se entende, nos casos em que subsistem dúvidas a esse respeito. A relação que se estabelece entre gestores enviesados e investidores merece ser melhor investigada. É importante perceber se os erros gerados pelos gestores se podem estender aos investidores nos mercados financeiros. Em qualquer caso, a consideração dos enviesamentos dos gestores parece ser essencial para se entender a política de dividendos das empresas e a reacção dos investidores.[23]

Mas, para além dos enviesamentos decisionais de carácter individual a que nos temos vindo a referir, há factores sociais que afectam os gestores. De facto, verifica-se que os agentes económicos são influenciados por normas e atitudes sociais. Num ambiente de incerteza caracterizado pela escassez de evidências objectivas e em que são reais os problemas relacionados com a avaliação dos activos e com a validade das decisões a tomar, os agentes económicos com limitações cognitivas tendem a atribuir demasiada importância a ideias ou factos reforçados pela conversação, rituais ou símbolos.[24] Neste contexto, e dada a separação entre a propriedade e a gestão das empresas e consequente assimetria de informação, os dividendos, para além das suas implicações financeiras, constituem um ritual de atracção dos investidores e de fortalecimento da ligação entre os detentores de capital e os gestores.[25] Os dividendos servem, por isso, o objectivo de estabilização das organizações uma vez que permitem acalmar a ansiedade dos investidores. Um sinal de que essa relação entre gestores e investidores é mediada pela política de dividendos pode ser encontrada na reacção dos gestores aos escândalos de manipulação de informação ocorridos nos EUA no início do século como os casos Enron e WorldCom. O aumento dos dividendos, é reconhecido pelos gestores, foi uma das formas encontradas para aplacar a ira dos investidores e para procurar reconquistar a sua confiança.[26]

A discussão apresentada sustenta a noção de que não são apenas os factores financeiros que ditam as preferências dos investidores quanto aos dividendos e que são considerados pelos gestores na definição dessa política. Os efeitos psicológicos de uns e outros agentes são úteis para entender as escolhas realizadas. Também as tradições organizacionais podem ser importantes na permanência dos dividendos ao longo do tempo.[27] É por não atenderem aos factores comportamentais que os modelos convencionais não conseguem explicar as decisões dos gestores quanto à definição dos dividendos. A não ser que esses factores venham a ser incorporados nos modelos futuros, o fenómeno dos dividendos continuará a ser difícil de explicar.[28] Como referem Shefrin e Statman (1984, p. 280) nas conclusões do seu artigo: «Quebrar velhos hábitos e criar novos só raramente é apenas uma questão intelectual. Por isso, os aspectos normativos associados a um comportamento como o fenómeno dos dividendos devem ser abordados com grande cuidado».

C. O conteúdo informativo dos dividendos e a hipótese de sinalização

DeAngelo *et al.* (1996) estudaram os dividendos distribuídos por 145 empresas pertencentes à New York Stock Exchange. As empresas, para serem seleccionadas para a amostra, tiveram que apresentar uma diminuição dos seus resultados anuais depois de um período de, pelo menos, nove anos com aumentos de resultados. O objectivo era o de perceber se as empresas transmitiam ao mercado informações susceptíveis de permitir ao investidor antecipar a quebra no padrão de crescimento de resultados. Por isso, a atenção do estudo incide no dividendo a distribuir no primeiro ano em que os resultados diminuem. A variação dos dividendos nas empresas da amostra é apresentada nas tabelas seguintes:

Variação dos dividendos distribuídos no ano seguinte a uma sequência de pelo menos nove anos de aumento dos resultados

	Variação dos dividendos			
	Número de empresas	Percentagem de casos	Variação percentual no dividendo por acção	
			Média	Mediana
Amostra completa	145	100,0	7,2	6,7
Aumento de dividendos	99	68,3	11,5	9,5
Dividendos inalterados	44	30,3	0,0	0,0
Diminuição de dividendos	2	1,4	-49,3	-49,3

Como se pode observar, 99 das 145 empresas da amostra (68,3%) aumentaram os dividendos apesar dos resultados terem diminuído enquanto que 44 empresas (30,3%) mantiveram os dividendos inalterados. Os gestores de apenas duas empresas (1,4%) diminuíram os dividendos, o que parece confirmar a relutância dos gestores em adoptar essa prática.

O conjunto das 99 empresas que aumentaram dividendos foi também estudado para aferir quer dos aumentos dos dividendos em valor absoluto quer dos aumentos em percentagem. São esses dados que se apresentam de seguida:

Variação absoluta (em dólares) nos 99 casos de aumentos de dividendos

	Número de empresas	Percentagem dos casos
Maior aumento em dólares do que no ano anterior	30	30,3
Mesmo aumento em dólares do que no ano anterior	37	37,4
Menor aumento em dólares do que no ano anterior	32	32,3

Variação percentual nos 99 casos de aumentos de dividendos

	Número de empresas	Percentagem dos casos
Maior aumento em percentagem do que no ano anterior	27	27,3
Mesmo aumento em percentagem do que no ano anterior	1	1,0
Menor aumento em percentagem do que no ano anterior	71	71,7

Os dados mostram que, dos 99 casos em que os dividendos aumentaram, esse aumento, em dólares, foi pelo menos igual ao aumento no ano anterior (o último ano em que se registou um aumento dos resultados) em 67,7% (=30,3%+37,4%) dos casos. Este resultado sugere que as perspectivas dos gestores não se alteraram em relação ao ano anterior.

Em termos percentuais, verifica-se que os aumentos não são, na maioria dos casos, tão elevados como no ano anterior. Apesar disso, mais de um quarto dos aumentos excede, em termos percentuais, o verificado no último ano de crescimento de resultados. É salientado pelos autores que a variação percentual dos dividendos, em termos de informação para os accionistas, não é tão relevante como a variação em termos absolutos uma vez que as empresas definem o dividendo (e transmitem a informação ao mercado) desta última forma.

A principal conclusão é a de que os gestores manifestam aos investidores, através dos dividendos, a sua confiança na manutenção da tendência de crescimento dos resultados apesar de não ser isso que se vai verificar. Tal leva os autores a concluir que os dividendos tendem a não ser uma informação fiável quanto ao futuro da empresa em resultado, nomeadamente, do excesso de optimismo dos gestores.

11. Fusões e aquisições

11.1. INTRODUÇÃO

As fusões e as aquisições (F&A) têm particular importância no conjunto das decisões financeiras tomadas pelos gestores por duas razões principais. Em primeiro lugar, pela sua dimensão financeira. Com efeito, as F&A são as transacções mais vultuosas que ocorrem nas economias modernas. Por exemplo, se nos cingirmos apenas aos EUA, registou-se a F&A de mais de 12000 empresas no período entre os anos 1980 e de 2001 tendo-se gasto, para concretizar as operações, uma soma que ultrapassou os 3,4 biliões de dólares.[1]

Em segundo lugar, as F&A são importantes porque podem ter um impacto marcante na forma como os recursos da economia são aplicados. Isso é assim porque essas decisões fazem alterar os agentes económicos que possuem e controlam a empresa e é difícil imaginar outro facto na vida da organização que possa ter um impacto tão profundo como uma mudança de gestão. Por isso, essas operações financeiras têm um elevado potencial de criação ou de destruição de valor.

Sendo a actividade de F&A teoricamente e na prática tão importante, não é de espantar que, ao longo do tempo, tenham sido desenvolvido diversas teorias explicativas. Podem ser destacadas as teorias que justificam essas operações financeiras com o objectivo de aumento do poder de mercado das empresas, com a expansão do âmbito geográfico da sua actividade, com a obtenção de economias de escala ou economias de gama, com a obtenção de vantagens fiscais e, principalmente, com a criação de sinergias entre as empresas participantes do processo de F&A. A visão predominante dos diversos autores em Finanças sobre o papel das F&A é, como se vê, positiva. Considera-se que essas operações financeiras têm como objectivo a criação de riqueza sendo caracterizadas, por vezes, no quadro da teoria da agência, como um mercado de controlo empresarial em que os gestores mais competentes, ou seja, aqueles que são capazes de produzir mais valor para os accionistas, tendem a substituir, por via das operações financeiras realizadas ao longo do tempo, os gestores menos capazes de gerar valor. Alguns autores realçam mesmo os efeitos positivos da mera ameaça de aquisição como influência disciplinadora das equipas de gestão. Sabendo os gestores que a empresa em que trabalham pode ser mais facilmente adquirida se for mal gerida – uma empresa mal gerida tenderá a ter acções cotadas a preços mais baixos e, logo, será mais apetecível para o adquirente – a ameaça de aquisição, defende-se, servirá para alinhar os interesses dos gestores com os dos accionistas.[2]

Interessa saber, no entanto, se esta visão benévola acerca das F&A é confirmada, na prática, na melhoria das condições de criação de riqueza das empresas. Ora, os resultados empíricos das F&A são decepcionantes e parecem não confirmar de forma clara essa visão optimista. Os estudos existentes indicam que o desempenho das empresas não se altera ou que até piora depois de uma operação financeira dessa natureza. Parecem não existir efeitos benéficos significativos em termos de lucratividade e taxa de crescimento das empresas no longo prazo, risco assumido, estrutura financeira, impostos pagos ou mesmo liquidez.[3]

Uma questão relacionada diz respeito ao impacto das F&A nos accionistas das empresas envolvidas. Embora, geralmente os estudos empíricos apontem para rendibilidades positivas quando se considera o conjunto das empresas envolvidas, é claro que essas rendibilidades se distribuem de forma muito desigual entre os diferentes intervenientes. De facto, verifica-se que, geralmente, os accionistas das empresas adquirentes saem prejudicados (o preço das suas acções diminui em resultado da operação financeira) e que os accionistas das empresas adquiridas registam ganhos (o preço das suas acções aumenta). Por exemplo, Moeller *et al.* (2005) estimam que os accionistas adquirentes tenham perdido um total de mais de 220 mil milhões de dólares no anúncio de F&A no período 1980-2001. Por sua vez, Andrade *et al.* (2001), num estudo incidindo sobre cerca de 4300 fusões no período 1973-1998, encontram uma rendibilidade média de -0,7% nas acções da empresa adquirente e de 16% nas acções da empresa alvo numa janela temporal de três dias centrada no momento do anúncio da operação. Os valores têm-se mantido bastante estáveis ao longo das décadas do estudo. As F&A financiadas em numerário acarretam, em termos médios, uma maior rendibilidade para os accionistas da empresa adquirente do que aquelas que são financiadas por acções.

Bogan e Just (2009, p. 930) sintetizam assim o estado da questão: «Existe um vasto conjunto de estudos académicos que mostra que a maior parte das fusões ou não produz valor ou reduz o valor para os accionistas das empresas compradoras».

D. A criação de valor das fusões e aquisições avaliada a partir das reacções dos preços das acções no curto prazo

Andrade *et al.* (2001) levaram a cabo um estudo incidindo sobre cerca de 4300 operações de F&A realizadas nos EUA entre empresas com capital cotado publicamente entre os anos de 1973 e de 1998. O objectivo era o de aferir do impacto dessas operações na criação de valor. Para o efeito foi levado a cabo um conjunto de testes em que se incluem os chamados estudos de eventos. Nos estudos de eventos assume-se como pressuposto que o mercado é eficiente em relação à informação pública, ou seja, que reflecte correctamente a criação ou destruição de valor esperada aquando do anúncio da operação de F&A. Além disso, os efeitos de criação ou destruição de riqueza deverão estar totalmente incorporados no preço depois da concretização da F&A uma vez que, por essa altura, a incerteza se terá dissipado. Foi seguindo este raciocínio que os autores realizaram estudos de eventos com duas "janelas temporais" distintas. Um primeiro conjunto de estudos que abrange os efeitos do anúncio da operação e engloba três dias: o dia antes do início da operação, o dia do anúncio e o dia seguinte. Um segundo grupo de estudos de eventos cobre o período que vai desde 20 dias antes do anúncio da operação até à sua concretização. São calculadas, para cada um dos períodos, as rendibilidades anormais das acções, ou seja, a diferença entre as rendibilidades observadas e uma rendibilidade de referência. Os resultados, desagregados para as várias décadas da amostra e para as acções da empresa adquirente, da empresa alvo e do valor conjunto das duas empresas apresentam-se na tabela seguinte:

Rendibilidade anormal das acções, em percentagem, por década, no período 1973-1998

	1973-79	1980-89	1990-98	1973-98
Combinadas				
[-1,+1]	1,5	2,6	1,4	1,8
[-20,Conclusão]	0,1	3,2	1,6	1,9
Empresa alvo				
[-1,+1]	16,0	16,0	15,9	16,0
[-20,Conclusão]	24,8	23,9	23,3	23,8
Empresa adquirente				
[-1,+1]	-0,3	-0,4	-1,0	-0,7
[-20,Conclusão]	-4,5	-3,1	-3,9	-3,8
Nº observações	598	1226	1864	3688

Os resultados mostram que no período de três dias, a rendibilidade para a combinação das duas empresas tem sido bastante estável ao longo das várias décadas da amostra. A reacção no preço das acções das empresas combinadas tem sido positivo (1,8% em média) o que sugere que as operações de fusão/aquisição, em média, criam valor. Quando o período do estudo é alargado, os resultados são essencialmente os mesmos (1,9% em média em todo o período da amostra).

Os ganhos das operações não se distribuem, no entanto, de igual forma, entre as empresas adquirentes e as empresas alvo. As empresas alvo são claramente as ganhadoras nas operações. As rendibilidades no conjunto dos três dias do estudo atingem os 16% e, quando o período temporal é alargado, atingem-se os 23,8%. Estes resultados são extraordinariamente estáveis ao longo das diversas décadas.

Já os resultados para os accionistas das empresas adquirentes não são positivos. Independentemente do período considerado não há uma única década em que, em média, a criação de valor – medida pela variação do preço das acções – tenha favorecido as empresas adquirentes.

No estudo dos efeitos sobre a criação de valor, os autores distinguem ainda as operações que são pagas com acções das operações que são pagas em numerário. Esta distinção é importante porque os accionistas da empresa adquirente entendem que o facto dos gestores quererem pagar a operação com recurso a acções sinaliza que esses títulos, pelo menos na perspectiva dos gestores, estão sobreavaliados. Sendo assim, neste caso, os accionistas da empresa alvo tenderão a vender as suas acções pressionando o preço. Os resultados obtidos são os que se apresentam na tabela seguinte:

Rendibilidade anormal das acções, em percentagem, em função da forma de pagamento, no período 1973-1998

	Toda a amostra	Forma de pagamento	
		Com acções	Sem acções
Combinadas			
[-1,+1]	1,8	0,6	3,6
[-20,Conclusão]	1,9	-0,6	5,3
Empresa alvo			
[-1,+1]	16,0	13,0	20,1
[-20,Conclusão]	23,8	20,8	27,8
Empresa adquirente			
[-1,+1]	-0,7	-1,5	-0,4
[-20,Conclusão]	-3,8	-6,3	-0,2
Nº observações	3688	2194	1494

O valor criado para as empresas combinadas é significativamente diferente dependendo da forma como a operação é financiada. No caso do pagamento com acções, a criação de valor é praticamente nula.

Mais uma vez, o contraste entre as rendibilidades observadas nas acções da empresa adquirente e da empresa alvo é marcante. As rendibilidades das empresas alvo são notoriamente positivas o que não ocorre no caso das empresas adquirentes. Embora as rendibilidades para a empresa adquirente tendam a ser mais baixas quando a operação é financiada com acções, as rendibilidades quando o pagamento é realizado em numerário continuam a ser negativas (ainda que marginalmente).

Em resumo, as F&A parecem criar valor em média mas esse valor não beneficia os accionistas da empresa que tem a iniciativa de lançar a operação. Os autores concluem que estes resultados podem esconder realidades muito diversas. Alguns gestores podem conduzir operações de fusão ou aquisição geradoras de valor e outros gestores podem levar a cabo operações que destroem valor.

As rendibilidades negativas nas acções das empresas adquirentes sugerem que os gestores pagam demasiado na compra de empresas e que, por esse motivo, uma parte da riqueza dos accionistas da empresa compradora é transferida para os accionistas da empresa alvo.

O fenómeno do pagamento excessivo pelas acções das empresas a adquirir é da máxima importância uma vez que se tem observado empiricamente uma associação negativa entre o valor desse excesso e as rendibilidades subsequentemente auferidas pela empresa adquirente.[4] Para além disso, a dificuldade de concretizar os benefícios previstos pode acarretar consequências sérias na vida das empresas na medida em que pode levar a que, mais tarde, as operações realizadas tenham que ser anuladas. Das operações levadas a cabo, apenas cerca de metade parecem ter sucesso e muitas das empresas adquiridas acabam por ser vendidas posteriormente com perdas.[5]

É difícil explicar diversos aspectos da realidade das operações financeiras através das teorias financeiras tradicionais. Em primeiro lugar, como explicar a ausência, num número significativo de casos, de efeitos benéficos claros nas empresas na sequência de operações de F&A? Em segundo lugar, como explicar o padrão observado de rendibilidades negativas para os accionistas das empresas adquirentes e de rendibilidades positivas para os accionistas das empresas adquiridas? Por último, como explicar que, apesar disso, se continuem a observar um número tão elevado de operações deste tipo?

Também aqui as teorias comportamentais podem desempenhar um papel importante na compreensão da realidade observada. Um aspecto muito importante a salientar é o de que as operações de F&A reflectem as decisões individuais dos profissionais na empresa: nos inquéritos, cerca de metade dos gestores afirma tomar as decisões de F&A de forma isolada ou quase.[6]

E essas decisões são tomadas em condições que favorecem a actuação de factores de teor comportamental. Vejamos: essas decisões têm por base uma avaliação acerca do valor das empresas e essa avaliação contempla muitos factores de carácter subjectivo. O facto de existirem diversos modelos de avaliação, de se terem que assumir um número elevado de pressupostos na avaliação e da informação necessária para utilizar esses modelos não ser fácil de obter e ser ambígua em muitos casos, leva a que seja difícil existir um consenso acerca dos valores obtidos. Para além disso, as avaliações baseiam-se em expectativas quanto ao desempenho das empresas no futuro e essas expectativas, geradas num contexto de incerteza, são facilmente afectadas por factores idiossincráticos dos agentes em presença. Outro factor a considerar é o de que é difícil que a aprendizagem dos gestores tenha um papel importante nas decisões de F&A. Num contexto tão complexo como o que a generalidade dos gestores experimenta, é difícil distinguir os factores atribuíveis às competências próprias e às circunstâncias que caracterizam o ambiente de decisão empresarial. Embora algumas empresas possam levar a cabo várias F&A ao longo do tempo, é difícil de conceber que o gestor médio possa realizar mais do que apenas algumas (poucas) operações dessa natureza ao longo da sua carreira. Por estes motivos, é difícil que a generalidade dos gestores aprenda com os erros que cometeu no passado. Por último, importa referir que o preço da oferta apresentada pela empresa interessada numa aquisição é geralmente o resultado de uma negociação com a administração da empresa que se pretende adquirir. Essa negociação introduz ainda maior complexidade ao processo. É natural que uma negociação leve a que factores de natureza comportamental interajam com outras características do processo negocial. Por exemplo, podem existir ofertas concorrentes. E na negociação, as partes podem recorrer ao *bluff*, por exemplo, dando a entender que existem ofertas mais vantajosas.

Em resumo, estas características do processo levam que, na prática, não possam ser estabelecidas com precisão as condições a vigorar nas operações de F&A. O quadro que se apresenta aos decisores é complexo e, em grande medida, dependente de uma avaliação subjectiva o que cria espaço para que se possam manifestar factores psicológicos, ou seja, de natureza comportamental, susceptíveis de influenciar os agentes em presença e as escolhas por eles realizadas.

11.2. O EXCESSO DE CONFIANÇA DO GESTOR

Como já foi referido, as operações de fusão ou aquisição reflectem as decisões individuais dos gestores. Ora, sendo a decisão tomada por estes agentes, é natural ponderar-se quais os factores de natureza comportamental que explicam as evidências empíricas observadas. Uma das observações empíricas mais salientes é a de que os gestores parecem pagar frequentemente um preço excessivo pelas acções das empresas a adquirir ou a participar na fusão. Dito de outra forma, o prémio de aquisição, entendido como a diferença entre o preço oferecido pelo adquirente e o preço observado no mercado das acções da empresa alvo, é frequentemente muito elevado. Por exemplo, entre 1976 e 1990, as empresas adquirentes pagaram um prémio médio de 41% acima do preço de mercado das acções da empresa alvo sendo que, em alguns casos, esse valor superou os 100%.[7] Um pagamento excessivo traduz-se numa transferência de riqueza dos accionistas da empresa adquirente para os accionistas da empresa alvo.

Mas porque pagam os gestores um prémio excessivo?

O excesso de confiança dos gestores permite explicar esta evidência empírica. O prémio pode ser entendido como uma afirmação por parte dos gestores adquirentes quanto ao valor adicional que julgam poder extrair da empresa alvo. O excesso de confiança pode levar o gestor a sobrestimar as suas próprias capacidades para criar valor, a sobrestimar o valor das sinergias a produzir em resultado da F&A ou a subestimar as consequências negativas das diferentes culturas organizacionais em presença na operação financeira. Em qualquer dos casos, o excesso de confiança conduz o gestor a sobrestimar o aumento no valor que decorre da operação financeira e, em consequência, a oferecer um preço demasiado elevado pelas acções da empresa alvo.[8] Nesta medida, os prémios nas operações de fusão ou aquisição constituem um bom objecto de estudo acerca do excesso de confiança dos gestores uma vez que representam a sua crença na valorização que a empresa alvo pode registar se vier a estar sob a sua liderança.[9]

O excesso de confiança pode ser reforçado ao longo do tempo pelo efeito de auto-atribuição: os gestores podem tornar-se excessivamente confiantes nas suas capacidades ou no potencial das operações financeiras à medida que se revela o êxito nas decisões por eles tomadas no passado. Períodos caracterizados por elevados desempenhos da empresa conduzem a um reforço do estatuto do gestor na organização e a um fortalecimento da sua auto-estima e da sua crença (excessiva) nas capacidades próprias o que, por sua vez, o leva a pagar demasiado nas tentativas de compra subsequentes.

Mas que condições favorecem a manifestação do excesso de confiança nas F&A? É necessário atender às condições de definição do preço neste contexto. Numa licitação de um bem – num leilão de arte, por exemplo – o potencial comprador e o potencial vendedor levam a cabo avaliações independentes do bem. Mas o caso das aquisições empresariais é diferente. O facto de existir um preço de mercado observável no momento da operação de aquisição leva a que o comprador e o vendedor não se encontrem numa posição simétrica. Nas operações de aquisição, o vendedor pode levar a cabo uma avaliação independente da empresa, mas existe uma referência que serve como limite inferior no preço, e essa referência é o actual preço de mercado. O potencial comprador sabe que os accionistas da empresa a adquirir não venderão abaixo do preço de mercado pelo que, se a avaliação do comprador for abaixo desse preço, não é realizada nenhuma proposta de compra. A extremidade esquerda da distribuição das avaliações está truncada no valor do preço de mercado observado. Por isso, existindo erros na avaliação das empresas, deverão ser observados menos erros por defeito do que por excesso.

Para além disso, como os gestores com maior excesso de confiança são os que tendem a apresentar as propostas de compra mais elevadas, são também os que têm mais frequentemente sucesso na competição pela aquisição de empresas.[10] E não existem razões para pensar que é provável que o agente que apresentou a oferta de compra com o preço mais elevado seja precisamente aquele que realizou a avaliação mais precisa. Pelo contrário, a evidência sugere que os vencedores em competições do tipo leilão tendem a pagar demasiado, fenómeno que se designa correntemente por "maldição do vencedor" (*winner's curse*).[11] Por este motivo, é de esperar que nas amostras de F&A esteja incluída uma proporção substancial de gestores com excesso de confiança.

É claro que o excesso de confiança dos gestores, embora podendo ser um fenómeno importante em si, pode ser afectado por factores institucionais. Os efeitos do excesso de confiança do gestor exercem-se sobretudo em ambientes organizacionais em que esse profissional tem a capacidade de fazer prevalecer a sua visão acerca das decisões a tomar. De facto, verifica-se que os efeitos do excesso de confiança dos gestores são particularmente intensos quando outras instâncias internas da estrutura organizacional como, por exemplo, o conselho de administração, desempenham um papel mais frouxo no exercício das suas funções de vigilância e supervisão.[12]

Roll (1986) foi o primeiro a notar a vantagem da hipótese do excesso de confiança sobre outras hipóteses alternativas na explicação dos vários enigmas que caracterizam as F&A. E Hayward e Hambrick (1997) foram pioneiros a testar a hipótese proposta por Roll (1986) encontrando uma relação muito significativa entre diversos indicadores de excesso de confiança e a dimensão dos prémios de aquisição pagos pelos gestores.

As evidências empíricas de que o excesso de confiança é uma hipótese válida para explicar o comportamento dos gestores nas decisões de F&A acumulam-se na literatura. De facto, verifica-se que quanto maior o excesso de confiança dos gestores maior o prémio pago nas operações financeiras e maiores as perdas dos accionistas das empresas adquirentes. Dito de outra forma, o excesso de confiança dos gestores tem, como veremos adiante, consequências negativas notórias para a riqueza dos accionistas das empresas adquirentes.[13]

A situação é particularmente grave quando as duas partes envolvidas no negócio – a empresa adquirente e a empresa adquirida – têm gestores excessivamente confiantes. Para além dos gestores adquirentes sobrestimarem o valor a gerar com a compra da empresa temos em presença os gestores da empresa alvo que, de igual forma, também sobreavaliam a sua capacidade para criar valor na própria empresa e, como tal, acreditam que os investidores subavaliam a empresa. Em consequência, estes gestores consideram que as suas empresas proporcionam um prémio significativo para além do valor de mercado. Nesta base, o preço proposto por um gestor com excesso de confiança na empresa alvo será superior àquele apresentado por um gestor mais realista e existem boas possibilidades de que o gestor comprador, também ele excessivamente confiante, aceda a essa exigência. Este cenário tem confirmação empírica. Verifica-se, de facto, que é nestas circunstâncias que a negociação entre as partes leva a que o prémio pago seja ainda maior do que aquele que se observaria caso apenas o comprador tivesse excesso de confiança. A diferença situa-se entre os 7% e os 9%. Para além disso, é nestes casos que estão criadas as condições para que sejam realizados os negócios com maior potencial de destruição de valor.[14]

O excesso de confiança dos gestores pode, em teoria, levar à concretização de operações que destroem valor afectando, em particular, os accionistas da empresa adquirente. Uma forma de estudar o potencial de criação de valor das F&A passa por analisar a reacção dos preços das acções no pressuposto de que esses preços reflectem, de forma genuína, os efeitos esperados das operações (os mercados financeiros são eficientes). Por esse motivo, é importante estudar a reacção dos accionistas à divulgação de operações financeiras. Os estudos empíricos mostram que os accionistas da empresa adquirente reagem negativamente no curto prazo (quando a operação é anunciada) sendo a reacção adversa tanto mais intensa quanto maior for o excesso de confiança que é atribuído ao gestor.[15]

Também aqui a reacção dos investidores é especialmente adversa quando os gestores das duas empresas intervenientes são excessivamente confiantes sendo que, neste caso, os preços diminuem mais 10% a 12% do que o que se observaria se apenas um dos gestores fosse enviesado.[16]

A reacção depende também da fase em que se encontra o mercado de acções – de alta ou de baixa nos preços – no momento do anúncio da operação. Os efeitos do perfil psicológico dos gestores interagem com as condições de mercado. Nos períodos de alta de preços no mercado de acções, os gestores tendem a ser contagiados pelo optimismo dos investidores o que os pode levar a sobrestimar as sinergias potenciais da F&A. No entanto, os efeitos devem ser distintos consoante o perfil psicológico dos gestores. No caso dos gestores excessivamente confiantes, é de esperar que esse excesso de optimismo se reflicta numa menor qualidade dos negócios levados a cabo naquelas condições de mercado. Já no que diz respeito aos gestores sem excesso de confiança, é de esperar que aproveitem o período de alta dos mercados para realizar operações financeiras uma vez que a reacção dos preços é geralmente mais favorável. No entanto, dado que estes gestores não manifestam o enviesamento decisional, é mais provável que avaliem a operação financeira de uma forma relativamente mais cuidadosa e negoceiem de forma mais eficiente pelo que tenderão a ser menos susceptíveis a ser influenciados pelo optimismo dos investidores. Já nos casos em que os mercados de acções estão deprimidos, a reacção dos investidores a F&A levadas a cabo por gestores com excesso de confiança deverá ser especialmente negativa. Nessas circunstâncias de mercado, os investidores tendem a ser substancialmente mais cuidadosos na avaliação das perspectivas futuras do negócio e os gestores enviesados têm mais dificuldade em disfarçar a qualidade da operação financeira e os pagamentos excessivos. Assim, é quando os mercados se encontram em fases de baixa de preços que os accionistas tendem a reagir de forma mais desfavorável por se darem conta de que o negócio é prejudicial, fazendo depreciar o preço das suas acções.

O raciocínio agora exposto foi testado empiricamente por Croci *et al.* (2010) num estudo a 848 F&A ocorridas entre no Reino Unido entre os anos de 1990 e de 2005. E, de facto, os efeitos da interacção entre as condições de mercado e o perfil psicológico do gestor manifestam-se nas rendibilidades obtidas pelos accionistas. Os accionistas das empresas adquirentes registam os maiores (menores) ganhos quando os gestores não têm (têm) excesso de confiança e a operação financeira decorre numa fase de alta (baixa) do mercado de acções. Verifica-se que, ao contrário do que ocorre quando os gestores têm excesso de confiança, os gestores não enviesados criam valor independentemente das condições do mercado.

E. O impacto do excesso de confiança do gestor na criação de valor das fusões e aquisições

O desafio mais relevante à noção de que as F&A normalmente criam valor é colocado pela reacção dos preços das acções da empresa adquirente quando é anunciada a operação. Verifica-se, na generalidade dos estudos, que as operações financeiras ou não criam valor ou reduzem mesmo o valor desses accionistas. Uma hipótese avançada por vários autores é a de que o excesso de confiança leva alguns gestores a concretizar operações que prejudicam os seus próprios accionistas.

Malmendier e Tate (2008) e Croci *et al.* (2010) estudaram empiricamente o impacto do excesso de confiança dos gestores na riqueza dos accionistas da empresa adquirente.

Malmendier e Tate (2008) analisam 808 fusões e aquisições levadas a cabo nos EUA entre os anos de 1980 e de 1994. Os gestores são classificados em excessivamente confiantes ou não excessivamente confiantes em função das suas escolhas no exercício de opções de compra de acções e também em função da descrição que deles é feita na imprensa. As rendibilidades anormais são calculadas para uma "janela temporal" de três dias centrada no dia do anúncio da operação tendo como referência o índice S&P500. Os resultados obtidos foram os seguintes:

Rendibilidade anormal das acções da empresa adquirente, em percentagem, em função do excesso de confiança do gestor e em função da forma de pagamento

	Todas as operações	Forma de pagamento	
		Sem acções	Com acções
Toda a amostra	-0,29	0,45	-0,87
Gestores com excesso de confiança	-0,90	-0,32	-1,35
Gestores sem excesso de confiança	-0,12	0,70	-0,75
Nº observações	808	354	454

Como se pode verificar, as operações levadas a cabo na amostra do estudo produzem, em média, efeitos negativos na riqueza dos accionistas da empresa adquirente (-0,29%). Mas a reacção é fortemente influenciada pelas características psicológicas do gestor. De facto, a reacção dos investidores quando a operação é levada a cabo por um gestor com excesso de confiança (-0,90%) é cerca de três vezes mais negativa do que a observada em toda a amostra (-0,29%). Quando a análise considera a forma de financiamento das operações, as diferenças são também substanciais. Quando a operação é financiada com acções, a reacção dos accionistas, em média, é negativa, o que sugere que estes agentes encaram a operação como um sinal de que as acções se encontram sobreavaliadas. Entre os gestores não enviesados, a reacção é positiva quando as operações são pagas em numerário (0,70%) e é negativa quando são pagas com acções (-0,75%). Quando o gestor sofre de excesso de confiança a reacção é sempre negativa independentemente da forma de pagamento.

O excesso de confiança dos gestores tem, assim, um forte impacto em termos de destruição de valor. Na amostra de Malmendier e Tate (2008) apenas 10,8% dos gestores manifestam excesso de confiança. Apesar disso, esses gestores são os responsáveis pela destruição de 44% do valor na amostra. Em cada operação de F&A, um gestor com excesso de confiança destrói em média, mais 7,7 milhões de dólares de valor do que um outro gestor. Em todo o período da amostra, os gestores enviesados são os responsáveis pela perda de 2,15 mil milhões de dólares numa perda total de 4,39 mil milhões de dólares.

Croci *et al.* (2010) também estudam os efeitos do enviesamento na riqueza dos accionistas procurando distinguir esses efeitos entre as fases de alta de preços e de baixa de preços no mercado de acções. Consideram uma amostra de 848 fusões e aquisições ocorridas no Reino Unido entre 1990 e 2005. Os métodos de identificação dos gestores com excesso de confiança são semelhantes aos adoptados por Malmendier e Tate (2008). A classificação das fases alta, neutra e baixa do mercado foi levada a cabo através do rácio entre os preços e os resultados (*price earnings ratio*). A "janela temporal" considerada é de cinco dias centrada no dia do anúncio da operação e as rendibilidades anormais são calculadas em relação ao FT-All Share Market Index. Os resultados obtidos foram os seguintes:

Rendibilidade anormal das acções da empresa adquirente, em percentagem, em função da fase de mercado

	Todas as operações	Fase do mercado		
		Alta	Neutra	Baixa
Toda a amostra	0,94	1,21	1,07	0,34
Nº de observações	848	248	400	200

Em média, os accionistas da empresa compradora beneficiam com as operações de F&A (0,94%) e a reacção é significativamente mais positiva em fases de alta dos preços (1,21%) do que em fases de baixa de preços (0,34%). Os resultados desagregados em função do enviesamento dos gestores são os seguintes:

Rendibilidade anormal das acções da empresa adquirente, em percentagem, em função das características do gestor

	Todas as operações	Características do gestor	
		Sem excesso de confiança	Com excesso de confiança
Toda a amostra	0,94	1,26	0,16
Nº de observações	848	601	247

Como se pode constatar, o perfil psicológico do gestor tem um impacto significativo nas consequências da fusão ou aquisição para os accionistas. Quando as operações são levadas a cabo por gestores com excesso de confiança, os benefícios para os accionistas são marginais (0,16%). Já quando são gestores não enviesados a levar a cabo a fusão ou aquisição, os ganhos na riqueza dos accionistas são quase oito vezes superiores (1,26%). Estes resultados suportam a hipótese de que os gestores com excesso de confiança sobrestimam os efeitos positivos das operações de F&A.

É interessante ainda ver como interagem as condições de mercado com o perfil psicológico dos gestores. São esses dados que se apresentam de seguida:

Rendibilidade anormal das acções da empresa adquirente, em percentagem, em função das características do gestor e da fase de mercado

		Características do gestor	
		Sem excesso de confiança	Com excesso de confiança
Fase do mercado	Alta	1,36	0,83
	Nº de observações	175	73
	Neutra	1,26	0,62
	Nº de observações	282	118
	Baixa	1,13	-1,69
	Nº de observações	144	56

Os resultados mostram que os gestores não enviesados produzem mais riqueza, em média, para os seus accionistas, independentemente das condições de mercado. A diferença entre gestores com e sem excesso de confiança é especialmente marcada quando o mercado de acções está em baixa. Nesta circunstância, as F&A levadas a cabo pelos gestores enviesados traduzem-se na maior perda para os accionistas (-1,69%) enquanto que os gestores não enviesados conseguem gerar ganhos (1,13%). As rendibilidades obtidas são consistentes com a ideia de que o impacto do excesso de confiança é especialmente notório quando o mercado está em baixa. Enquanto que as fases de alta de preços permitem aos gestores esconder os erros e o excesso de pagamentos, nas fases de baixa de preço tal não é possível. Os investidores são mais sensíveis a negócios questionáveis. Estas conclusões são confirmadas também em testes de longo prazo levados a cabo pelos mesmos autores.

Em geral, os resultados sugerem que a contribuição das F&A para a riqueza dos accionistas é uma matéria ainda em aberto. Os resultados parecem depender da amostra adoptada e do horizonte temporal de análise. No entanto, os efeitos do excesso de confiança do gestor são claros: o enviesamento decisional do gestor traduz-se numa pioria dos resultados da operação independentemente da sua forma de financiamento ou das condições do mercado de acções. Quando o gestor é excessivamente confiante, a operação conduz à destruição de valor para o accionista da empresa adquirente, em particular quando a operação é financiada por acções e decorre em fases de baixa de preço no mercado de acções.

As rendibilidades auferidas pelos accionistas tendem a ser inferiores quando as operações são financiadas pela emissão de acções da empresa adquirente (ver destaques D e E). Como entender esse facto no quadro de actuação de gestores enviesados? Já vimos que os gestores com excesso de confiança tendem a financiar-se com recurso a dívida por acharem que o preço das acções está subestimado face ao valor das empresas (ver capítulo 9). Por isso, um gestor enviesado só financiará uma F&A através da emissão de acções quando o negócio for entendido como sendo excepcionalmente vantajoso. E isto pode ocorrer em duas circunstâncias: quando a operação financeira é mesmo um bom negócio ou quando o gestor sofre de excesso de confiança e a operação é, na realidade, prejudicial. Se a operação é vantajosa, então é de supor que o gestor enviesado seja capaz de encontrar outras fontes de financiamento que não acções, nomeadamente dívida. Este raciocínio leva-nos a concluir que é mais provável que as aquisições financiadas através da emissão de acções sejam negócios prejudiciais para a empresa. Compreende-se assim que as fusões ou aquisições financiadas por acções provoquem, em média, rendibilidades menores do que aquelas que se observam quando as operações são financiadas por resultados retidos ou endividamento.

O excesso de confiança permite ainda explicar o efeito dimensão observado nas F&A. A reacção dos accionistas da empresa adquirente ao anúncio da operação é significativamente diferente consoante se trate de uma empresa de reduzida dimensão ou de dimensão elevada. Quando a empresa compradora é de reduzida dimensão, a rendibilidade observada para esses accionistas no momento do anúncio da operação é superior em cerca de dois pontos percentuais ao que se observa no caso das empresas de maior dimensão. Este efeito não depende do tipo de aquisição (pública ou privada) nem da forma como a fusão ou aquisição é financiada. Ora, é de esperar que gestores das maiores empresas sejam os mais propensos ao excesso de confiança uma vez que se trata, em princípio, de gestores mais importantes socialmente, que tiveram sucesso no crescimento das suas empresas e que têm menos restrições na sua actuação (dispõem de uma maior abundância de recursos ao seu dispor para levar a cabo operações financeiras). Os dados mostram ainda que são os gestores das maiores empresas que pagam um prémio de aquisição superior apesar de não se encontrarem sinergias positivas, em média, nos negócios por eles efectuados.[17]

Como seria de esperar em face do que foi referido, verifica-se que a experiência dos gestores e a aprendizagem não parecem desempenhar um papel relevante nas decisões tomadas quando se trata de calibrar os prémios de aquisição. As dificuldades de aprendizagem podem ser atribuídas, pelo menos em parte, ao enviesamento de auto-atribuição Os dados dos estudos empíricos mostram que o facto de um gestor ter estado envolvido em operações de aquisição bem sucedidas no passado não é garantia de que sejam evitados os efeitos negativos associados a pagamentos excessivos nas aquisições subsequentes. Pelo contrário, o excesso de confiança é provocado pelos êxitos do passado, apesar desse sucesso não ser indicativo de que mais operações bem sucedidas venham a ocorrer no futuro. Mas os resultados não ficam por aqui: constata-se ainda que o excesso de confiança tende *a aumentar* à medida que se repetem as operações financeiras. Os gestores atribuem (erradamente) os sucessos iniciais à sua competência, tornam-se cada vez mais confiantes e levam a cabo mais F&A. Ora, quanto mais operações de F&A são realizadas pelos gestores piores são os resultados no longo prazo. Os accionistas parecem aperceber-se disso e reagem em conformidade: os gestores envolvidos em sucessivas operações de aquisição tendem a ter uma reacção crescentemente negativa por parte dos seus accionistas aquando do anúncio de novas aquisições.[18]

O excesso de confiança proporciona uma explicação plausível para os elevados prémios de aquisição observados e para a reacção dos accionistas. Mas o que dizer acerca do elevado número de F&A levadas a cabo ao longo do tempo? É preciso compreender que, à partida, o efeito líquido do excesso de confiança na frequência de ocorrência de operações de fusão ou aquisição é ambíguo. Os gestores com excesso de confiança sobrestimam a sua capacidade para criar valor. Dito de outra forma, sobrestimam as rendibilidades que podem fazer gerar tanto na própria empresa como na aquisição de outras empresas. Estas duas manifestações do excesso de confiança geram um *trade-off* quando se considerarem F&A potenciais. Por um lado, a sobrestimação da capacidade de criação de valor da operação em causa induz uma maior propensão para adquirir outras empresas. Mas, por outro lado, a sobrestimação da capacidade de geração de rendibilidades da própria empresa (e, em consequência, do seu valor) gera ao gestor excessivamente confiante a percepção de que os custos de financiamento são exagerados: os credores potenciais parecem exigir uma taxa de juro pelos empréstimos excessiva e aqueles que poderiam ser os novos accionistas estão dispostos a pagar pelas novas acções um preço demasiado baixo face à avaliação que se faz da capacidade de geração de resultados da empresa. Nesta situação, com estes dois efeitos em campo, o gestor pode abster-se de adquirir empresas, ainda que a operação implique um acréscimo no valor da empresa, se tiver a percepção de que a operação terá um custo de financiamento demasiado elevado.

O que daqui resulta é que, no caso em que o gestor tem excesso de confiança *e não necessita de recorrer ao financiamento externo*, se deverá observar um maior número de aquisições. Ora, os estudos empíricos mostram que, apesar dos resultados decepcionantes em termos de criação de riqueza, os gestores com maior excesso de confiança são precisamente aqueles mais predispostos a enveredar por sucessivas operações de F&A de empresas num curto espaço de tempo, em particular quando existe financiamento interno abundante. Dito de outra forma, observa-se um maior número de operações de F&A pelo facto das empresas serem geridas por gestores excessivamente confiantes do que aquelas que teriam lugar caso estivessem à frente das empresas gestores não enviesados. Por exemplo, Malmendier e Tate (2008) calculam que a probabilidade de ocorrência de uma aquisição é 65% mais elevada se um gestor for classificado como sendo excessivamente confiante. Esta observação é consistente com a evidência empírica já referida de que os gestores com maior excesso de confiança são também os que levam a cabo mais projectos de investimento.[19]

O excesso de confiança também se pode manifestar no tipo de F&A levado a cabo. As F&A que têm como objectivo a diversificação do negócio são geralmente entendidas como sendo mais arriscadas: a empresa predispõe-se a entrar num sector de actividade que não conhece. Ora, verifica-se empiricamente que o excesso de confiança do gestor aumenta a probabilidade de que uma F&A desse tipo seja realizada. Tal é consistente com a noção de que o enviesamento se traduz numa subestimação do risco da operação.[20]

Outros estudos que incidem sobre as diferenças entre os diversos níveis de excesso de confiança entre os indivíduos permitem confirmar a importância deste enviesamento. Por exemplo, está documentado que o excesso de confiança é mais pronunciado nos indivíduos do sexo masculino do que nos do sexo feminino. Este facto tem consequências importantes. De facto, verifica-se que a presença de mulheres nos conselhos de administração tem um impacto estatística e economicamente significativo na propensão para a realização de fusões ou aquisições e nos prémios de aquisição praticados. Por cada acréscimo de dez pontos percentuais de representação feminina nos conselhos de administração assiste-se a uma redução de 7,5 pontos percentuais no número de aquisições. E por cada acréscimo de dez pontos percentuais de representação feminina nos conselhos de administração da empresa adquirente assiste-se a uma redução de 13,3 pontos percentuais no prémio de aquisição observado. De forma similar, os indivíduos do sexo masculino e que são mais jovens tendem a manifestar maior excesso de confiança e uma maior propensão para exibir um comportamento agressivo e de dominância. Estas características permitem entender a sua combatividade no domínio das operações financeiras: os gestores jovens são mais propensos a levar a cabo aquisições e também são mais propensos a recusar negociar directamente com os autores das propostas de aquisição.[21]

Embora os estudos existentes tenham incidido mais intensamente na realidade dos EUA, os resultados obtidos são extrapoláveis a nível internacional. O excesso de confiança dos gestores manifesta-se nas suas decisões de F&A a nível global, mas é mais acentuado – na propensão à realização de F&A, por exemplo – nos países onde o individualismo é mais forte.[22]

A importância do excesso de confiança é ainda confirmada por diversos estudos de caso como, por exemplo, o que incide sobre a compra da Paramount pela Viacom em 1994. O acréscimo de pagamento à Paramount atribuível ao excesso de confiança dos gestores adquirentes atingiu, neste caso, mais de 2 mil milhões de dólares.[23] Num outro caso, o da compra da NCR pela AT&T em 1991, o excesso de confiança de ambas as partes nas negociações levou a que estas se iniciassem com uma proposta de 160% do preço das acções da NCR antes da proposta de compra. Esse enviesamento comportamental esteve presente na motivação da operação que resultou em sinergias negativas de pelo menos 1,3 mil milhões de dólares e em perdas dos accionistas da AT&T de, pelo menos, 3,9 mil milhões de dólares.[24]

Num conjunto de estudos relacionados, outros autores têm tratado do tema do narcisismo dos gestores. O narcisismo é uma dimensão da personalidade humana já estabelecida na Psicologia e que apresenta alguns pontos de coincidência com o excesso de confiança. Em ambos os casos os indivíduos apresentam uma percepção inflacionada em relação às suas capacidades. No entanto, a personalidade narcisista acrescenta, entre outros aspectos, a preocupação de ver a sua auto-imagem continuamente reafirmada tendendo a adoptar, para o efeito, comportamentos capazes de lhe granjear o aplauso e a adulação pública. Na óptica do gestor, este tipo de comportamentos traduzem-se em decisões de risco e com elevada visibilidade tais como operações de F&A, por exemplo. Tal acontece de facto na medida em que se verifica que os gestores com mais fortes traços narcisistas são aqueles que realizam um maior número e um maior volume de operações de F&A. Curiosamente, verifica-se que esta dimensão de personalidade influencia não apenas os resultados das operações financeiras mas o próprio processo de negociação entre as empresas. De facto, observa-se que os gestores narcisistas têm uma maior propensão para iniciar as operações financeiras e tendem a negociar mais rapidamente do que os gestores menos narcisistas, o que é consistente com a procura de visibilidade pública. Para além disso, a presença de personalidades narcisistas nas duas partes da negociação repercute-se numa menor probabilidade de realização da operação, o que é coerente com a ideia de que a interacção entre os negociadores, nesse caso, tende a ser particularmente problemática.[25]

Os resultados obtidos são consistentes por se verificarem em contextos diversos: têm-se verificado em períodos temporais distintos, em economias com condições financeiras e sistemas de governação diferentes (EUA, Reino Unido, Alemanha, França, Japão) envolvendo empresas de características muito diversas (quanto à sua dimensão, por exemplo) que levaram a cabo diversos tipos de operações de F&A (por exemplo, de empresas com capital cotado ou não cotado, em leilão ou com negociação, etc.) financiadas de várias formas (predominantemente por acções ou em numerário).

Em resumo e em face das evidências apresentadas, parece claro que o excesso de confiança merece ser considerado como uma alternativa às tradicionais explicações para a actividade de F&A empresariais.

11.3. OUTROS FACTORES COMPORTAMENTAIS QUE AFECTAM O GESTOR

Apesar da maioria dos estudos comportamentais mostrarem existir implicações significativas do excesso de confiança dos gestores nos processos de F&A de empresas, existem outros enviesamentos decisionais relevantes. Dedicaremos agora algum espaço à análise do impacto dos enviesamentos de confirmação e de ancoragem nas operações financeiras – ver ponto 2.4 nas alíneas a) e b) – bem como ao impacto das características pessoais do gestor associadas à sua propensão ao jogo.

O enviesamento de confirmação, como já foi referido, leva a que os gestores atribuam demasiada importância à informação que confirma as suas opções e que, por outro lado, subvalorizem a informação que as contrariem. Mas o enviesamento de confirmação pode influenciar também a informação que os gestores procuram. E é isso precisamente que parece verificar-se no que se refere às operações financeiras. De facto, quando analisam a informação ao seu dispor, os gestores que à partida estão já propensos a levar a cabo a F&A tendem a procurar activamente informação que sustente a sua posição (informação relativa a sinergias, por exemplo) e a evitar tomar conhecimento de informação que, com maior probabilidade, a pode colocar em causa (como informação relativa aos custos da operação, por exemplo). O enviesamento de confirmação é, assim, relevante neste contexto uma vez que se apresenta como (mais) uma justificação de natureza comportamental para o facto dos gestores levarem a cabo operações de reestruturação empresarial não aconselháveis porque geradoras de rendibilidades negativas para a empresa adquirente.[26]

O enviesamento de ancoragem é também útil para entender a formação de algumas das variáveis relevantes nos processos de F&A. Como é sabido, este enviesamento consiste na atribuição de demasiada importância a uma determinada informação que passa a servir de ponto de referência ("de âncora") e a partir da qual são realizados ajustamentos insuficientes. Ora, no caso das operações financeiras, verifica-se que os gestores tanto das empresas adquirentes como das empresas alvo tomam como ponto de referência os máximos de preço mais recentes observados no mercado de acções. Em teoria, esses níveis de preço, apesar da sua visibilidade pública e divulgação pelos *media*, não deveriam ser relevantes no estabelecimento dos preços a pagar nas F&A. De acordo com as finanças tradicionais isso não deveria acontecer uma vez que esses preços resultaram da informação passada que, estando já reflectida nos preços, deveria ser irrelevante para a decisão a tomar. No entanto, as evidências empíricas são claras de que os máximos de preço observados nos tempos mais recentes influenciam os gestores de ambas as empresas envolvidas: estamos a falar dos máximos das últimas 13 semanas, das últimas 26 semanas ou das últimas 52 semanas, por exemplo. Na prática, a ancoragem nesses preços resulta de efeitos que se exercem quer sobre os gestores da empresa alvo quer sobre os gestores da empresa adquirente. Comecemos pela empresa alvo: aqui podemos identificar pelo menos três efeitos que podem conduzir à ancoragem. Em primeiro lugar, os gestores da empresa alvo têm que formar uma estimativa do valor da sua empresa para decidir se devem aceitar a oferta. Num contexto de incerteza e com falta de tempo, de informação e das capacidades necessárias para estimar o valor da empresa nos cenários alternativos de manutenção e de alteração da propriedade, alguns dos gestores tenderão a tomar os recentes máximos no preço de mercado das acções como referências para a definição do preço mínimo a aceitar. Em segundo lugar, os gestores da empresa alvo procuram encontrar justificações para apresentar nas negociações o maior preço possível. O facto do máximo de preço ter sido atingido recentemente e ter tido visibilidade mediática pode levar a que seja utilizado como uma referência nas negociações. Em terceiro lugar, os gestores da empresa alvo têm que agradar aos seus próprios accionistas quando sugerem um preço para que o negócio seja realizado. O facto de se recusarem a vender abaixo do preço máximo registado recentemente proporciona-lhes um argumento importante no caso de litigação judicial por parte dos accionistas insatisfeitos.

No caso da empresa adquirente, a ancoragem nos máximos de preços pode reforçar os efeitos que acabamos de referir. A estimativa do preço a pagar depende da avaliação da empresa a adquirir e esta não é uma tarefa fácil. Por isso, os preços recentes da empresa alvo podem constituir informação importante e, nessa medida, os máximos observados recentemente podem constituir-se como uma referência. Se o mercado atribuiu recentemente esse preço à empresa alvo então é de supor que a empresa adquirente, por esperar gerar sinergias com o negócio, se disponha a pagar um preço igual ou até superior a esse máximo de preço.

As consequências da ancoragem fazem-se sentir no preço por acção acordado entre as partes, no sucesso/insucesso das negociações e também na reacção dos accionistas à operação. No que diz respeito ao primeiro aspecto, os dados mostram que o preço oferecido coincide exactamente, com frequência, com o máximo do preço observado nas últimas 13 semanas, 26 semanas, 39 semanas, 52 semanas ou 104 semanas. E, por vezes, os preços acordados situam-se exactamente 25% ou 50% acima dos preços de mercado máximos recentes o que sugere igualmente que esses preços foram usados como base de cálculo do preço negociado.

O enviesamento de ancoragem parece ser também importante para se entender o sucesso/insucesso das operações de F&A. Verifica-se empiricamente que a probabilidade de acordo entre as partes aumenta de forma significativa e *descontínua* quando a oferta de preço apresentada pelo adquirente se situa acima do preço máximo observado nas 52 semanas anteriores. O interessante é que o preço oferecido *em si* não parece ser significativo, o que é significativa é a distância desse preço para o preço de referência o que ilustra bem a importância do enviesamento de ancoragem.

Por último, observa-se que os accionistas adquirentes reagem tanto mais negativamente quanto mais distante estiver o preço anunciado do máximo das 52 semanas anteriores.

Outras explicações alternativas ao enviesamento de ancoragem foram testadas e rejeitadas pelo que se pode concluir que também este efeito comportamental contribui para a compreensão do processo e resultado das operações empresariais a que nos temos vindo a referir.[27]

Mas há outras características pessoais do gestor que podem exercer um impacto significativo quando falamos de F&A. Referimo-nos, por exemplo, à sua propensão ao jogo. A preferência por jogos que proporcionam um prémio elevado com uma reduzida probabilidade é um fenómeno bem estabelecido na literatura. No quadro dos diversos estudos existentes na área das finanças comportamentais, têm sido identificados diversas explicações para essa preferência: por exemplo, a influência de factores emocionais ou a sobrestimação das probabilidades reduzidas de ganhos elevados no quadro da Teoria da Perspectiva desenvolvida por Amos Tversky e Daniel Kahneman.[28]

É de esperar que o impacto desta preferência pessoal pelo jogo no caso dos gestores seja relevante nas decisões de F&A das empresas que lideram uma vez que existem inquéritos que sugerem que os gestores são mais propensos ao jogo do que as pessoas em geral.[29] E, de facto, esta expectativa verifica-se na realidade. Em primeiro lugar, verifica-se que os gestores com maior propensão ao jogo levam a cabo mais operações de fusão ou aquisição e que a probabilidade de que uma empresa seja adquirida varia positivamente com as suas características de lotaria (baixo preço e elevada volatilidade, por exemplo). Em segundo lugar, os dados sugerem que os modelos de avaliação de operações financeiras não parecem ter grande utilidade neste caso uma vez que os gestores consideram não apenas o valor que a operação pode acrescentar à empresa (via sinergias, por exemplo) mas também a sua atractividade enquanto jogo. Assim, os gestores propensos ao jogo acabam por decidir levar a cabo operações de F&A que, em geral, não se traduzem num acréscimo de valor para a empresa e que, nalguns casos, são mesmo altamente destrutivas de valor. Em terceiro lugar, nota-se que os accionistas se apercebem dos danos que podem trazer as operações financeiras desencadeadas por gestores propensos ao jogo. Por isso, os accionistas reagem em conformidade: o efeito nos preços é tanto mais negativo quanto mais significativas foram as características de lotaria da empresa alvo.

A propensão dos gestores para o jogo é ainda influenciada por diversos factores como a idade do gestor (gestores mais jovens "jogam" mais) ou as normas sociais de jogo que vigoram na área em que a empresa se localiza (gestores "jogam" mais quando empresa se localiza em áreas onde a população acha o jogo atractivo). Por último, essa propensão é superior depois de períodos em que o desempenho da empresa adquirente foi mau, caso em que o gestor adopta comportamentos de jogo mais arriscados tentando compensar as perdas verificadas.[30]

11.4. EFEITOS COMPORTAMENTAIS RESULTANTES DO PROCESSO NEGOCIAL

Existem diversos estudos que sugerem que o processo negocial conducente à concretização dos processos de F&A produz efeitos comportamentais que afectam os resultados do negócio. Em particular, são especialmente importantes os factores que levam a que os gestores tomem as decisões de aquisição de empresas não em função das vantagens/desvantagens relativas ao negócio em si, mas sim em função das implicações *pessoais* inerentes a efectuar ou desistir do negócio.

Vamos referir-nos, de seguida, a dois efeitos que surgem em diferentes fases do processo negocial: i) a chamada "excitação competitiva que surge durante o processo de licitação e ii) o comprometimento excessivo do gestor com a operação financeira que ocorre durante a fase de *due diligence*.

A) A "EXCITAÇÃO COMPETITIVA"

Como já foi referido, é comum que, num processo de aquisição, as condições apresentadas resultem de uma negociação entre a empresa adquirente e a administração da empresa que se pretende adquirir. É também habitual que existam várias entidades interessadas na aquisição de uma dada empresa pelo que se acaba por assistir a um processo de licitação em que duas ou mais entidades competem entre si.

A natureza de licitação que caracteriza muitos dos processos de aquisição empresarial acarreta importantes consequências.

É sabido que, para além dos efeitos positivos que a competição induz, podem surgir consequências negativas. A motivação para competir pode, por vezes, trazer efeitos perniciosos. A adopção de estratégias atentatórias da ética como a sabotagem constituirá, porventura o exemplo mais evidente desses efeitos negativos.

Estão estudadas as condições em que os comportamentos competitivos podem ter consequências negativas. Em função das características do ambiente em que decorre a competição, os agentes podem ser levados, inconscientemente, a trocar a "motivação para competir", que pode ser definida pelo desejo de disputar recursos escassos e que é tendencialmente positiva e geradora de sucesso e de condições de sobrevivência, pela mera "motivação para ganhar". Na "motivação para ganhar", os agentes tentam maximizar os resultados *relativos* obtidos (ou seja, em relação aos concorrentes) ainda que, para isso, tenham que suportar elevados custos pessoais. Enquanto que na "motivação para competir" o foco está no objectivo a atingir e o desempenho dos restantes concorrentes é secundário, na "motivação para ganhar" o foco está na deterioração da posição dos concorrentes. Dito de outra forma, não basta que o agente ganhe, é preciso também que os concorrentes fracassem.

Talvez o melhor exemplo destes dois tipos de comportamentos possa ser encontrado nos leilões em que a "motivação competitiva" poderá levar a que o concorrente licite até um preço equivalente à avaliação que faz do bem enquanto que a "motivação para ganhar" o poderá fazer pagar um preço acima dessa avaliação com o objectivo de evitar que seja comprado por um concorrente. Note-se que a "motivação para ganhar" tem como consequência não prejudicar o adversário mas prejudicar o próprio agente que acaba por pagar mais do que o valor atribuído ao bem em causa.

Existem bases teóricas e empíricas que permitem identificar as condições em que é mais plausível que se passe da "motivação para competir" para a "motivação para ganhar".[31] Foram identificados alguns factores que propiciam o surgimento da "motivação para ganhar". Um desses factores é a visibilidade pública da rivalidade entre os concorrentes. Quando essa rivalidade é visível não só para os próprios concorrentes mas também para os restantes intervenientes, é mais provável que a "motivação para ganhar" se torne prevalente. Note-se que esta condição está presente em muitos dos processos de aquisição. A identidade das empresas competidoras é frequentemente conhecida do grande público e não é raro desenvolver-se, aos poucos, na sociedade, a noção de que uma das entidades será ganhadora e que as restantes terão que sair derrotadas.

Mas não é necessário que essa percepção pública exista desde o início. A "motivação para ganhar" pode surgir de forma endógena, ao longo do próprio processo negocial. Verifica-se que, em muitas circunstâncias, os decisores iniciam um processo negocial com a intenção de realizarem escolhas sensatas que os conduzam à maximização dos seus próprios resultados mas que, à medida que o processo negocial e de licitação se desenvolve, a sua motivação se dirige para o objectivo de derrotar os concorrentes. Para a formação endógena de um contexto de "excitação competitiva" podem concorrer essencialmente dois factores. Por um lado, a percepção da rivalidade por parte dos próprios concorrentes. Quando os adversários são identificados, a motivação para os derrotar é superior. Por outro lado, a existência de restrições de tempo. Quanto às restrições de tempo, é óbvio que são na maior parte dos casos também um factor presente nos processos de aquisição empresarial. O factor tempo é essencial e, como existem prazos a cumprir nas diversas propostas dos concorrentes, os agentes têm que decidir sob pressão. Ora, à medida que a competição se desenvolve criam-se as condições para o surgimento da "motivação para ganhar": o número de concorrentes diminui aumentando a percepção da rivalidade mútua e o factor tempo torna-se uma restrição cada vez mais importante.

É de admitir que as condições da "motivação para ganhar" estejam presentes em muitos dos processos de aquisição empresarial. As aquisições estão geralmente longe de ser uma negociação cordata entre as partes envolvidas. Há estimativas de que pelo menos metade desses negócios se desenvolve num quadro de licitação competitiva entre diversos concorrentes e que essa competição se reflecte em prémios de aquisição mais elevados.[32] O facto das condições propiciadoras da "motivação para ganhar" estarem presentes em muitas das F&A ajuda a compreender a observação presente nos estudos empíricos de que é frequente que os gestores das empresas estejam dispostos a pagar valores demasiado elevados nas operações financeiras.

B) O COMPROMETIMENTO EXCESSIVO DO GESTOR

Existem outras circunstâncias em que o processo negocial pode levar o gestor a não considerar devidamente os méritos do negócio e, em consequência, a decidir em função de factores de natureza comportamental.

Ao longo do processo de aquisição de empresas, observa-se que o gestor da empresa compradora tende a sentir-se excessivamente comprometido com a realização da aquisição, independentemente dos benefícios resultantes da operação. Esse sentimento pode ser tão intenso que o gestor pode continuar a procurar concretizar a aquisição apesar de existir informação negativa acerca da empresa alvo e apesar de existirem oportunidades para desistir do negócio. Como é evidente, a procura continuada da concretização do negócio, mesmo na presença de informação negativa, tem consequências importantes na medida em que faz aumentar a probabilidade de que a aquisição produza resultados desfavoráveis.

É de esperar que os efeitos do comprometimento excessivo do gestor com a aquisição se façam sentir mais fortemente durante a fase de *due diligence*. As actividades de *due diligence* ocorrem geralmente durante o período que medeia o acordo inicial para a aquisição da empresa e a concretização da compra. Essas actividades consistem numa investigação detalhada das condições da empresa alvo. Por exemplo, estudam-se os registos financeiros, questões legais relacionadas com a empresa e outros assuntos susceptíveis de levantar problemas à concretização do negócio. A investigação normalmente envolve o acesso a informações que não estavam disponíveis para o adquirente antes do acordo inicial de compra. Por conseguinte, não é raro que surjam novas informações e que algumas dessas informações sejam negativas.

A fase de *due diligence* representa a última oportunidade do adquirente para abandonar o negócio. Isso significa que o comprometimento excessivo durante esta fase pode conduzir à concretização de uma aquisição desfavorável, um erro que pode ser difícil de corrigir e implicar custos avultados. É nesta fase de *due diligence* que os efeitos do comprometimento excessivo do gestor podem ser mais severos e isso ocorre por duas ordens de razões. Em primeiro lugar, porque os custos (tanto financeiros como psicológicos) envolvidos no acordo de aquisição foram já suportados e o sentimento de comprometimento do gestor teve já tempo para se estabelecer. A falácia dos custos afundados pode desempenhar aqui um papel importante. Em segundo lugar, porque normalmente é difícil determinar o impacto da informação negativa no resultado da aquisição durante a fase de *due diligence*. Essa incerteza acerca da importância da informação negativa dá azo a que o gestor racionalize a informação e tal pode, se não aumentar o comprometimento do gestor, pelo menos permitir que persista.

Mas de que é que depende o comprometimento excessivo do gestor? Os estudos existentes encontram resposta para esta questão nas características do processo de aquisição de empresas. Têm sido identificados pelo menos dois elementos de contexto que exacerbam o comprometimento pessoal do gestor. O primeiro desses elementos é a existência de competição pela aquisição da empresa alvo. Já vimos que, em resultado da "excitação competitiva", a existência de rivais pode levar os gestores a querer ganhar a licitação a quase qualquer preço. O que acontece é que os efeitos da "excitação competitiva" durante a fase de licitação se podem converter num comprometimento excessivo do gestor na fase de *due dilligence*. A existência de uma competição acesa durante a fase de licitação pode resultar na relutância em abandonar a aquisição depois de se ter alcançado um acordo formal preliminar. Tal pode ocorrer, em primeiro lugar, porque a competição durante a licitação pode fazer com que os gestores assumam que, se abandonarem a empresa alvo durante a fase de *due dilligence*, os concorrentes estarão ainda interessados na aquisição. Por outras palavras, a competição pode ser vista como um sinal de que a empresa alvo é valiosa. Em segundo lugar, os gestores podem interpretar o abandono de uma empresa potencialmente valiosa para um rival como uma derrota. Assim, os gestores podem resistir a renunciar à empresa alvo mesmo quando confrontados com informação negativa a seu respeito.

O segundo factor que pode fomentar o comprometimento excessivo do gestor é a notoriedade pública do negócio. A imagem pública dos gestores é um património importante para a maioria dos profissionais. Mudar de opinião em relação a uma aquisição que se tornou matéria de conhecimento público obrigaria a que o gestor tivesse de explicar porque decidiu, de início, levar a cabo a aquisição. O desejo de não expor publicamente o cometimento de um erro pode justificar o comprometimento do gestor com a aquisição.[33]

11.5. A RESISTÊNCIA DO GESTOR À FUSÃO OU AQUISIÇÃO

Existem diversos enviesamentos decisionais que podem influenciar os gestores cujas empresas estão a ser alvo de uma tentativa de fusão ou aquisição. Em teoria, esses enviesamentos tornam os gestores mais propensos a rejeitar uma operação financeira hostil mesmo quando a realização dessa transacção serve o interesse dos accionistas e mesmo quando essa rejeição prejudica objectivamente até os próprios gestores. A recusa da oferta pode levar a que os gestores da empresa alvo não cheguem a receber, por exemplo, os ganhos decorrentes de indemnizações ou da subida de preço das acções da empresa por eles detidas. De entre os enviesamentos que podem desencadear estas atitudes podem ser destacados a dissonância cognitiva e o excesso de confiança. Se a oferta for entendida pelo gestor como colocando em causa o seu desempenho e competência profissionais, tal originará um conflito com a auto-imagem dos executivos. Esse conflito, essa dissonância cognitiva, poderá levá-los a menosprezar os motivos do potencial comprador e a prometer, em alternativa, uma melhoria do desempenho aos accionistas. Este esforço para aliviar a dissonância cognitiva pode, por sua vez, ser exacerbado pelo excesso de confiança do gestor: é de prever que a actuação em sua defesa seja suportada por uma visão descabida acerca das suas capacidades e pelo optimismo exagerado acerca do desempenho da empresa no futuro.[34]

11.6. IMPLICAÇÕES PARA A GOVERNAÇÃO EMPRESARIAL

As decisões dos gestores quanto a F&A têm, como já vimos, um grande impacto potencial sobre a riqueza e bem-estar dos agentes económicos. Decisões erradas traduzem-se em destruição de rendimento e em perda de postos de trabalho e de potencial de crescimento económico. Enquanto que as finanças tradicionais pouco têm a dizer sobre a melhoria das condições de decisão dos gestores, as finanças comportamentais, por se debruçarem sobre as condições efectivamente observadas nas organizações, preocupam-se em identificar os factores de risco e as políticas de governação a adoptar para melhorar o ambiente de decisão e, assim, minorar os erros cometidos pelos gestores.

Sendo assim, e em face dos diversos factores de natureza comportamental a que nos referimos, o que deve ser aconselhado às empresas para minorar os efeitos negativos dos enviesamentos decisionais dos gestores?

Algumas lições podem ser retiradas nesse sentido:

A) ATENUAR O EXCESSO DE CONFIANÇA DO GESTOR

Como já vimos, o excesso de confiança do gestor tem, em geral, efeitos nefastos sobre a riqueza dos accionistas através do pagamento de prémios de aquisição exagerados.

Aqui, é necessário começar por comparar os problemas do excesso de confiança dos gestores e os problemas de agência. Quando há problemas de agência, os interesses dos gestores não estão alinhados com os dos accionistas, pelo que aqueles poderão tomar decisões que, ao mesmo tempo que os beneficiam, fazem descer o preço das acções. Quer nos problemas de agência quer quando se está perante um gestor com excesso de confiança, é de esperar que se assista a uma propensão demasiado elevada para levar a cabo aquisições que prejudicam os accionistas, em particular quando os recursos financeiros ao dispor do gestor são abundantes. No entanto, a diferença entre os dois problemas é significativa. Ao contrário do que se verifica quando há problemas de agência, no caso do excesso de confiança os gestores acreditam que estão a actuar no interesse dos accionistas e até investem pessoalmente na empresa. O que acontece é que, devido a uma avaliação errada das suas capacidades e/ou do ambiente de decisão, acabam por tomar más decisões. Dada a diferente natureza do problema num e noutro caso, não é provável que as habituais recomendações para minorar os problemas de agência – incentivos estabelecidos por via contratual ou a atribuição de opções de compra sobre as acções, por exemplo – tenham efeitos benéficos quando se está perante o excesso de confiança dos gestores.[35] A resposta não está nos incentivos contratuais porque estes não garantem que o gestor tome as melhores decisões se sofrer de excesso de confiança.

O que fazer então? Uma vez que é de esperar que o gestor seja mais a afectado pelo excesso de confiança do que outros agentes menos implicados no processo de F&A, é possível propor algumas de medidas de governação para minorar os efeitos negativos desse enviesamento decisional. Essas medidas serão tanto mais necessárias quanto mais próximo estiver o gestor e a organização do perfil gerador de casos de excesso de confiança mais graves. Referimo-nos a gestores mais jovens, que operam em empresas de dimensão elevada e que estiveram envolvidas no passado recente em operações de F&A.

Deve-se procurar implementar os mecanismos de governação empresarial necessários para monitorizar as decisões do gestor e limitar o seu poder. Neste contexto, uma das principais medidas a adoptar é a de garantir um nível adequado de vigilância exercida pela administração sobre o gestor, em particular no que respeita aos seus poderes de avaliação de investimentos empresariais e de restrição/condicionamento dos prémios de aquisição a pagar.

A prática mostra que as administrações que melhor resistem à tentativa dos gestores para levar a cabo aquisições danosas para os accionistas são constituídas por uma percentagem elevada de directores externos (independentes) e têm por presidente uma personalidade que não o próprio gestor. Ao contrário, personalidades mais próximas do gestor tendem a ser mais subservientes e, caso ocorram aquisições, é menos provável que se lhes oponham na definição de um prémio demasiado elevado.[36]

Em segundo lugar, é aconselhável que a administração seja composta por indivíduos que, em função das suas características demográficas e de género sejam menos atreitas ao excesso de confiança. Estamos a referir-nos, concretamente, ao papel das mulheres e dos indivíduos menos jovens.[37]

Em terceiro lugar, pode ser aconselhável reforçar o papel dos investidores institucionais na aprovação das operações de aquisição. Tem sido assinalado que os investidores institucionais têm desempenhado um papel importante nalguns casos, contrariando as intenções de expansão dos gestores quando estas se mostram pouco fundamentadas. Além disso, dadas os seus incentivos e a sua especialização, deverão ser, pelo menos em teoria, menos afectados pelos enviesamentos decisionais.[38]

Por último, merece ser referido o papel das condições de financiamento. De facto, é de esperar que a actuação de um gestor excessivamente confiante seja limitada pelas condições de financiamento. Por conseguinte, a presença de um gestor com essas características aconselha a que se aumente o papel "disciplinador" desempenhado pela estrutura de capital da empresa diminuindo as reservas de liquidez da empresa e aumentando a alavancagem.[39]

B) ATENUAR A "EXCITAÇÃO COMPETITIVA"

Combater os efeitos nefastos da "excitação competitiva" é uma tarefa difícil, mas possível. É difícil, em primeiro lugar, porque os indivíduos tipicamente subestimam o impacto dos factores emocionais no seu comportamento e, em consequência, tendem a não se proteger dos seus efeitos. Em segundo lugar, é difícil porque, como vimos, os factores emocionais que afectam as decisões podem não ser perceptíveis até ao momento em que a competição tem o seu início. Como a percepção quanto à rivalidade e à pressão do factor tempo pode estar ausente quando começa a competição, o perigo de se ser influenciado por esses factores é maior. Nestas condições, os decisores têm em mãos a espinhosa tarefa de prever a emergência de efeitos emocionais e ao mesmo tempo prever as respostas a dar caso surjam esses factores.

Ainda assim, e apesar das dificuldades, é possível enunciar algumas medidas profilácticas. As medidas deverão passar por uma maior vigilância sobre os indivíduos que estão sujeitos à pressão da competição. Sendo a rivalidade apercebida e a pressão para tomar decisões num curto espaço de tempo dois factores de risco associados à "excitação competitiva", será aconselhável procurar antecipar e mitigar esses riscos. Por exemplo, os gestores deverão procurar obter mais tempo para poder decidir no caso de negociações envolvendo F&A, em particular quando se está perante um ou mais rivais. Da mesma forma, os efeitos negativos da rivalidade poderão ter atenuados limitando a autoridade da decisão ou mesmo afastando aqueles gestores que sentem a rivalidade de uma forma mais intensa.[40]

C) ATENUAR O COMPROMETIMENTO DO GESTOR

Em ordem a mitigar o comprometimento do gestor com aquisições que podem destruir valor, é desejável actuar sobre os factores que fazem aumentar esse sentimento de comprometimento. Assim, será possível evitar o comprometimento excessivo do gestor, pelo menos, de duas formas. Por um lado, atribuindo as actividades de licitação da empresa e as actividades de *due dilligence* a diferentes profissionais da empresa. É mais provável que os indivíduos envolvidos na licitação ignorem ou racionalizem a informação negativa surgida na fase de *due dilligence* pelo que não deveriam ser responsáveis por estas actividades. Por outro lado, os estudos sugerem que há vantagens em evitar a divulgação de notícias relativas à concretização iminente de operações de F&A. A manutenção do carácter reservado das aquisições pode contribuir para limitar o comprometimento dos gestores com aquisições desfavoráveis.[41]

12. Gestores não enviesados em mercados ineficientes

Existem duas abordagens para estudar o efeito dos enviesamentos decisionais nas escolhas financeiras realizadas no seio das empresas. A primeira abordagem foi a adoptada até agora: assume-se que os investidores nos mercados financeiros tomam as suas decisões de forma não enviesada e que são os gestores que sofrem de excesso de confiança, excesso de optimismo, etc. Neste contexto, os gestores podem tomar decisões que são desajustadas face às circunstâncias e, em consequência, levar a cabo uma afectação errada dos recursos sociais.

Mas existe uma outra perspectiva. Podemos admitir que são os investidores dos mercados financeiros que tomam decisões enviesadas e que são os gestores de empresas, por se aperceberem disso, que tentam aproveitar-se da situação. São numerosas e substanciais as evidências de que os mercados financeiros em geral e, em particular, o mercado de acções, por motivo dos enviesamentos decisionais *dos investidores*, se podem afastar de forma significativa e persistente da situação de eficiência. A existência de bolhas especulativas, de volatilidade excessiva dos preços, de anomalias seccionais e temporais e de violações graves da lei do preço único colocam em causa a crença na eficiência dos mercados.[1] Ora, nesta outra visão do problema, as decisões enviesadas são as dos investidores e os gestores actuam tomando decisões financeiras em reacção a essas ineficiências do mercado de acções.

É esta segunda abordagem – a da interacção entre gestores não enviesados e mercados com preços ineficientes produzidos por investidores enviesados – que será objecto de análise neste capítulo.

12.1. DECISÕES DE INVESTIMENTO

Os enviesamentos decisionais dos investidores nos mercados financeiros podem afectar os preços e afastá-los da situação de eficiência. Por sua vez, este afastamento dos preços em relação ao valor fundamental pode ser aproveitado pelos gestores para fazer aumentar o valor das acções da empresa. Temos em presença investidores enviesados e gestores não enviesados.

Surge então a questão de se saber de que forma as ineficiências dos mercados podem ter impacto nas decisões dos gestores e, mais especificamente, nas escolhas de investimento realizadas. Em relação a este ponto, pode ser dito que, se existir a percepção por parte dos gestores de que o afastamento dos preços de mercado em relação ao respectivo valor fundamental depende do nível de investimento empresarial, então é de esperar que os profissionais estabeleçam esses investimentos tentando aumentar os preços das acções da própria empresa e, assim, beneficiar os seus accionistas. Neste caso, as empresas com liquidez excedentária ou com capacidade de contrair endividamento terão incentivos para investir ainda que os projectos não acrescentem valor à empresa e, da mesma forma, os gestores poderão encontrar vantagens em não aproveitar boas oportunidades de investimento. Os gestores investem em excesso nos períodos em que o mercado sobrevaloriza esses investimentos – na forma de preços excessivamente elevados das empresas que investem – e investe menos do que deveriam quando o mercado subavalia os investimentos – na forma de preços mais baixos das empresas que investem mais.

Este efeito pode acabar por destruir valor na empresa. As ineficiências de mercado podem ainda afectar os investimentos empresariais por via dos custos de financiamento. Se os accionistas avaliassem correctamente os investimentos, o custo do capital necessário para levar a cabo o investimento marginal faria com esse investimento não acrescentasse (nem retirasse) valor à empresa. Esse custo e a rendibilidade marginal prevista do investimento seriam equivalentes. Mas, com acções sobreavaliadas, o gestor tem à sua disposição uma fonte de capital com um custo menor. Em consequência, existem incentivos para investir para além do que se deveria, aceitando mesmo projectos que fazem diminuir o valor da empresa.

Neste contexto podem ser identificadas algumas condições que exacerbam a distorção nos investimentos. Por exemplo, é de esperar que os gestores sejam mais propensos a explorar o sentimento de mercado quando é maior o peso dos investidores mais atentos ao curto prazo no universo dos accionistas da empresa. Neste caso, esses investidores provocarão maiores efeitos nos preços em reacção às decisões dos investidores subvalorizando o impacto no longo prazo dessas decisões no valor da empresa. Também é de esperar que o comportamento oportunista do gestor seja mais intenso quando a empresa opera com activos mais difíceis de avaliar pelo mercado. Nestas circunstâncias, é também mais difícil para os investidores estimar o impacto no longo prazo das decisões tomadas pelo gestor.[2]

Do que se disse resulta que têm que estar preenchidas várias condições para que a evolução dos preços nos mercados de acções tenha impacto nas decisões de investimento do gestor. Em primeiro lugar, tem que existir uma ineficiência de mercado; depois, essa ineficiência de mercado tem que estar relacionada com o nível de investimento empresarial; por último, essa ineficiência de mercado tem que ser apercebida (e aproveitada) pelo gestor.

Mas estas condições, na prática, verificam-se? Os estudos empíricos permitem concluir pela afirmativa. Os casos mais evidentes ocorrem quando as ineficiências dos mercados de acções são mais graves como no caso das bolhas especulativas. Os episódios de bolhas especulativas ocorridos nos mercados de acções do Japão no período 1987-1989 e nos EUA aquando da bolha tecnológica nos anos 90 do século passado provocaram efectivamente um aumento do investimento.[3]

Mas não são apenas as bolhas especulativas que podem afectar o investimento empresarial. Os estudos empíricos existentes indicam que esses efeitos se podem verificar noutras alturas. De facto, conclui-se que o investimento decidido pelos gestores nas empresas depende do comportamento dos preços de mercado e, em particular, das ineficiências observadas nos mercados de acções.[4]

Estas conclusões são importantes em dois planos. Num primeiro nível, os resultados sugerem que existe previsibilidade nos mercados de acções. Se os gestores investem mais quando os preços das acções estão sobreavaliados então os períodos subsequentes àqueles em que as empresas mais investem deverão ser caracterizados por menores rendibilidades. Mas os resultados são também relevantes a um segundo nível, ainda mais importante: indicam que os mercados de capitais podem influenciar as escolhas reais tomadas pelos gestores nas empresas. De facto, os mercados de capitais, quando ineficientes, podem distorcer as escolhas de investimento empresarial e, em consequência, prejudicar a afectação de recursos e, em último caso, os níveis de rendimento, bem-estar e emprego da economia. A magnitude dessa distorção e os seus efeitos reais constituem questões ainda em aberto.

12.2. DECISÕES DE FINANCIAMENTO

A relação entre a evolução dos preços nos mercados de capitais, em particular no mercado de acções, e as escolhas de financiamento dos gestores não é directa. Várias razões podem ser apontadas para sustentar esta afirmação mas talvez a mais óbvia seja a de que a maioria das empresas recorre ao financiamento interno (resultados retidos) e não aos mercados financeiros para se financiar.[5]

Apesar disso, os mercados financeiros e, em particular, o mercado de acções, pode exercer uma influência importante na estrutura de capitais das empresas.

Se os mercados financeiros fossem eficientes, o custo do capital obtido pelas empresas seria sempre o correcto. A situação do mercado não deveria influenciar a estrutura de capitais da empresa. As empresas não deveriam ter uma motivação especial para emitir acções só porque o mercado apresenta preços historicamente elevados. Verificando-se a eficiência dos mercados, a sobreavaliação dos preços seria apenas aparente. Por isso, a situação dos mercados não deveria ter qualquer impacto nas escolhas de financiamento dos gestores.

Mas se se admitir que a opinião dos gestores acerca do valor das suas acções diverge sistematicamente da avaliação que delas faz o mercado, essa diferença de opiniões pode reflectir-se na estrutura de capitais. Existem estudos empíricos que mostram que os mercados são influenciados pelo sentimento dos investidores pelo que é possível identificar as fases em que os preços se encontram subavaliados ou sobreavaliados.[6]

Segundo a teoria do *market timing*, a estrutura de capitais das empresas é ditada pelo comportamento oportunístico dos gestores na emissão de títulos nos mercados financeiros. De acordo com essa teoria, os gestores emitem acções nos períodos em que o excesso de optimismo dos investidores provoca a sobreavaliação dos preços e evitam emitir títulos em períodos de sentimento negativo. Com este comportamento, os gestores tentam aproveitar-se dos erros de preço cometidos pelos investidores pelo que o sentimento dos investidores acaba por afectar as suas decisões de financiamento. Vender acções a um preço que resulta da sobreavaliação dos investidores traduz-se numa maior receita com a venda de um menor número de acções e também num menor custo médio ponderado de capital para a empresa. Nas épocas em que os preços se apresentam subavaliados aos olhos dos gestores, a empresa não emitirá acções pelo que os seus investimentos deverão ser preferencialmente financiados por recursos internos ou por dívida. Além disso, de acordo com a teoria do *market timing*, os gestores terão interesse em comprar acções próprias nessas alturas por acreditarem que esses títulos se apresentam subavaliados. A estrutura de capitais das empresas resultará então da actuação cumulativa dos gestores, ao longo do tempo, na tentativa de aproveitar os erros de preço cometidos pelos accionistas.[7]

A defesa da importância da teoria do *market timing* em relação às restantes teorias explicativas da estrutura de capitais (ver ponto 9.1) assenta essencialmente em quatro evidências empíricas:

A) MOMENTO DA EMISSÃO DE ACÇÕES

A escolha do momento para a emissão de acções constitui uma indicação de que os gestores tentam levar a cabo o *market timing*. De facto, verifica-se que os gestores tendem a escolher os períodos que se seguem a alturas de subida de preço nas acções para emitir esses títulos e não dívida. De facto, é mais provável que as empresas emitam acções quando os preços de mercado apresentem valores historicamente elevados face aos valores contabilísticos dos títulos ou face aos preços verificados num passado recente. Tal é consistente com a tentativa dos gestores em escolher as melhores alturas para se financiarem nos mercados ao melhor preço.[8]

B) RESULTADOS DOS INQUÉRITOS AOS GESTORES

Nos inquéritos realizados aos gestores fica claro que existe uma divergência de opiniões importante entre estes agentes e os investidores e também que as condições de mercado são um factor valorizado na escolha do melhor momento para financiar a empresa junto dos mercados financeiros.

No que diz respeito ao primeiro ponto, os resultados mostram que a maioria dos gestores (61,73%) acredita que o preço de mercado das acções reflecte o seu verdadeiro valor (ou seja, que o mercado é eficiente) em menos de metade das sessões do ano. Apenas em 8,64% das empresas, a resposta é a de que o preço e o valor coincidem numa percentagem superior de sessões superior a 80% num dado ano.

Quanto aos factores que mais são valorizados para escolher o melhor momento para a emissão de títulos, 66,94% dos gestores considera importante a sobreavaliação/subavaliação das acções no mercado e 62,60% consideram que os períodos subsequentes a subidas de preços são "janelas de oportunidade" a aproveitar para financiar a empresa. As preocupações relativas ao preço das acções no momento da emissão de títulos apenas são ultrapassadas pelos efeitos relativos à diluição dos resultados pelo maior número de acções existentes (68,55% dos gestores). Os executivos parecem não se importar com factores como custos de transacção ou com as teorias tradicionais de definição da estrutura de capitais.

A tentativa de realizar o chamado *market timing* é também revelada na decisão de endividamento e na escolha dos prazos da dívida.

Um dos dois factores mais importantes que os gestores dizem afectar a política de endividamento é a percepção de que «as taxas de juro estão particularmente baixas» (46,35% dos respondentes).

Além disso, uma parte importante dos gestores diz preferir o endividamento de curto prazo «quando as taxas de juro são baixas relativamente às taxas de juro de longo prazo» (35,94%) ou quando estão «à espera que as taxas de juro de longo prazo diminuam» (28,70%). Estes são o terceiro e quarto factores mais referidos pelos respondentes para justificar a escolha entre dívida de curto de dívida de longo prazo.

A percepção de que os mercados cometem erros está também presente na decisão de compra de acções próprias. Cerca de 86% dos gestores concorda ou concorda fortemente com a afirmação de que a motivação para a compra de acções próprias é a de que esses títulos apresentam um preço baixo face ao seu valor.

Estas respostas revelam, pois, em termos gerais, a preocupação dos gestores na selecção do melhor momento de mercado para aumentar o seu capital, ou seja, a tentativa de realizar o *market timing*.[9]

C) O IMPACTO DO *MARKET TIMING* NA ESTRUTURA DE CAPITAIS DAS EMPRESAS

A teoria do *market timing* só pode constituir-se como alternativa às teorias tradicionais de financiamento se a estrutura de capitais das empresas reflectir essa prática. Baker e Wurgler (2002) tentam capturar os efeitos de *market timing* analisando o impacto dos valores históricos do rácio entre o valor de mercado das acções e o respectivo valor contabilístico. Verifica-

-se, empiricamente, que as empresas com estruturas de capitais em que a componente de capitais próprios (acções) é mais importante tendem a ser aquelas que emitiram acções quando o valor do rácio referido é superior. Já as empresas mais alavancadas tendem a ser aquelas que obtiveram fundos (dívida) quando o rácio entre o valor de mercado e o valor contabilístico das acções assumia valores mais reduzidos.

O efeito exercido pela evolução dos mercados financeiros é persistente (pelo menos uma década) pelo que a estrutura de capitais observada a longo prazo tende a reflectir principalmente as decisões do passado no sentido de efectuar o *market timing*. Os gestores não parecem compensar as decisões de financiamento tomadas por motivos do *market timing* o que coloca em dúvida os modelos de *trade-off* e a existência de uma estrutura de capitais óptima. Flutuações temporárias do mercado acabam por exercer uma influência persistente na estrutura de capitais.

A constatação de que as empresas, mesmo no longo prazo, não manifestam a preocupação de regressar a uma suposta estrutura de capitais óptima tem sido contestada por vários autores. O argumento principal é o de que as empresas, de facto, manifestam preferência por uma dada estrutura de capitais e, por isso, efectuam reajustamentos no sentido de atingir um nível óptimo de endividamento ou, pelo menos, um valor num intervalo de variação desejado. No entanto, argumenta-se ainda, esse reajustamento é lento e descontínuo ao longo do tempo porque as empresas se confrontam com custos significativos na alteração da estrutura de capitais (de natureza fiscal, por exemplo). Segundo estas teorias, as empresas procurariam, ao longo do tempo, um rebalanceamento dinâmico na sua estrutura de capitais.[10]

A maioria dos estudos que conclui pela verificação das teorias de *trade--off* utiliza a variação nos rácios de endividamento para captar a existência de uma estrutura de capital óptima. Ora, mais recentemente, vários estudos têm colocado em dúvida o significado desses testes empíricos. A objecção baseia-se na demonstração de que existe uma *reversão mecânica* nos rácios de alavancagem que é independente dos objectivos da empresa na prossecução de uma determinada estrutura de capital. Um exemplo: imagine-se uma empresa que vale 100 euros, representados por 80 euros de capital próprio e por 20 euros de dívida. Se a empresa emitir 3 euros de novo capital próprio (acções) e 1 euro de nova dívida, a sua política de financiamento revela uma preferência clara por capitais próprios; no entanto, o rácio de alavancagem da empresa, medida pela razão entre a dívida e o valor total da empresa, aumentará de 20% para 20,02%. De forma similar, imagine-se uma empresa com um capital composto por 80 euros de dívida e por 20 euros de capital próprio. Se a empresa emitir 3 euros de dívida e 1 euro de capital próprio (acções), apesar da sua preferência clara por endividamento, o rácio de alavancagem diminuirá de 80% para 79,8%. Estes exemplos servem para mostrar que o rácio de alavancagem da empresa tende a reverter para a média de forma *mecânica* independentemente das preferências de financiamento da empresa. Duas conclusões principais podem ser retiradas dos estudos que chamam a atenção para a reversão mecânica dos rácios de alavancagem. A primeira é o de que os estudos que encontram evidência de *trade-off* podem ter menos significado do que o que se poderia pensar inicialmente. Conforme referem Chang e Dasgupta (2009, p. 1794): «Mostramos que os testes que se baseiam em rácio de endividamento para mostrar se existe um comportamento de aproximação da estrutura de endividamento a um alvo são, em grande medida, inconclusivos. Os testes de reversão para a média do rácio de endividamento não conseguem distinguir entre um comportamento deliberado com vista a atingir um alvo e a reversão mecânica para a média». Isso significa que muita da evidência existente que pretende apoiar a noção de que existe um rácio de endividamento alvo é ilusória. A mesma evidência pode ser facilmente replicada através de processos de geração de dados que não pressupõem a existência de um alvo. A segunda conclusão é a de que é aconselhável uma atitude céptica quanto à interpretação que se pode fazer dos motivos do gestor a partir da análise de rácios de endividamento. Artigos como o de Chang e Dasgupta (2009) sugerem que não existe muito a aprender acerca dos motivos do gestor na escolha das diferentes formas de financiamento a partir do comportamento evidenciado pelos rácios de endividamento das empresas. Por isso, acrescentamos, é importante complementar estes estudos com outros instrumentos de análise como os resultados de inquéritos aos gestores, por exemplo.[11]

D) RENDIBILIDADES POSTERIORES AOS PERÍODOS DE EMISSÃO DE ACÇÕES

Se os gestores são, de facto, capazes de identificar os períodos em que os mercados de acções se apresentam mais sobreavaliados e aproveitam para emitir acções nessas alturas, então esperamos que, com o passar do tempo, os investidores se dêem conta dessa sobreavaliação e corrijam as cotações. Desta forma, é de prever que os períodos marcados por maiores e mais frequentes emissões de acções sejam seguidos por tempos de correcções nas cotações, ou seja, rendibilidades negativas ou, pelo menos, mais baixas naqueles títulos. Da mesma forma, períodos marcados por significativas compras de acções próprias devem anteceder momentos de maiores rendibilidades nesses títulos. Estes têm sido os resultados encontrados num vasto conjunto de estudos empíricos desenvolvidos em contextos muito diversos (mercados internacionais de acções, dívida, opções).[12]

Alguns autores questionam estes resultados. Defende-se que o que existe é apenas um pseudo-*market timing* na medida em que os gestores são levados a emitir acções precisamente nos momentos em que estas apresentam valores mais elevados não por motivos de sobreavaliação mas sim porque o preço das acções tende a ser mais elevado quando existem mais oportunidades de investimento para as empresas. Note-se ainda que o facto da procura de financiamento nos mercados financeiros poder ser motivada por factores fundamentais (a realização de investimentos) não significa necessariamente que os factores comportamentais estejam excluídos. Como já vimos no capítulo 8, os enviesamentos que caracterizam os gestores podem afectar a sua percepção acerca da qualidade e oportunidade de adopção de investimentos na empresa.[13]

É necessário, no entanto, ter em atenção um ponto importante. A validade da teoria do *market timing* como explicação da estrutura de capitais da empresa não exige que os gestores efectuem o *market timing* de forma correcta. Dito de outra forma, não se exige que os gestores identifiquem correctamente os períodos de maior sobreavaliação/subavaliação dos mercados ou sequer que os mercados sejam ineficientes. Para que a teoria consiga explicar a estrutura de capitais basta apenas que os gestores *acreditem* poder levar a cabo o *market timing* ainda que, *a posteriori*, se venha a verificar que não foi isso que se passou. O pressuposto crítico é o de que os gestores acreditam poder realizar o *market timing* e que tal se reflecte na estrutura de capitais da empresa. Embora seja difícil aferir das verdadeiras motivações dos gestores quando actuam nos mercados de capitais, os dados provenientes das suas transacções particulares com acções da própria empresa (*insider trading*), por exemplo, sugerem que é a convicção de que os mercados são ineficientes que está na base das decisões de financiamento tomadas. Este facto reforça a teoria do *market timing* face às teorias alternativas como as teorias do *trade--off* e do *pecking-order*.[14]

12.3. DIVIDENDOS

Os gestores definem também a política de dividendos da empresa procurando agradar aos investidores e, ao mesmo tempo, maximizar o preço das acções. De facto, os resultados dos estudos empíricos sugerem que os gestores reagem à procura de dividendos por parte dos accionistas. As preferências dos investidores por dividendos variam ao longo do tempo e os gestores adequam os dividendos a distribuir em função dessa evolução.[15] Isso leva a que, de tempos a tempos, as acções que pagam dividendo sejam transaccionadas no mercado com um prémio face às acções que não pagam dividendo. Essas ocasiões são aproveitadas pelos gestores para iniciar ou aumentar o pagamento de dividendos numa tentativa de beneficiar com prémio dos dividendos. Já a omissão ou a diminuição no valor dos dividendos a pagar tende a ocorrer quando os tempos mudam e os investidores valorizam mais as empresas que não distribuem dividendos. Explicações alternativas para a actuação dos gestores como as que resultam de problemas de agência ou de assimetrias de informação são normalmente rejeitadas. Uma *proxy* possível para a procura dos investidores por dividendos é, por exemplo, a diferença no valor médio dos rácios valor de mercado//valor contabilístico das acções entre as empresas que pagam dividendos e as empresas que não pagam dividendos. Os resultados indicam que os dividendos são muito relevantes para a formação do preço das acções, mas esse efeito produz-se em diferentes sentidos em diversos momentos do tempo. O comportamento oportunista dos gestores leva-os a tentar aproveitar o prémio do dividendo e, em consequência, a aumentar os preços no mercado de acções. Tal como esperado, confirma-se ainda que os mercados de capitais premeiam os gestores por terem em consideração a procura dos investidores por dividendos quando tomam decisões a este respeito: as rendibilidades registadas no mercado aquando do anúncio de aumentos nos dividendos estão positivamente associadas com o prémio dos dividendos. Por outro lado, os gestores que não têm em conta a preferência dos investidores por dividendos são penalizados com um mais baixo preço das acções.

Além disso, pelo menos duas questões interessantes resultam desta perspectiva quanto à actuação dos investidores e dos gestores. A primeira tem a ver com as causas da evolução da preferência dos investidores por dividendos. Os resultados disponíveis parecem indicar que essas variações resultam de factores não fundamentais como o sentimento de mercado. Quando o prémio de mercado das empresas que pagam dividendos é elevado, os investidores procuram empresas que apresentam características sugestivas de um investimento seguro; quando esse prémio é reduzido, os investidores preferem empresas com características associadas a um maior potencial de valorização do preço, ou seja, sem distribuição de dividendos. A segunda questão relaciona-se com a previsibilidade do mercado de acções indicativa de que o mercado não é eficiente. Por exemplo, se os gestores conseguem aperceber-se dos momentos em que as acções que pagam dividendos estão sobreavaliadas face às que não distribuem dividendos, então tal informação deve poder ser utilizada com proveito para transaccionar no mercado. No caso, a estratégia a tomar implicaria a compra das acções de empresas que não distribuem dividendos e, simultaneamente, a assunção de uma posição vendedora no outro grupo de acções. Ora, os resultados dos estudos empíricos permitem concluir que essa previsibilidade existe na forma de diferenças de rendibilidade significativas entre os dois grupos de acções.

As variações observadas no prémio que os investidores atribuem às empresas que distribuem dividendos explicam também, entre outros factores, a evolução da propensão para pagar dividendos (percentagem das empresas que pagam dividendos no total das empresas cotadas) nos EUA entre os anos de 1963 e 2000. Quando o sentimento é positivo para as acções que pagam dividendos, existe a tendência para surgirem mais empresas a pagar dividendos. Quando o sentimento favorece as acções que não pagam dividendos, a percentagem de empresas que os distribuem tende a diminuir.[16]

12.4. FUSÕES E AQUISIÇÕES

As fusões e aquisições podem, ainda numa perspectiva comportamental, ser entendidas num outro contexto em que se admite, por um lado, que os mercados de acções não são eficientes, ou seja, o preço pode-se afastar significativamente do valor fundamental, e que, por outro lado, os gestores se apercebem da natureza da ineficiência. Nestas condições, os gestores têm incentivos para aproveitar as oportunidades proporcionadas pelas ineficiências do mercado levando a cabo operações de F&A quando as acções das suas empresas estão sobreavaliadas e/ou as acções das empresas alvo se encontram subavaliadas. Quando as acções da empresa adquirente estão valorizadas em relação às da empresa alvo, o gestor tem vantagem em utilizar as acções na aquisição como "moeda de troca". As operações de F&A apresentam-se, assim, como uma forma de arbitragem levada a cabo por gestores racionais actuando em mercados ineficientes. A evidência empírica oferece algum suporte a esta perspectiva: observa-se que as operações de F&A ocorrem em vagas, ou seja, um número elevado significativo de operações tende a concentrar-se num reduzido período de tempo; e esses períodos de tempo coincidem, nos casos históricos em que as acções das empresas adquirentes são utilizados como meio de pagamento, com épocas em que os mercados estavam em valores historicamente elevados. A indicação de que ocorrem mais operações financeiras em mercados de acções sobrevalorizados é ainda confirmada pelo facto de que, na sequência de um período marcado por uma maior concentração de F&A, o mercado tende a apresentar rendibilidades mais baixas.[17]

Deve ser notado que a existência de um mercado de acções ineficiente levanta problemas à interpretação do significado do valor do prémio de aquisição. Se os accionistas suspeitarem que as suas acções estão sobreavaliadas, podem ver confirmadas as suas suspeitas no momento em que o gestor da empresa anuncia a intenção de levar a cabo uma aquisição empresarial. O anúncio da intenção de aquisição assinala a sobreavaliação das acções da empresa. Nesse caso, a descida no preço das acções da empresa adquirente pode ser entendida, precisamente, como o resultado da reacção dos accionistas à confirmação de que as suas acções se encontram sobreavaliadas. A venda das acções da empresa adquirente e consequente descida nos preços no momento do anúncio da aquisição pode resultar então da sobreavaliação das acções e não da reacção negativa dos accionistas à notícia de que a empresa se predispõe a oferecer um preço excessivo na aquisição. De forma análoga, a subida no preço das acções da empresa alvo poderia, pelo menos em parte, ser explicada pelo próprio anúncio da operação financeira, entendida como um sinal de que as acções se encontravam subavaliadas pelo mercado. As diferenças significativas nas rendibilidades observadas nas acções da empresa adquirente em reacção ao anúncio de F&A consoante o meio de pagamento utilizado (ver destaque D) sustentam a ideia agora apresentada.

Mas há outros efeitos a ponderar: com um mercado ineficiente, não só o gestor pode aproveitar a sobreavaliação das suas acções para adquirir outras empresas como pode tentar influenciar o mercado para evitar que a sua empresa seja adquirida. De facto, com mercados ineficientes e em que a possibilidade de uma aquisição ameaça a manutenção dos gestores nas empresas, é de esperar que estes agentes tentem explorar os enviesamentos dos investidores. Por exemplo, de acordo com o argumento da gestão míope, o receio de que a empresa tenha as suas acções cotadas no mercado a um preço inferior ao valor fundamental leva a que o gestor se concentre na obtenção de resultados no curto prazo susceptíveis de fazer aumentar o preço das acções, ainda que tal prejudique os objectivos de longo prazo da empresa. Se os investidores forem afectados significativamente por um efeito comportamental como o enviesamento de disponibilidade – ver ponto 2.4, alínea c) –, é de esperar que atribuam demasiada importância aos resultados trimestrais e que, por causa disso, a gestão míope da empresa redunde num aumento dos preços das acções. Esse aumento de preços, por sua vez, tornaria menos credível a ameaça de aquisição da empresa. Numa perspectiva mais benévola, a actuação dos gestores pode ser interpretada, em alternativa, como sendo altruísta e na defesa do interesse dos accionistas da empresa: o gestor, ao notar que as acções da empresa se encontram subavaliadas pelo mercado e que, por isso mesmo, os accionistas podem ser levados a vender esses títulos a um preço demasiado baixo em caso de aquisição por outra empresa, tenta inflacionar os resultados no curto prazo, ainda que sacrificando a rendibilidade da empresa no longo prazo, numa tentativa de fazer aumentar o preço das acções (e proteger os interesses do investidor).[18]

12.5. OUTRAS DECISÕES

O gestor pode ainda tomar outro tipo de decisões tentando aproveitar-se, oportunisticamente, das preferências momentâneas dos investidores por acções com características específicas. Referir-nos-emos, de seguida, às motivações subjacentes aos *stock splits* e às alterações de nome das empresas.

A) *STOCK SPLITS*

As principais razões para que as empresas decidam levar a cabo uma operação de *stock split* estão bem definidas no quadro das finanças tradicionais: por um lado, dada a assimetria de informação entre accionistas e gestores, estes podem aproveitar os *stock splits* para transmitir informações relevantes ao mercado; por outro lado, na medida em que alguns custos de transacção dependem do valor nominal das acções, os *stock splits* podem, ao contribuir para diminuir esses custos, fazer aumentar a liquidez nas transacções dos títulos.

Recentemente têm surgido estudos que defendem que a divisão das acções é motivada por factores diversos do racional económico subjacente às teorias apresentadas. As explicações alternativas são de base comportamental. Nesta perspectiva, argumenta-se que os *stock splits* são a forma encontrada pelas empresas (e também pelos fundos de investimento) para manter o valor nominal das acções (e das unidades de participação), *por razões de tradição*, próximo dos valores que historicamente têm vigorado. Nos EUA, por exemplo, o preço nominal médio das acções tem-se mantido, ao longo dos últimos 80 anos, em torno dos 35 dólares. Esse valor acaba, com o decorrer do tempo, por constituir-se como uma norma de mercado em relação à qual as empresas não encontram vantagens em divergir.[19]

Estes factores permitem compreender o que leva as empresas a decidir concretizar um *stock split*. Mas podem existir outras razões.

Os gestores evidenciam o comportamento de, a cada momento, querer aumentar a oferta de acções com as características que os investidores parecem estar dispostos a pagar, mesmo que essas características não sejam consideradas no cálculo do valor fundamental dos títulos. A denominada teoria do *catering* dos preços nominais das acções postula então que a oferta de acções a diferentes níveis de preços é, pelo menos em parte, uma resposta à procura dos investidores por acções nesses níveis de preços. Os gestores aumentam a oferta de acções de baixo preço nominal (levando a cabo um *stock split*) quando os investidores estão a pagar um prémio por acções com essas características. Empiricamente, verifica-se que os *stock splits* são mais frequentes (e são realizados a preços mais baixos) quando as valorizações das empresas com acções com baixo preço nominal estão em níveis historicamente elevados relativamente às acções com preço nominal mais elevado. A teoria do *catering* permite entender a escolha do momento para a realização das operações de divisão do valor nominal das acções.

É de notar que, para que se verifique este comportamento por parte dos gestores, é necessário apenas que estes *acreditem* que o preço nominal das acções é relevante para os investidores, embora os dados pareçam de facto confirmar a existência de um mercado de acções com preferências distintas relativamente a essa variável. Os investidores, enquanto grupo, parecem valorizar as diferentes categorias de preço das acções e os arbitragistas profissionais não são capazes de acomodar essas alterações na procura deixando espaço às empresas para o fazer. As empresas parecem conseguir ser bem sucedidas no aproveitamento do facto das acções com um baixo preço nominal estarem relativamente sobrevalorizadas. Empiricamente, observa-se que as empresas realizam um *market timing* bem sucedido também no caso dos *stock splits*, o que significa que manifestam a capacidade para escolher o momento adequado para levar a cabo a operação. Comprova-se que, quando as empresas efectuam *stock splits* mais frequentemente e com preços mais baixos, as rendibilidades subsequentes nas acções das empresas de mais reduzida dimensão e com preços nominais mais baixos tendem a ser mais reduzidas.[20]

B) ALTERAÇÃO DO NOME DAS EMPRESAS

Mas a reacção dos gestores à ineficiência dos mercados não se limita às decisões financeiras. Os investidores podem servir-se do próprio nome das empresas no processo de avaliação das mesmas, apesar da designação da empresa constituir uma indicação extremamente falível acerca do negócio em que opera.

O exemplo mais evidente da importância do nome das empresas pode ser encontrado na bolha especulativa ocorrida nas acções tecnológicas nos últimos anos do século passado. O simples facto das empresas terem uma designação que levasse os investidores a crer que operavam no sector tecnológico tinha consequências relevantes no preço. Os investidores valorizavam extraordinariamente as empresas que operassem no sector das novas tecnologias e avaliavam o cumprimento desse critério pelo nome. Por isso, nessa altura, várias empresas dos EUA aproveitaram para mudar de nome de forma a sinalizar que as suas actividades se relacionavam com a *Internet* (por exemplo, uma alteração do nome "ABC" para "ABC.com"), mesmo quando tal não era o caso. Os estudos empíricos permitem comprovar que a alteração de designação se traduziu na realização de rendibilidades anormais acumuladas para os accionistas na ordem dos 63 por cento nos 5 dias que rodeiam a data de alteração. O efeito, para além de ter uma magnitude extremamente significativa, é duradouro: o aumento nos preços permanece para além da data da mudança do nome. Além disso, o argumento de que tal actuação corresponde a um efeito de sinalização é refutado: comprova-se que a alteração dos preços não depende do nível de envolvimento das actividades da empresa com a *Internet*. E mesmo empresas cujos rendimentos não provinham de todo da *Internet* aproveitaram com a mudança de nome.[21]

F. Alterar o nome das empresas

Cooper *et al.* (2001) estudaram os motivos e consequências da mudança de nome realizada por algumas empresas nos EUA para nomes relacionados com a Internet. Estamos a falar do caso de alterações de nome, por exemplo, de "ABC" para "ABC. com". Os autores seleccionaram 95 mudanças de nome ocorridas nos anos de 1998 e de 1999 correspondentes a diferentes situações:

Categoria das empresas incluídas na amostra de empresas que mudaram de nome nos EUA em 1998 e 1999

Categoria das empresas	Descrição	Número de empresas em cada categoria
Categoria 1	Empresas com todos os seus negócios relacionados com a *Internet*	29
Categoria 2	Empresas que já operavam em sectores relacionados com a *Internet*	31
Categoria 3	Empresas que mudaram as suas operações de sectores não relacionados com a *Internet* para sectores relacionados com a *Internet*	25
Categoria 4	Empresas cujos negócios principais não se relacionam com a *Internet*	10
Total de mudanças de nome		95

O estudo de eventos foi realizado para diferentes "janelas temporais" de forma a verificar se os efeitos nos preços foram permanentes ou se se desvaneceram ao fim de algum tempo. As rendibilidades anormais foram calculadas em relação ao AMEX Inter@ctive Week Internet Index que reflecte o desempenho das empresas do sector da *Internet*. As rendibilidades anormais obtidas para as empresas em cada uma das categorias acima e para o período de cada uma das "janelas temporais" consideradas apresentam-se a seguir:

Rendibilidades anormais, em percentagem, verificadas nas empresas que mudaram para um nome relacionado com a *Internet* durante os anos de 1998 e 1999

	Categoria das empresas				Todas as empresas
	Categoria 1	Categoria 2	Categoria 3	Categoria 4	
[-15,-2]	27	44	31	101	42
[0,1]	31	19	18	38	25
[-2,2]	44	115	22	42	63
[2,15]	20	13	-2	22	12
[1,30]	26	-9	-5	53	10
[1,60]	37	-7	13	153	30
[1,120]	35	-18	44	214	42

Como se pode constatar, os efeitos da mudança de nome são extremamente significativos o que indica que os gestores aproveitaram, com sucesso, o facto dos accionistas valorizarem designações alusivas à *Internet*. Assim, a simples mudança de nome das empresas produziu aumentos muito importantes na riqueza dos seus accionistas. Os efeitos, na maioria dos casos, persistem ao longo do tempo. Por exemplo, 120 dias depois da mudança de nome, as acções das empresas registavam, em média, rendibilidades anormais de 42%. E as empresas cujos negócios se relacionavam com a *Internet* no momento em que mudaram de nome (categoria 1) apresentavam rendibilidades anormais de 26% nos 30 dias seguintes à mudança de nome e de 37% e 35% nos 60 dias seguintes e nos 120 dias seguintes, respectivamente. Mesmo empresas cujos negócios não se relacionavam de todo com a *Internet* viram a rendibilidade anormal das suas acções atingir, em média, os 124,8% nos 120 dias que se seguiram à operação. Os autores atribuem estes efeitos a erros de avaliação dos investidores que se traduzem em grosseiras ineficiências nos preços de mercado.

13. Enviesamentos nas decisões financeiras: benéficos ou maléficos?

Os enviesamentos decisionais são o resultado da evolução da espécie humana e persistiram ao longo de milhares de ano até chegarem aos nossos dias. Sendo assim, é de supor que tenham desempenhado um papel benéfico na nossa adaptação ao meio e, por essa via, tenham contribuído para a nossa sobrevivência. Esse papel positivo tem sido enfatizado por diversos estudos da área da Psicologia sobretudo no que respeita à vantagem motivacional dos agentes enviesados. Por exemplo, verifica-se que um excesso de confiança moderado é uma das características do ser humano *mentalmente saudável*. Os indivíduos com excesso de confiança moderado tendem a ser mais felizes e são mais capazes de ultrapassarem dificuldades, de ajudar os outros e de realizarem trabalho produtivo e criativo. Os efeitos positivos do optimismo traduzem-se também em escolhas financeiras mais sensatas: os indivíduos com essas características psicológicas tendem a ter maiores horizontes de planeamento, a poupar mais e a pagar as dívidas do cartão de crédito no prazo, por exemplo.[1]

Mas nem todos os autores concordam com esta visão positiva. Apesar de existir um relativo consenso quanto às vantagens motivacionais que os enviesamentos trazem para os indivíduos, subsiste um interessante debate acerca do seu papel na tomada de decisão. Há autores que defendem que os enviesamentos se mostraram adaptativos apenas num mundo bem diferente do actual e que, por isso, não constituem adaptações úteis aos problemas que se colocam hoje em dia. Considera-se assim que os enviesamentos podem conduzir a decisões que prejudicam os indivíduos por dificultarem a aprendizagem e por conduzirem à tomada excessiva de risco de forma inconsciente. As consequências para os indivíduos parecem ser fortemente dependentes, por um lado, da propensão individual para se ser afectado pelos enviesamentos e, por outro lado, das características do ambiente em que as decisões têm lugar. À partida, é difícil de prever o sinal resultante do impacto conjugado dos dois factores até porque a evidência sugere que existem efeitos de interacção entre eles.[2]

Apesar dessa questão estar ainda em aberto, o nosso interesse, no contexto dos assuntos abordados neste livro, prende-se sobretudo com as consequências das decisões dos agentes enviesados no contexto organizacional. Por isso, é nesse contexto que devemos indagar se os seus efeitos são benéficos ou nefastos na tomada de decisões. A empresa é uma invenção recente na perspectiva da história da evolução humana e, por isso, não é claro que as capacidades de decisão que foram influenciadas pelas forças da evolução se traduzam em vantagens quando tal decisão tem lugar num ambiente caracterizado, por exemplo, por relações de agência e outros factores próprios das organizações contemporâneas.

O que se espera então que possa ocorrer no seio da empresa?

Em teoria, os enviesamentos decisionais podem ter efeitos positivos ou negativos no valor da empresa. O caso mais estudado prende-se com os efeitos do excesso de confiança. Parece ser evidente que um excesso de confiança extremo tem efeitos negativos não apenas para o próprio sujeito mas também para toda a organização uma vez que se traduz em erros de avaliação graves quanto à estimativa acerca das variáveis críticas em que se baseiam as decisões empresariais. As desvantagens podem fazer-se sentir noutros aspectos na vida das organizações. A título de exemplo, podem ser referidos os efeitos informacionais negativos resultantes da actuação do gestor excessivamente confiante. Como o gestor tende a confiar excessivamente na informação de que dispõe, há um subinvestimento em *nova informação* –agente julga, erradamente, saber o suficiente para poder decidir de forma correcta – e isso aumenta os erros cometidos e dificulta a sua avaliação no interior da empresa. Mas, apesar das suas desvantagens, um excesso de confiança moderado pode, em teoria, trazer também consequências positivas. Assim, tem sido proposto que os gestores com excesso de confiança se esforçam mais no trabalho e que podem ser mais capazes de atrair e reter trabalhadores com valores compatíveis com a cultura da organização. Além disso, podem ser melhores a incentivar os colaboradores e também a facilitar a difusão da *informação existente* na empresa ao contrariarem a natural tendência ao conformismo nas decisões em grupo. Por último, os custos decorrentes da relação de agência entre accionistas e gestores podem ser minorados caso estes últimos apresentem excessiva confiança.[3]

Como facilmente se conclui, a existência de consequências positivas e negativas dos enviesamentos traz uma implicação importante: a questão tem que ser resolvida empiricamente. Apenas os estudos empíricos poderão permitir perceber qual o sinal preponderante no impacto dos enviesamentos.

Mas e o que dizer acerca das *decisões financeiras* no seio da empresa? As decisões financeiras baseiam-se em expectativas quanto à evolução futura das condições da organização e é de supor, como vimos, que essas expectativas sejam formatadas pelas características psicológicas próprias de cada gestor. Além disso, as decisões de natureza financeira, na generalidade dos contextos competitivos contemporâneos, apresentam um grau de complexidade tal que é difícil conceber como é que os enviesamentos decisionais, formados pela evolução num contexto muito mais simples do que aquele que hoje experimentamos, possam ser úteis na perspectiva da criação de valor da empresa. Os conhecimentos actuais da Psicologia da Evolução sugerem que o contexto em que as forças da evolução actuaram para tornar o processo de decisão humano naquilo que ele é hoje era muito diferente. Tratava-se de um mundo muito mais simples em que instituições como as empresas, os mercados financeiros, o dinheiro, o crédito e os contratos escritos, apenas para citar alguns exemplos, ainda não existiam.

Também aqui, o impacto dos enviesamentos decisionais no valor da empresa por via das escolhas realizadas pelos gestores constitui uma questão cuja resposta tem que assentar essencialmente nos estudos empíricos existentes.

Vamos, por isso, debruçar-nos sobre cada uma das principais decisões financeiras do gestor na perspectiva da criação de valor para a empresa.

A) O INVESTIMENTO

Conforme já foi referido, o excesso de confiança pode levar a que o gestor cometa erros aceitando projectos de investimento que não se traduzem num aumento do valor da empresa. Mas o excesso de confiança pode também, em teoria, melhorar as decisões dos gestores no que diz respeito às suas escolhas de investimento. Por exemplo, o excesso de confiança pode fazer com que o gestor aumente voluntariamente a sua exposição ao risco específico da empresa. Note-se que o gestor tem o seu capital humano investido na empresa e os seus rendimentos (salários) e reputação dependem da sobrevivência da organização. Como é difícil para o gestor diversificar a sua exposição a esse risco, ao contrário dos accionistas que podem facilmente formar uma carteira composta por acções de diversas sociedades, as finanças tradicionais prevêem que o gestor seja excessivamente cauteloso quando se trata de adoptar projectos que, pelo seu elevado nível de risco, possam colocar em causa a sobrevivência da empresa e, em consequência, os seus rendimentos. A excessiva aversão ao risco por parte do gestor tenderá a ser maior nos casos em que o seu investimento em capital humano na empresa é superior (porque está na empresa há muito tempo, por exemplo) e nos casos em que as estruturas de governação empresarial são mais débeis e por isso incapazes de incentivar os gestores a adoptar os melhores projectos de investimento. Ora, é neste contexto que o excesso de confiança, ao contrariar a natural aversão ao risco do gestor, pode levar a que os seus interesses fiquem melhor alinhados com os dos accionistas. Este alinhamento de interesses e a indução de um maior espírito empreendedor na cultura empresarial poderá traduzir-se então num efeito benéfico para o valor da empresa.[4]

Os estudos empíricos mostram que os gestores com excesso de confiança investem mais e são mais capazes de levar a cabo projectos mais arriscados e inovadores. No entanto, os efeitos na criação de valor ainda são alvo de debate. O impacto do excesso de confiança parece depender do contexto empresarial. Em sectores muito dependentes da inovação e em que a rendibilidade para o accionista resulta, em maior grau, da capacidade para assumir projectos de investimento com elevado nível de risco, o efeito do excesso de confiança sobre o valor parece ser positivo. Já no caso das empresas em geral, o resultado parece depender do nível de excesso de confiança manifestado pelo gestor. Quando o excesso de confiança é moderado, o efeito geral parece ser benéfico na medida em que os efeitos positivos da atenuação do risco específico mais do que compensam os efeitos negativos associados à tendência para adoptar projectos excessivamente arriscados. No caso dos gestores com níveis mais elevados de excesso de confiança, o efeito final no valor tende a ser negativo: o impacto desfavorável no valor da empresa associado ao excesso de investimento parece mais do que compensar os efeitos positivos da minoração do risco específico. Tal é consistente com o facto de os gestores mais optimistas e mais tolerantes ao risco serem encontrados sobretudo em empresas inovadoras e com maior crescimento potencial.[5]

Em resumo, o excesso de confiança do gestor parece ser útil em sectores mais inovadores e na generalidade dos sectores quando se trata de um nível moderado de excesso de confiança. Já nos casos em que o excesso de confiança atinge níveis extremos, os efeitos parecem ser, em geral, negativos.[6]

B) O FINANCIAMENTO

Embora haja algumas indicações de que a preferência dos gestores com excesso de confiança pelo recurso ao financiamento interno (face à alternativa do financiamento externo) os leva a deixar de aproveitar todas as vantagens fiscais do endividamento, também nas decisões quanto à estrutura de capitais um excesso de confiança, desde que moderado, parece ter efeitos benéficos no valor da empresa. Se é verdade que o gestor enviesado tende a recorrer, numa primeira instância, ao financiamento interno, também se dá o caso de que, tendo de recorrer ao financiamento externo, se socorre sobretudo de endividamento (e não da emissão de acções). Essa preferência pela dívida, quando se trata de escolher entre as diversas fontes de financiamento externo, tem consequências positivas para o valor da empresa. Para além dos efeitos fiscais positivos, o serviço da dívida exige da empresa a geração regular de fluxos financeiros capazes de disciplinar o gestor. A dívida pode servir para reduzir os custos de agência decorrentes do conflito de interesses entre gestor e os accionistas ao dificultar o desvio de fundos no interior da empresa para propósitos que sirvam prioritariamente os interesses próprios daquele profissional.[7]

C) AS FUSÕES E AQUISIÇÕES

Existem diversas formas de medir o impacto do excesso de confiança dos gestores nos resultados das decisões de F&A, mas isso não impede que exista um largo consenso acerca dos efeitos negativos das decisões dos gestores enviesados no valor das empresas. Como vimos, as decisões relativas a F&A dos gestores com excessiva confiança destroem valor.[8] Malmendier *et al.* (2012) comparam os desempenhos das empresas que levam a cabo a F&A com os das empresas que, tendo podido vencer o processo de leilão, não o conseguiram. Conclui-se que a rendibilidade accionista de vencedor e perdedores se encontrava alinhada até ao momento da F&A. No entanto, no período subsequente à operação, a divergência no desempenho é muito acentuada: os vencedores da F&A apresentam uma rendibilidade 48% *inferior* à dos perdedores ao longo dos três anos que se seguem à operação financeira. A principal conclusão é a de que, em média, as aquisições destroem valor na empresa adquirente. Mas o sucesso ou insucesso das aquisições depende, de forma crítica, das características do gestor. De facto, num outro estudo recente, Croci *et al.* (2010) mostram que enquanto que, em média, os gestores com excesso de confiança destroem valor, os gestores que não sofrem desse enviesamento levam a cabo operações bem sucedidas, em particular quando os mercados se apresentam mais sobrevalorizados (ver destaque E).

Verifica-se que a destruição de valor é mais pronunciada nos casos em que o excesso de confiança leva a repetidas operações de aquisição, quando o gestor adquirente lidera uma empresa de grande dimensão e também nos casos em que os gestores da empresa adquirente e da empresa alvo partilham o excesso de confiança.[9]

Em jeito de conclusão podemos afirmar que os custos e benefícios dos enviesamentos no contexto da organização são função de diversos factores como as características da própria empresa, do sector em que actua e das capacidades do gestor. Vimos que os enviesamentos decisionais e, em particular, o excesso de confiança, podem exercer efeitos positivos no valor da organização ao permitir minorar os problemas de agência através das escolhas de financiamento e também quando a empresa actua num contexto competitivo em que a predisposição para assumir elevados riscos é particularmente valiosa. No entanto, o excesso de confiança pode ter mais efeitos adversos sobretudo quando se trata de actuar no exterior da empresa através de aquisições. Os gestores com excesso de confiança podem enveredar por estratégias de aumento de poder por via de aquisições sucessivas danosas para a empresa uma vez que sobrestimam as suas capacidades de controlo sobre um maior domínio.

Estas condições parecem então aconselhar os accionistas a tentar aproveitar os efeitos benéficos dos enviesamentos dos gestores procurando, em simultâneo, instilar algum sentido de realismo nesses profissionais para que sejam evitadas as consequências negativas dos enviesamentos decisionais extremos.

14. Cultura organizacional, manipulação de informação e fraude

Até ao momento estivemos sobretudo interessados em descrever o impacto das características psicológicas dos gestores nas decisões financeiras tomadas no interior das empresas. Essas decisões financeiras traduzem-se em relações com entidades ou instituições *exteriores* à empresa (accionistas, obrigacionistas, banca, outras empresas).

No entanto, a análise do papel dos enviesamentos decisionais dos gestores não estará completa se não atentarmos também na relação entre esses enviesamentos e a cultura da organização em que as decisões têm lugar. Será esse o objectivo do presente capítulo. Dito de outra forma, procuraremos agora discutir o impacto das características psicológicas do gestor no *interior* da própria empresa, na maneira como se desenvolve a sua cultura. Para isso começaremos na próxima secção por definir o conceito de cultura organizacional. No ponto 14.2 ocupar-nos-emos da relação entre a cultura da organização e dos enviesamentos decisionais. Por fim, dedicaremos atenção ao impacto tanto da cultura da organização como das características dos gestores na propensão para se exibir comportamentos de manipulação de informação e de fraude.

14.1. CULTURA ORGANIZACIONAL

A cultura organizacional pode ser entendida como um sistema de valores partilhados pelos membros de uma empresa e que permite identificar determinadas percepções e comportamentos como adequados, ou seja, permite identificar o que é correcto pensar-se e fazer-se. O carácter essencial da cultura é a sua natureza normativa que permite orientar os elementos da organização para o conjunto de interpretações da realidade e comportamentos entendidos como correctos. A cultura será tanto mais importante quanto mais internalizados estiverem os seus valores nos agentes, fazendo parte da sua própria identidade.

Mas para que serve a cultura de uma organização? A cultura organizacional serve como um mecanismo de coordenação que facilita a actividade de produção através da redução dos custos de transacção resultantes das inúmeras interacções que ocorrem entre os agentes no interior das empresas. Ao se definirem os valores a adoptar pelos elementos da organização e, em consequência, as percepções e comportamentos correctos, a cultura da organização contribui para remover as distracções resultantes de conflitos internos e de dúvidas que poderiam prejudicar a actividade produtiva.

Mas de onde surge o problema de coordenação entre os agentes da organização a que a cultura deve dar resposta? Os problemas de coordenação têm essencialmente duas origens. Em primeiro lugar, e sobretudo nas empresas de dimensão elevada, coloca-se um problema de coordenação entre os seus elementos: para cada questão a resolver no interior de uma empresa existem várias, potencialmente muitas, formas de solução alternativas, envolvendo diversas linhas de actuação. A negociação individual das regras a seguir em cada caso concreto acarretaria custos incomportáveis e tornaria impossível o desenvolvimento coerente de operações. Imagine-se a dificuldade e o tempo necessário para colocar de acordo, através da negociação directa, todos os indivíduos intervenientes numa determinada transacção interna na organização quer quanto ao entendimento acerca da situação existente quer quanto à actuação mais correcta a tomar por cada um deles. A definição de regras que permitissem antecipar o que deve fazer cada elemento da organização em função de cada problema a resolver não é exequível: as tarefas a levar a cabo são extremamente variadas e os agentes no interior da organização demasiado numerosos. A cultura serve aqui de mecanismo de coordenação do colectivo assegurando uma estabilidade mínima na empresa. O conjunto de normas da cultura da organização permite coordenar as tarefas ao definir, de forma implícita, um conjunto de pressupostos referentes a percepções e comportamentos a adoptar pelos agentes. Desta forma, minimizam-se as necessidades de negociação individual no interior da empresa e, em consequência, é simplificada a actuação dos agentes. Com o tempo cria-se uma linguagem e um entendimento comum entre esses agentes que permite obter economias de comunicação.

Mas a necessidade de coordenação resulta de um segundo motivo não menos importante. É a expectativa quanto ao que vai ser o futuro que dita, a cada instante, a actuação dos agentes no interior das empresas. Ora, o conhecimento possível acerca do futuro está marcado pela incerteza do contexto em que as empresas operam. Existem barreiras informacionais que tornam difícil a escolha da melhor linha de actuação. Além disso, o conhecimento da situação actual da organização e a avaliação das consequências previsíveis das actuações alternativas que podem ter lugar estão dispersas por vários indivíduos no interior da empresa e podem ser objecto de múltiplas interpretações. Por outras palavras, trata-se aqui da dimensão cognitiva do problema da coordenação a que nos temos vindo a referir. A empresa defronta-se em permanência com uma situação de ambiguidade que tem que ser resolvida se quiser ser produtiva. A cultura da organização permite, neste caso, que os agentes desenvolvam percepções comuns acerca do ambiente em que operam e um entendimento comum acerca dos factores que merecem atenção e dos factores que devem ser ignorados.

Como se pode concluir, a cultura da organização tem uma componente cognitiva essencial. As instituições desenvolvem, ao longo do tempo, um sistema de crenças que se traduz numa forma partilhada de interpretação dos próprios agentes, do ambiente em que operam, do seu passado e da sua perspectiva projectada no futuro. Esse sistema de crenças permite lidar com o problema da ambiguidade da informação uma vez que permite simplificar as tarefas cognitivas a levar a cabo no interior da organização. Ao fazer isso, torna-se possível que os agentes se concentrem em actividades de cooperação em detrimento de factores que, sendo atendidos, provocariam distracção ou, no limite, ansiedade. O sistema de crenças é importante porque facilita a interacção e a comunicação entre os gestores e os restantes elementos na organização, simplificando a tarefa de coordenação das diversas actividades a levar a cabo por um número elevado de indivíduos.

Desenvolvendo-se a cultura da organização num contexto competitivo, é necessário realçar agora que a cultura desempenha um papel de adaptação ao meio. É mais provável que sobrevivam as empresas que geram uma cultura do que aquelas que não o fazem. As culturas organizacionais mais adaptadas ao meio serão aquelas que, por um lado, reduzem a incerteza permitindo que os indivíduos foquem a sua atenção no que é essencial e, por outro lado, criam uma narrativa da realidade que permite motivar os agentes dando-lhes uma razão para cooperar entre si e para investir o seu capital humano na organização em vez de atender prioritariamente aos seus objectivos individuais.

Dada a função da cultura das organizações que acabamos de descrever, é de esperar que a cultura seja mais importante nos casos em que a pressão competitiva seja mais intensa. Neste caso, a necessidade de coesão interna é superior e a distracção e as dúvidas no interior da empresa terão consequências mais graves.

De forma análoga, nos casos em que a pressão competitiva é menor, esperaremos encontrar culturas organizacionais menos marcadas e mais próximas das normas culturais da sociedade em que estão inseridas.[1]

14.2. OS ENVIESAMENTOS DECISIONAIS NA CULTURA DA ORGANIZAÇÃO

Uma vez que a cultura da organização permite uma adaptação ao meio, faz sentido perguntarmo-nos o que tem que caracterizar uma cultura bem adaptada ao meio. O conjunto de estímulos externos que os agentes de uma organização recebem é complexo e ambíguo e está em constante alteração. Se as centenas ou milhares de agentes implicados nas operações da empresa estiverem em desacordo e tiverem que negociar entre si até chegar a um consenso acerca do significado dos estímulos externos e das acções a tomar, a empresa irá sucumbir à indecisão, à desunião e, no limite, à paralisia. Para preservar a capacidade para a acção e a motivação, o sentido da informação tem que ser simplificado e interpretado à luz de uma determinada narrativa dos acontecimentos.

Aqui é necessário considerar um ponto especialmente importante. *Não é necessário que a narrativa inerente ao sistema de crenças da cultura da organização seja inteiramente realista.* De facto, ilusões, *desde que moderadas*, podem proporcionar uma melhor adaptação ao meio – na medida em que permitem gerar comportamentos produtivos e facilitar a coordenação colectiva – do que perspectivas mais realistas. O essencial na cultura organizacional, o que a torna funcional num determinado contexto, não é que permita uma interpretação exacta do contexto, mas sim que proporcione aos indivíduos uma narrativa que os permita lidar com a ambiguidade e a incerteza que caracterizam o ambiente competitivo.[2]

Imagine-se, a título de exemplo, uma cultura organizacional caracterizada por um excesso de confiança. A narrativa da cultura assentará, neste caso, no exagero quanto às capacidades dos indivíduos tendendo-se a incutir a crença de que a empresa triunfará face aos concorrentes. Como já vimos no capítulo 13, os indivíduos com excesso de confiança podem ter comportamentos benéficos para a organização. Por exemplo, o excesso de confiança leva-os a sobrestimar a produtividade marginal do trabalho desenvolvido na empresa e, em consequência, a trabalhar mais. Os gestores com excesso de confiança são melhores a incentivar os colaboradores e também a facilitar a difusão da informação na organização. E os custos de agência entre accionistas e gestores podem ser minorados se estes últimos forem excessivamente confiantes.[3]

Entende-se assim que, num ambiente com informação ambígua e incerteza, as culturas empresariais possam evoluir na direcção de um sistema de crenças não necessariamente realista. É que a realidade é demasiado complexa para ser interpretada, de forma unívoca, por todos os agentes na empresa a cada momento, e há vantagem em minorar a ansiedade e a tensão inerente à percepção apurada dessa complexidade.

Os motivos que sustentam a sobrevivência de uma cultura empresarial enviesada ao longo do tempo são os mesmos que permitem entender a subsistência de enviesamentos decisionais nos indivíduos. Como vimos, a cultura organizacional enviesada pode constituir uma adaptação útil ao ambiente competitivo e, além disso, em geral não se encontram reunidas as condições necessárias para atenuar os enviesamentos. Por um lado, a aprendizagem em contexto de incerteza é particularmente difícil (ver ponto 4.1). Por outro lado, não é de esperar que os processos de recrutamento e de progressão na hierarquia da organização que poderiam, em teoria, contrariar os enviesamentos individuais vigentes no seio da organização, desempenhem essa função. Pelo contrário, na competição no interior da empresa entre agentes enviesados e agentes não enviesados, a subestimação do risco por parte dos primeiros leva a que tenham vantagem na ascensão da hierarquia. E essa ascensão tende a repercutir-se num reforço dos enviesamentos em toda a organização uma vez que os gestores de topo enviesados tendem a recrutar indivíduos compatíveis com a cultura da organização, ou seja, que têm o mesmo tipo de enviesamentos.[4]

Os estudos empíricos confirmam que os gestores utilizam, com sucesso, métodos de decisão baseados na simplificação da complexidade (regras heurísticas) em particular quando as decisões a tomar são mais complexas e o contexto é caracterizado por incerteza.[5]

Torna-se agora mais claro o papel que os enviesamentos individuais desempenham na cultura das organizações. Os enviesamentos individuais podem "preencher" a cultura organizacional ao fazer parte da narrativa que a competição e as características do contexto fazem desenvolver nas empresas. Mas, uma vez que a cultura da organização serve de mecanismo de adaptação ao contexto competitivo e este varia de empresa para empresa, pode acontecer que um determinado enviesamento cognitivo se enquadre numa cultura mas não em outra. Por isso, à partida, não é possível dizer qual o impacto das culturas empresariais nos enviesamentos individuais: podem contribuir para moderar os enviesamentos, para exacerbá-los ou ter esses dois tipos de efeitos em enviesamentos diferentes. É que a função dos enviesamentos individuais e da cultura da organização é diferente: os enviesamentos ajudam a adaptação de um único indivíduo ao meio enquanto que a cultura tem que servir para coordenar muitos indivíduos no contexto competitivo da organização.[6]

14.3. MANIPULAÇÃO DE INFORMAÇÃO E FRAUDE

Apesar da cultura organizacional poder desempenhar, em geral, um papel de adaptação útil ao meio competitivo em que a empresa opera, existem perigos. As características da cultura podem deixar de ser adequadas ao meio. Neste caso, apesar da cultura empresarial poder ser útil para motivar os indivíduos e para facilitar a comunicação, pode também dificultar a aprendizagem e a mudança.

Ainda no que diz respeito aos aspectos negativos da cultura empresarial, é de realçar os efeitos que podem resultar da combinação, ao longo do tempo, de diversos dos enviesamentos mais frequentemente detectados. Falamos do excesso de confiança e dos enviesamentos que estão na base da escalada de comprometimento (ver a alínea b) do ponto 2.2) e que podem levar a que a informação seja difundida apenas muito tardiamente no interior da empresa.

Vejamos como pode isso ocorrer. Tipicamente, os projectos de investimento que a empresa pode adoptar são desenvolvidos por um grupo de indivíduos no interior da empresa. Esses grupos competem entre si para que os recursos escassos sejam afectados ao investimento no *seu* projecto. Este processo de selecção tende a levar a que os projectos de investimento escolhidos tenham sido apadrinhados pelos indivíduos mais optimistas. Pois bem, são esses indivíduos optimistas que, em geral, cuidarão da gestão do seu projecto de investimento, o projecto de investimento seleccionado. O optimismo excessivo desses gestores pode ter consequências importantes nos fluxos de informação observados no interior da empresa.

Imagine-se que vão surgindo informações negativas acerca da execução do projecto. O investimento, que parecia ser tão promissor, afinal tarda a mostrar os benefícios para a empresa. Mas está-se no início da implementação do projecto. O contexto é de incerteza e a informação negativa tende a surgir aos poucos e a ser ambígua o suficiente para poder ser racionalizada – os enviesamentos da dissonância cognitiva e da confirmação podem desempenhar um papel relevante aqui. Além disso, os gestores de projecto, por terem uma confiança excessiva nas suas capacidades, tendem a subestimar a importância da informação que vai surgindo. Neste ambiente, os gestores do projecto tendem a não reagir e a não divulgar a informação negativa aos gestores de topo.

Esta pode ser a situação a vigorar até que surja uma informação negativa menos ambígua e menos susceptível de ser justificada. Nestas condições é de esperar que factores motivacionais (e não apenas cognitivos) se façam sentir. Os gestores do projecto estão emocionalmente mas também economicamente comprometidos com o investimento. É provável que a sua carreira na empresa dependa do sucesso do projecto. Divulgar a informação negativa no interior da organização obrigá-los-ia a assumir que existiram anteriormente outros sinais de alerta que foram ignorados. Como a gestão do projecto lhes está cometida, é de esperar que ainda disponham de algum tempo para esperar, na expectativa de que as perspectivas negativas se venham a inverter. Mas a situação não se altera. A resistência psicológica à assunção dos erros na gestão do projecto junta-se à resistência em assumir que a divulgação interna da informação, quando tiver lugar, vai ser consideravelmente mais tarde do que poderia e deveria ser. Finalmente não se torna mais possível adiar e os gestores de topo da empresa podem ver-se confrontados com perdas significativas e irreversíveis.

Acabamos de descrever os efeitos possíveis de uma conjugação de enviesamentos decisionais na divulgação interna de informação na empresa. Mas e o que dizer em relação à divulgação de informação no *exterior* da organização?

Em teoria, que motivação poderão ter os gestores para prestar informações erradas ao mercado? Se os gestores não estão a comprar ou vender acções e não têm remunerações que dependem dos preços de mercado (por exemplo, via opções de compra sobre acções), não parece haver nada a ganhar com a manipulação da informação. Além disso, os gestores arriscam-se a ser severamente penalizados pelo regulador. Se os interesses dos gestores e dos accionistas estiverem alinhados, diríamos que a probabilidade de ocorrência de tentativas deliberadas de enganar os investidores tenderá a ser reduzida.

Apesar disso, podem ser identificadas algumas situações em que o gestor pode ver vantagens em manipular a informação. A primeira, a que já aludimos no ponto 12.4, diz respeito aos casos em que o gestor, por acreditar que o preço das acções da empresa está demasiado baixo, divulga informações positivas acerca da empresa. O seu objectivo é fazer com que o preço das acções aumente de forma a evitar que a empresa seja adquirida.

Em segundo lugar, a manipulação pode ser motivada pela percepção de que a empresa está próximo da situação de falência. Se os gestores acreditarem que a empresa está à beira dessa situação, que acarretará o seu despedimento, podem ter incentivos para reter ou manipular a informação na esperança de que a situação se altere. A manipulação da informação poderá ser entendida, neste caso, como uma forma de preservar os seus salários e privilégios (pelo menos durante mais algum tempo), além da tentativa de evitar que o fim da empresa se traduza num dano reputacional.

Além disso, ainda na situação de falência iminente, podem existir outras vantagens em não divulgar a informação correcta. O conhecimento dos problemas da empresa poderia dar vantagens aos concorrentes junto dos fornecedores da empresa e dos seus clientes. Se a situação não for do conhecimento dos trabalhadores, a divulgação pode traduzir-se ainda numa diminuição da motivação no interior da organização. Dito de outra forma, a divulgação da informação pode tornar-se numa profecia auto-realizada no sentido em que o conhecimento da situação tende a deteriorar as condições de recuperação da empresa.

Mas existe uma outra razão para a manipulação da informação. E essa razão recolhe um maior interesse da nossa parte por estar relacionada com a cultura da organização. Como a cultura da organização é o sistema de crenças a que já nos referimos – uma narrativa acerca da realidade – e, como já vimos, não é necessário que essas crenças correspondam necessariamente a uma visão realista do contexto, é possível que a manipulação da informação resulte das características da própria cultura da organização. Se os gestores, em razão da cultura da empresa, tiverem uma perspectiva ilusória acerca dos eventos e dos riscos observados, a informação divulgada pode ser o mero resultado dessa visão distorcida da realidade. Interessa, pois, agora, identificar quais as características do ambiente que podem potenciar tal distorção.

Um primeiro factor a ter em consideração é a natureza do contexto competitivo em que a empresa opera. Se a cultura empresarial tem como efeito a simplificação dos processos de ponderação e de tomada de decisão então é de esperar que num contexto altamente competitivo o seu principal objectivo seja o de concentrar as atenções dos indivíduos nos factores de competição essenciais e de, ao mesmo tempo, afastar as atenções dos assuntos susceptíveis de criarem dúvidas ou hesitações nos intervenientes. Uma empresa num mercado fortemente competitivo ganhará então em ter uma cultura que produza um intenso sentido de coesão nos membros da organização e que, ao mesmo tempo, lhes inculque a visão de que as empresas concorrentes são adversárias numa competição agressiva pela posse de recursos limitados. Se a competição é intensa, a empresa tenderá a estar mais focada nos resultados do que nos processos para os alcançar e as decisões que, noutras condições, poderiam suscitar dúvidas quanto à sua legitimidade, tenderão a ser racionalizadas com base na justificação mais ou menos implícita de que os concorrentes também podem recorrer ao mesmo tipo de medidas.

Por outro lado, o recrutamento de pessoas nas empresas sujeitas a forte competição tende a privilegiar as personalidades com elevado nível de confiança nas suas capacidades, com um sentido exacerbado de controlo, com uma visão positiva e orientada para os resultados e com uma ambição, um sentido competitivo e uma persistência muito acima da média.

E a competição interna entre os diversos responsáveis na empresa contribui para decantar ainda mais essas características de personalidade. Nestas circunstâncias, os indivíduos que ascendem mais rapidamente na hierarquia da organização têm que ser agressivos face aos concorrentes e têm que parecer ser leais ao grupo quando tal é necessário. Mas, ao mesmo tempo, têm que ser capazes de se afastar do colectivo quando a situação aconselha a que se dê a ideia de que eles são mais bem sucedidos do que o grupo de que fazem parte. O tipo de personalidade que, com mais sucesso, apresenta este comportamento tem que ter uma elevada flexibilidade quanto aos processos a adoptar. Os indivíduos bem sucedidos tenderão a ter uma capacidade mais desenvolvida para se focarem nos resultados e bloquear preocupações que os distraiam do essencial – como problemas éticos, por exemplo. Alguns autores classificam este comportamento como sendo "maquiavélico", de elevada flexibilidade moral ou de plasticidade ética. A prazo, os líderes das empresas com a cultura que temos vindo a descrever tenderão a apresentar estes traços de forma mais marcada.

Nestas condições de competição externa e interna, é mais provável que certas regras, como regras contabilísticas por exemplo, sejam entendidas como um obstáculo à competição pelo que é mais fácil que se entenda que a informação a divulgar possa ser adulterada. É também de esperar que a tomada excessiva de risco e a ascensão das personalidades mais flexíveis e excessivamente confiantes se dê ainda mais num contexto de crescimento da economia e da empresa. Nessas circunstâncias, é natural que os indivíduos a recrutar e a promover sejam aqueles que evidenciam ainda mais marcadamente essas características.

Este tipo de enquadramento parece ser capaz de explicar o ocorrido em vários casos de falhas de auditoria e de assunção de riscos excessivos como no chamado escândalo Enron, por exemplo.[7]

Os estudos empíricos provam existir uma relação entre os enviesamentos decisionais dos gestores e os comportamentos de manipulação de informação, de manipulação de resultados e, no limite, de fraude. Três estudos recentes vão nesse sentido.

Em primeiro lugar, temos o trabalho de Hilary e Hsu (2011) que estudaram a relação entre o excesso de confiança dos gestores e a sua capacidade de previsão de resultados. O excesso de confiança dos gestores analisado é endógeno – nasce ao longo do tempo a partir do efeito do enviesamento de auto-atribuição e da sucessão de previsões de resultados bem sucedidas. Verifica-se que o excesso de confiança leva a que os gestores divulguem previsões de resultados com um intervalo de variação mais estreito e que se mostram ser menos exactas. Curiosamente, os investidores parecem aperceber-se do crescimento (em excesso) da confiança dos gestores: quando o gestor está mais confiante, os accionistas reagem de forma mais ténue às suas previsões.

Em segundo lugar, pode ser referido o estudo de Hribar e Yang (2011) que confirmam que os gestores com excesso de confiança divulgam previsões quanto aos resultados que se revelam ser demasiado optimistas. Mas os resultados do estudo apontam para outro facto interessante: como os gestores mais confiantes anunciam previsões de resultados excessivamente optimistas, esses gestores necessitam levar a cabo uma manipulação mais agressiva dos resultados contabilísticos de forma a atingir ou mesmo ultrapassar as previsões divulgadas. As características psicológicas dos executivos revelam-se em objectivos demasiado optimistas e também na subsequente manipulação dos resultados para atingir esses objectivos. Mas as consequências podem ser ainda mais graves.

De facto, Schrand e Zechman (2012) vão ainda mais longe ao encontrar uma relação positiva entre o excesso de confiança dos executivos e os comportamentos de fraude no reporte financeiro. Verifica-se que os gestores com excesso de confiança mais pronunciado tendem a usar mais ajustamentos contabilísticos (*accruals*) para atingir (ou ultrapassar) a previsão de resultados quando esta é excessivamente optimista. De início, os gestores excessivamente confiantes procedem a manipulações dos resultados de dimensão mais reduzida mas, à medida que o tempo passa e que os resultados efectivos não confirmam as expectativas, os executivos aumentam a dimensão da manipulação dos resultados até culminar num comportamento fraudulento.[8]

15. A perspectiva comportamental (muito) para além das Finanças

A abordagem comportamental permite compreender as decisões de diversos agentes económicos. Em razão da maior acessibilidade dos dados necessários para levar a cabo os estudos empíricos, a atenção começou por estar centrada nas escolhas dos investidores e suas consequências nos preços dos mercados financeiros. O conhecimento que a corrente comportamental trouxe para as Finanças em tão pouco tempo foi verdadeiramente extraordinário. Descobriu-se que os investidores sofrem de enviesamento comportamentais que afectam de forma decisiva as suas escolhas de investimento. O investidor típico é demasiado optimista, transacciona demasiado, não diversifica a sua carteira, ignora informação relevante e atribui importância a informação irrelevante, é influenciado pelas emoções. Este padrão de comportamento repercute-se nos preços dos mercados financeiros: os preços são demasiado voláteis, são influenciados pelo sentimento social e criam-se bolhas especulativas.[1]

O rápido desenvolvimento de linhas de investigação acerca dos investidores e do seu impacto nos preços fez com que as finanças comportamentais sejam consideradas por alguns, ainda hoje, como um campo de investigação que incide apenas nos mercados financeiros.

No entanto, vimos ao longo deste livro que tal não é verdade: os princípios comportamentais permitem um maior entendimento também acerca das decisões tomadas pelos gestores nas empresas, nomeadamente das decisões com natureza financeira. Por exemplo, os gestores com excesso de confiança decidem-se por estruturas de capitais mais alavancadas e por dívida com prazos mais curtos, distribuem menos dividendos e levam a cabo mais F&A, com prémios de aquisição mais elevados e com efeitos mais negativos na riqueza dos accionistas. Ignorar o papel das características psicológicas do gestor em decisões financeiras como estas significa privar-se de um melhor entendimento acerca do que se passa na realidade e ser menos capaz de prever as decisões financeiras tomadas na empresa.

O caminho percorrido ao longo dos últimos dez anos tem permitido lançar alguma luz sobre o papel do gestor na organização e isso é importante não apenas para os accionistas que desejam que a empresa aumente de valor mas também para todos os *stakeholders* da empresa. A perspectiva comportamental enriqueceu de tal forma a visão que temos dos investidores, gestores, mercados financeiros e empresas que motivou a reformulação de diversos princípios jurídicos relativos à regulação dos agentes financeiros e ao surgimento da designada *Behavioral Law and Economics*.

Mas, na realidade, a aplicação dos princípios comportamentais não se limita aos investidores e aos gestores. Estamos perante uma perspectiva de teor comportamental sempre que estudamos as escolhas de um decisor atendendo aos factores psicológicos que podem influenciar a sua escolha. Na perspectiva comportamental, as escolhas nunca são neutras. Os indivíduos, quando são chamados a decidir, trazem consigo um conjunto de características cognitivas e emocionais que permitem explicar (e prever) as opções que vão realizar. Nessa medida, as suas escolhas não dependem apenas das características das alternativas que têm perante si. Dependem também das propensões do indivíduo que decide. Nas palavras do psicólogo Steven Pinker, nenhum membro da espécie humana nasce em branco, como uma "tábua rasa".[2] A Psicologia da Evolução mostra que todos nós possuímos algumas características inatas que influenciam as nossas escolhas – financeiras, mas não só – ao longo da nossa vida.

Ao longo dos últimos anos, a abordagem comportamental tem-se expandido muito para além das fronteiras das Finanças. Os princípios comportamentais podem ser aplicados ao estudo das escolhas realizadas por qualquer decisor individual ou conjunto de decisores. Podemos, por exemplo, estudar as escolhas dos consumidores, dos trabalhadores, dos decisores políticos ou dos decisores judiciais numa óptica comportamental.

O objectivo desta secção é o de dar conta, de forma breve, das contribuições recentes em áreas diversas e que podem ser filiadas na óptica comportamental. Dado o extraordinário crescimento e diversidade dessas contribuições, não se tem a pretensão de dar uma imagem exaustiva do potencial da perspectiva comportamental. Pretende-se, tão só, transmitir uma noção da diversidade de áreas a que pode ser aplicada.

Comecemos então por referir alguns exemplos em áreas próximas das Finanças. As finanças comportamentais têm dado, ao longo dos últimos anos, alguns passos importantes no sentido do estudo de assuntos macroeconómicos. A dificuldade está aqui em passar de uma análise do decisor individual (perspectiva microeconómica) para uma visão agregada (perspectiva macroeconómica). A este respeito merecem ser referidas as contribuições de George Korniotis e Alok Kumar e, sobretudo, de George Akerlof e Robert Shiller. Korniotis e Kumar (2011) mostram que os enviesamentos comportamentais dos investidores individuais exercem efeitos macroeconómicos significativos: nos estados dos EUA em que os investidores sofrem de enviesamentos decisionais mais intensos, o papel de partilha de risco que poderia ser desempenhado pelos mercados financeiros é colocado em causa. A contribuição de Akerlof e Shiller (2009) tem, no entanto, outro fôlego. No livro de Akerlof e Shiller (2009) os autores recorrem a cinco princípios comportamentais entre os quais se contam a confiança ou o desejo de justiça, por exemplo, para abordar questões de natureza eminentemente macroeconómica. Explica-se, por exemplo, o que leva as economias a entrar numa situação de depressão, o fenómeno do desemprego de longo prazo ou a relação entre a inflação e o desemprego. O livro pode assim ser entendido como mais um passo para a construção de uma Macroeconomia de base comportamental.[3]

Mas a perspectiva comportamental não necessita de se cingir às questões económicas.

Os acidentes como o do navio *Costa Concordia* referido no primeiro capítulo têm sido vistos numa perspectiva comportamental. A aversão a perdas e enviesamentos como o excesso de confiança ou o enviesamento de confirmação, por exemplo, ajudam a compreender eventos tais diversos como acidentes da aviação comercial e nos voos da NASA ou o derrame de petróleo da BP no Golfo do México em 2010, considerado o maior desastre ambiental da história dos EUA.[4]

Os efeitos comportamentais permitem compreender as decisões tomadas por outros profissionais altamente qualificados. Por exemplo, o enviesamento de disponibilidade pode explicar o cometimento de erros no processo de diagnóstico médico. A consciência de que o diagnóstico médico tem uma componente cognitiva é importante para se poderem criar procedimentos e ambientes de decisão que permitam minimizar esses erros.[5]

Também as escolhas políticas podem ser entendidas à luz de uma perspectiva comportamental. É de esperar que o efeito dos enviesamentos decisionais sobre as escolhas políticas seja mais nítido quando essas escolhas são tomadas de forma mais centralizada e são estão menos sujeitas a debate e discussão em diversas instâncias. Os casos históricos passíveis de serem referidos são muito numerosos. Vamos citar alguns, novamente a título exemplificativo.

Atentemos, então, na história de Portugal. Situemo-nos no século XV, no início da expansão portuguesa no Norte de África. Depois da conquista de Ceuta em 1415, Tânger era naturalmente a etapa seguinte. As suas características estratégicas e o seu valor económico tornavam-na no alvo ideal da expansão portuguesa. Uma expedição foi lançada contra Tânger em 1437, naquele que se saldou como um dos maiores desastres na história militar portuguesa. Não só a cidade não foi conquistada como foi feito prisioneiro e refém D. Fernando, um dos irmãos do Rei de Portugal. O impacto desse fracasso foi tremendo mas não fez parar a política de expansão nacional. Em 1458 estavam de novo reunidos recursos para se lançar uma investida no Norte de África. E uma vez mais, Tânger apresentava-se como o melhor alvo. Mas a memória do desastre de 1437 não se tinha desvanecido ainda. E foi essa memória que afastou a força militar de Portugal da praça de Tânger. Como refere o historiador Vitorino Magalhães Godinho na sua obra "A Expansão Quatrocentista Portuguesa": «Mas deve ter-se abandonado a ideia de atacar Tânger devido a um *factor psicológico* (assim se depreende da fala de D. Henrique que [Rui de] Pina relata): o fracasso de 1437, com todas as suas dolorosas consequências, amedrontaria os assaltantes» (p. 204, nosso itálico). Tal como noutros casos que referimos neste livro a propósito de escolhas realizadas noutros contextos, foi a memória do evento que se constituiu como o factor psicológico que influenciou a decisão. Neste caso, levou a que fosse antes Alcácer Ceguer a praça escolhida.

Outros exemplos na História de Portugal podem ser apontados. Nas épocas anteriores à Monarquia Constitucional, a personalidade e as características psicológicas do Soberano desempenhavam um papel central nas decisões tomadas. É frequentemente referido o impacto do carácter dubitativo, influenciável e procrastinador de D. João VI nos acontecimentos dramáticos que envolveram a transferência da Corte portuguesa de Lisboa para o Rio de Janeiro em 1807 por motivo das invasões francesas, o seu regresso a Portugal em 1821 e a independência do Brasil no ano seguinte.[6]

A história militar mundial está repleta de episódios semelhantes, onde o impacto dos enviesamentos decisionais pode ser identificado. No século XX podem ser referidos vários exemplos. Temos o caso da Batalha de Gallipoli durante a Primeira Grande Guerra onde o excesso de confiança é apontado como um factor importante para se entender a derrota do exército inglês frente ao Império Otomano.[7] Os casos da invasão da Baía dos Porcos, da crise dos mísseis de Cuba ou da guerra do Vietname são outros episódios históricos onde os factores comportamentais parecem ter desempenhado um papel determinante.[8]

No contexto do maior conflito armado da história, a 2ª Guerra Mundial, diversos historiadores têm chamado a atenção para a importância do excesso de confiança de Hitler na escalada das operações militares. E a relutância do ditador alemão em seguir o mesmo percurso trilhado por Napoleão, na operação de invasão da União Soviética, contra a opinião dos seus conselheiros militares, é apenas mais um episódio que atesta a importância da perspectiva comportamental no entendimento dos fenómenos históricos.[9]

A influência da personalidade dos militares na decisão pode tornar-se um factor preponderante mesmo quando a decisão ocorre num contexto eminentemente político. E isso ocorre mesmo quando o papel das características psicológicas na decisão é reconhecido. Já nos nossos dias atente-se no exemplo de Colin Powell, general dos EUA e Secretário de Estado na presidência de George W. Bush entre 2001 e 2005. A influência do optimismo na análise dos problemas, um enviesamento decisional que, quando excessivo pode, como vimos, conduzir a escolhas prejudiciais, é por ele reconhecida como um factor benéfico se estiver presente em doses moderadas.[10]

Mas a influência de factores comportamentais pode sentir-se ainda noutros domínios. Na produção de Ciência, por exemplo. Afinal, os cientistas são também humanos e, por isso, influenciáveis pelas suas características psicológicas.

Autores como Richard Thaler e Robert Olsen recorrem, talvez de forma um pouco provocatória, à influência exercida por factores comportamentais – os efeitos da dissonância cognitiva e a consideração indevida dos custos afundados – para explicar a resistência inicial de uma parte da comunidade académica na área das Finanças à aceitação dos princípios comportamentais. O investimento de um trabalho, por vezes de décadas, no desenvolvimento de uma matriz de pensamento neoclássica em Finanças dificultaria a ponderação da importância explicativa da nova perspectiva científica. Ironicamente, está-se a dizer que os mesmos autores que se negam a considerar o paradigma comportamental no estudo dos fenómenos financeiros estão, eles próprios, sob a influência de enviesamentos decisionais. Afinal, não há como negar o carácter humano dos próprios cientistas.[11]

Mas os efeitos comportamentais em Ciência não se limitam sequer às disciplinas que analisam realidades humanas como é o caso das Finanças. A óptica comportamental, como já foi referido, pode ser aplicada sempre que a realidade, qualquer que ela seja, seja vista por olhos humanos. E a Ciência – toda a Ciência, não obstante o seu carácter mais ou menos experimental e quantitativo – é uma actividade humana. Agora, para algo completamente diferente, tome-se atenção a um exemplo no campo das Ciências Naturais como é o caso da Biologia ou, mais concretamente, da Biologia da Evolução. Antes, um breve enquadramento do problema: a ideia normalmente associada à evolução das espécies é a de uma alteração gradual dos organismos ao longo do tempo. As forças da evolução, diz-se, vão dotando lentamente os seres de orgãos e sistemas que lhes permitem adaptar-se às condições do ambiente. Esta ideia, diríamos hoje que quase do senso comum, tem merecido um aceso debate entre os cientistas a propósito da chamada "explosão do período Câmbrico". Há 530 milhões de anos atrás, no período Câmbrico precisamente, os registos fósseis sugerem que se deu um rápido – em termos evolutivos, claro – aparecimento e diversificação de novos organismos. Uma parte importante dos principais grupos de animais parece ter surgido quase em simultâneo e com os seus sistemas praticamente operacionais. Uma corrente de biólogos em que avultam nomes como Stephen Jay Gould, por exemplo, acentua a grande disparidade na vida animal que se parece ter verificado nesse período. Realça-se a significativa diferenciação morfológica e fisiológica entre as espécies. No entanto, esta visão não é unânime (e aqui entram os factores comportamentais). Uma segunda corrente de cientistas defende que essa diferenciação entre espécies é apenas aparente, não é real. De facto, biólogos como Mark Ridley defendem que *a perspectiva* que os biólogos têm sobre a evolução é humana e, por isso, susceptível de ser enviesada por factores comportamentais. A ideia aqui é que mesmo um objecto de estudo como a evolução das espécies não pode ser analisado de forma objectiva uma vez que o olhar que sobre ele lança o cientista é humano e, portanto, subjectivo.[12] Nesta medida, a percepção do grau de diferenciação entre as espécies é uma questão comportamental. Sterelny (2001) sintetiza assim o argumento comportamental destes biólogos: «A similaridade ou dissimilaridade [entre as espécies] não é uma característica objectiva do mundo animal. As nossas opiniões acerca da similaridade ou da diferença reflectem os enviesamentos da percepção humana e não as características objectivas do mundo. (...) Os organismos diferem uns dos outros na sua morfologia e fisiologia de infinitas formas. Algumas dessas diferenças são mais evidentes para nós, mais impressionantes e surpreendentes do que outras. Mas, [de acordo com estes cientistas] isso é um facto que diz respeito a nós e à forma como vemos o mundo. *Não é um facto acerca da história da vida.*» (p. 104, itálico no original).[13]

A discussão acerca do impacto da perspectiva comportamental na produção de conhecimento científico está muito para além do âmbito deste livro. Os exemplos aqui apresentados, na sua diversidade de aplicação e alcance, pretendem, isso sim, dar uma imagem ao leitor do potencial que esta perspectiva contém para o debate científico. É provável que a forma como decidem os investidores nos mercados financeiros, como são produzidos os preços ou as escolhas dos gestores sejam temas que interessem especialmente aos leitores deste livro. Mas é possível ter um olhar comportamental sobre outras realidades da Economia como a Macroeconomia, por exemplo. Ou sobre as decisões de outros agentes como as personalidades históricas. Ou mesmo sobre qualquer realidade sobre a qual incida a percepção humana como é o caso da Ciência em geral (ver figura nº 1). Em suma, a aplicação da perspectiva comportamental vai mesmo muito para além do campo das Finanças.

Figura nº 1: aplicação dos princípios comportamentais a diversas áreas do saber

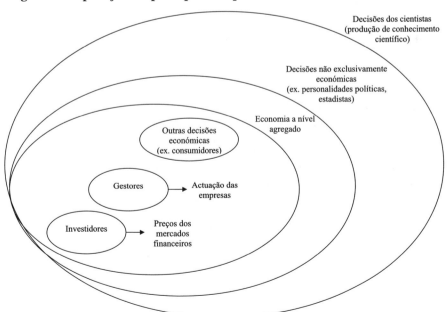

Apêndice

Tabela nº 1: Sumário dos principais enviesamentos decisionais

Enviesamento	Descrição	Principais referências fundadoras
Excesso de confiança	Convicção de que as capacidades próprias são superiores àquelas que, na realidade, se possuem	Fischhoff *et al.* (1977); Griffin e Tversky (1992)
Excesso de optimismo	Convicção não fundamentada de que os eventos futuros (exógenos) serão favoráveis	Weinstein (1980)
Confirmação	Atribui-se demasiada importância às informações que revalidam percepções pré-existentes e subvalorizam-se informações que as contrariam	Einhorn e Hogarth (1978)
Ancoragem	Atribuição de uma importância exagerada a uma dada informação pré-existente quando se revêem as estimativas iniciais	Tversky e Kahneman (1974)
Ilusão de controlo	Acredita-se poder influenciar resultados que, na realidade, estão para além do poder dos indivíduos	Langer e Roth (1975)
Disponibilidade	Atribuição de uma importância exagerada às informações que estão mais disponíveis em termos cognitivos e emocionais	Tversky e Kahneman (1974)
Dissonância cognitiva	Tensão interior causada por se ter ideias contraditórias em simultâneo	Festinger (1957)
Aversão ao arrependimento	Decisão tem em conta o desconforto emocional associado à ocorrência de um resultado desfavorável	Loomes e Sugden (1982); Bell (1982)
Contabilidade mental	Categorização de factos e eventos com base em atributos não relevantes para a decisão a tomar	Tversky e Kahneman (1986)
Representatividade	Tendência para avaliar a probabilidade de um evento com base no seu grau de semelhança com os dados disponíveis	Tversky e Kahneman (1974)
Conservadorismo	Atribuição de uma importância exagerada ao conjunto das informações do passado relativamente à informação nova	Edwards 1968)
Retrospectiva	Convicção de que os eventos que ocorreram eram mais previsíveis do que o que se passava realmente antes de terem tido lugar	Fischhoff (1975)
Status-quo	Escolhe-se alternativa que confirma condições existentes	Samuelson e Zeckhauser (1988)

Fonte: Adaptado de Lobão (2012).

NOTAS FINAIS

PARTE I – A DECISÃO DO GESTOR

1. Errar é humano

[1] Janssen (1994); Tenner (2012a, 2012b).
[2] Veja-se, por exemplo, o balanço que faz Peter Drucker, um dos pais dos Estudos em Gestão, a este respeito: «Some of the best business and nonprofit CEOs I've worked with over a 65-year consulting career were not stereotypical leaders. They were all over the map in terms of their personalities, attitudes, values, strengths, and weaknesses. They ranged from extroverted to nearly reclusive, from easygoing to controlling, from generous to parsimonious» (Drucker, 2004, p. 58). Acerca da heterogeneidade das escolhas dos indivíduos ver ainda Heckman (2000), por exemplo.
[3] Simon (1947, 1982); March e Simon (1958); Cyert e March (1963).
[4] Ver, por exemplo, a actualização levada a cabo por Hambrick (2007) e a revisão da literatura realizada por Carpenter *et al.* (2004).
[5] Hambrick (2007), por exemplo, sugere a utilização de métodos experimentais no estudo do efeito das equipas de gestão nas decisões estratégicas das empresas. O autor, no mesmo artigo, defende ainda que a teoria dos "escalões superiores" apenas adopta a equipa de gestão como unidade de análise (e não o gestor principal individualmente considerado) apenas por se assumir o pressuposto de que tal opção acarreta melhores resultados nos estudos empíricos.

2. A decisão humana na empresa (e fora dela)

[1] No original de Goodson (2002, pp. 78-9): «Let me emphasize again that all living things are functional analogues, reflections of the selection pressures that defined the particular ecological niches in which they evolved. This is also true of human beings. (...) Our cognitive world is a functional not a literal analogue; colors, sounds, and odors exist only in our heads, but they are functional translations of energy shifts in the external

environment. The three-dimensional character of our cognitive world is not a literal reflection of the external world; selection pressures (...) insured that certain vital features are emphasized, while less important ones are diminished or missing altogether. This analysis suggests that the only reality is our subjective experience, that we can never compare your red with my red (...), etc. This is true, but this does not mean that each of us is isolated in solipsistic loneliness. As members of the same species with a shared evolutionary history, we may assume that our information-processing machinery works in similar ways. Insofar as our cognitive world is a functional duplicate, we can know about and interact with the external world, and, insofar as we are functionally alike, we can communicate».

[2] Kahneman *et al.* (1982); Taylor e Brown (1988); Kahneman (2012).
[3] Tversky e Kahneman (1981).
[4] Cacioppo e Gardner (1999).
[5] Tverky e Kahneman (1981).
[6] Kahneman e Tversky (1979).
[7] Tversky e Kahneman (1991, 1992).
[8] Taylor e Brown (1988, p. 198): «...considerable research evidence suggests that overly positive self evaluations, exaggerated perceptions of control or mastery, and unrealistic optimism are characteristics of normal human thought.»; Russo e Schoemaker (1992).
[9] No estudo experimental de Alpert e Raiffa (1982), por exemplo, os os intervalos solicitados com 98% de confiança contêm os valores das observações em apenas 60% dos casos e os intervalos com 50% de confiança contêm as observações em apenas 30% dos casos. No estudo de Fischhoff *et al.* (1977) as pessoas consideram que vão acontecer com certeza eventos cuja ocorrência se dá em cerca de 80% dos casos e consideram ser impossíveis eventos que ocorrem em 20% dos casos.
[10] Fischhoff *et al.* (1977); Alpert e Raiffa (1982); Russo e Schoemaker (1989); Hung e Plott (2001); Kraemer *et al.* (2006).
[11] Svenson (1981); Kahneman *et al.* (1982); Cooper *et al.* (1988).
[12] Weinstein (1980).
[13] Gervais *et al.* (2011).
[14] Langer e Roth (1975); Fischhoff *et al.* (1977); Larwood e Whittaker (1977); Weinstein (1980); Griffin e Tversky (1992); Simon e Houghton (2003).
[15] Ver, acerca dos efeitos nestes profissionais, a bibliografia mencionada em Barber e Odean (2001).
[16] Klaczynski e Fauth (1996); Meza e Southey (1996); Graham *et al.* (2013).
[17] Goel e Thakor (2008).
[18] Van den Steen (2005).
[19] Gervais e Goldstein (2007).
[20] Daniel *et al.* (1998); Gervais e Odean (2001); Hirshleifer (2001).
[21] Griffin e Tversky (1992); Camerer e Lovallo (1999); Menkhoff *et al.* (2012).
[22] Trivers (2000).
[23] DeLong *et al.* (1990, 1991); Kyle e Wang (1997); Bernardo e Welch (2001); Hirshleifer e Luo (2001); Wang (2001).
[24] Taylor e Brown (1988).
[25] Ferris *et al.* (2013).

[26] Langer e Roth (1975); Fischhoff *et al.* (1977); Taylor e Brown (1988); Hirshleifer (2001).
[27] Li (2010).
[28] A utilização das opções para aferir do excesso de confiança levanta, no entanto, alguns problemas que se relacionam com a potencial endogeneidade num modelo que relacione as transacções das acções por parte do gestor com as decisões por ele tomadas na empresa. Além disso, se o gestor com excesso de confiança subestimar a volatilidade dos *payoffs*, o efeito combinado com os benefícios da diversificação na escolha do melhor momento de exercício da opção pode ser ambíguo (Malmendier *et al.*, 2011).
[29] Malmendier e Tate (2008).
[30] Lovallo e Kahneman (2003).
[31] Einhorn e Hogarth (1978).
[32] Tversky e Kahneman (1974).
[33] Tversky e Kahneman (1974).
[34] Festinger (1957).
[35] Langer e Roth (1975).

3. Decisões em grupo

[1] Sah e Stiglitz (1991).
[2] Kerr *et al.* (1996).
[3] Stasser *et al.* (1989); Parks e Cowlin (1996).
[4] Gigone e Hastie (1997).
[5] Kerr *et al.* (1996); Gigone e Hastie (1997); Neumann e Strack (2000).
[6] Asch (1956); Epley e Gilovich (1999).
[7] Janis (1972).
[8] Russo e Schoemaker (1992); Kerr *et al.* (1996).
[9] Whyte (1993).
[10] Ottaviani e Sorensen (2001).
[11] Bernardo e Welch (2001).

4. Aprendizagem, competição e incentivos

[1] Einhorn e Hogarth (1978); Nisbett e Ross (1980); Russo e Schoemaker (1992); Camerer e Lovallo (1999); Hackbarth (2008).
[2] Frank Knight (1921, p. 282) descreve de forma precisa, julgamos, a natureza do problema: «[T]he venture itself may be a gamble (...). Most decisions calling for the exercise of judgment in business or responsible life in any field involve factors not subject to estimate and which no one makes any pretense of estimating. The judgment itself is a judgment of the probability of a certain outcome, of the proportion of successes which would be achieved if the venture could be repeated a large number of times. The allowance for luck is therefore twofold. It requires a large number of trials to show the real probabilities in regard to which judgment is exercised in any given kind of case as well as

to distinguish between intrinsic quality in the judgment and mere accident». Ver ainda a noção de metaconhecimento em Russo e Schoemaker (1992).
[3] Oskamp (1965); Peterson e Pitz (1988); Busenitz e Barney (1997); Gigerenzer (2008).
[4] DeLong et al. (1991); Hirshleifer (2001); Gervais e Odean (2001); Van den Steen (2004).
[5] Alpert e Raiffa (1982); Griffin e Tversky (1992).
[6] Landier e Thesmar (2009); Hilary e Hsu (2011).
[7] DeLong et al. (1990, 1991); Ver ainda em Lobão (2012, pp. 235-8) outros exemplos em que agentes enviesados podem sobreviver num contexto altamente competitivo.
[8] Russell e Thaler (1985); Shleifer e Vishny (1997).
[9] Goel e Thakor (2008).
[10] Keiber (2006); Gervais et al. (2011).
[11] Bernardo e Welch (2001).
[12] Como exemplo de artigos referentes a contextos de países de baixos rendimentos, de concursos televisivos e do desporto profissional podem ser referidos os trabalhos de Bertrand et al. (2006), Post et al. (2008) e de Pope e Schweitzer (2011), respectivamente.
[13] Barber e Odean (2001, 2008); Coval e Shumway (2005); Frazzini (2006); Barber et al. (2009).
[14] Wilson e Schooler (1991); Gigerenzer (2008).

5. As decisões dos empreendedores

[1] Ver Cooper et al. (1988) e Dunne et al. (1988) para os dados relativos aos EUA. Os dados de Portugal têm como fonte o Eurostat para o ano de 2009.
[2] Weiss (1981); Hamilton (2000); Moskowitz e Vissing-Jorgensen (2002).
[3] Reynolds (1995); a média anual de sociedades constituídas entre 2007 e 2011 foi de 28800 empresas; nº. de sociedades constituídas: dados PORDATA; percentagem de novas empresas no total das empresas existentes: dados OCDE.
[4] Hamilton (2000); Pinfold (2001).
[5] Cooper et al. (1988); Pinfold (2001); Koellinger et al. (2007).
[6] Camerer e Lovallo (1999).
[7] De Meza e Southey (1996); Van den Steen (2004).
[8] Arabsheibani et al. (2000).
[9] Harris (1996); Camerer e Lovallo (1999); Hambrick (2007).
[10] Parker (2006).
[11] Hayward et al. (2009).
[12] Ver Cooper et al. (1988) como exemplo de estudo inconclusivo e Landier e Thesmar (2009) que encontram um nexo de causalidade estatística entre algumas das características dos empreendedores e o excesso de optimismo.
[13] Alguns autores como, por exemplo, Lowe e Ziedonis (2006) são mais moderados na atribuição da actividade do empreendedor ao excesso de optimismo.

6. Os gestores importam?

[1] Westerberg *et al.* (1997); Bertrand e Schoar (2003); Frank e Goyal (2009); Bennedsen *et al.* (2011); Hutton *et al.* (2013).
[2] Bertrand e Schoar (2003); Bennedsen *et al.* (2011); Cronqvist *et al.* (2012); Kaplan *et al.* (2012).
[3] Adams *et al.* (2005); Malmendier e Tate (2009); Cronqvist *et al.* (2012).

7. Características pessoais e percurso de vida dos gestores

[1] Rotemberg e Saloner (1993); Kaplan *et al.* (2012); Bolton *et al.* (2013).
[2] Bertrand e Schoar (2003); Harrison *et al.* (2004); Goetzmann e Kumar (2008); Ben--David *et al.* (2012).
[3] Malmendier *et al.* (2011); Benmelech e Frydman (2012).
[4] Malmendier e Tate (2005a); Bertrand e Schoar (2003); Frank e Goyal (2009).
[5] Graham e Narasimhan (2004); Malmendier e Nagel (2011).
[6] Graham e Narasimhan (2004); Malmendier *et al.* (2011); Shiller (2000) e Koo (2009) referem os efeitos duradouros nos investidores e gestores da experiência vivida num dos episódios da Grande Depressão, o colapso das cotações nos mercados de acções dos EUA em 1929; Ver ainda Malmendier e Tate (2005a).
[7] Malmendier e Nagel (2011); Schoar e Zuo (2011).
[8] Carney *et al.* (2008).
[9] Hutton *et al.* (2013).
[10] Hilary e Hui (2009).
[11] Malmendier e Tate (2009); Cronqvist *et al.* (2012).

PARTE II – DECISÕES FINANCEIRAS NAS ORGANIZAÇÕES

8. Decisões de investimento

[1] Citando Frank Knight (1921): «There is a fundamental distinction between the reward for taking a known risk and that for assuming a risk whose value itself is not known (...) The risk involved in entrepreneurship is not and cannot be a known quantity». (pp. 43-44); «If risk were exclusively of the nature of a known chance or mathematical probability, there could be no reward of risk-taking; the fact of risk could exert no considerable influence on the distribution of income in any way. For if the actuarial chance of gain or loss in any transaction is ascertainable, either by calculation *a priori* or by the application of statistical methods to past experience, the burden of bearing the risk can be avoided by the payment of a small fixed cost limited to the administrative expense of providing insurance» (p. 46); «[P]rofit (...) is clearly the result of risk, or what good usage calls such, but only of a unique kind of risk, which is not susceptible of measurement» (p. 48).
[2] No original: «The outstanding fact is the extreme precariousness of the basis of knowledge on which our estimates of prospective yield have to be made. Our knowledge

of the factors which will govern the yield of an investment some years hence is usually very slight and often negligible. If we speak frankly, we have to admit that our basis of knowledge for estimating the yield ten years hence of a railway, a copper mine, a textile factory, the goodwill of a patent medicine, an Atlantic liner, a building in the City of London amounts to little and sometimes to nothing; or even five years hence».

[3] Kahneman e Lovallo (1993).
[4] Kida et al. (2001); Graham et al. (2012).
[5] Jensen e Meckling (1976); Jensen (1986).
[6] Myers e Majluf (1984).
[7] Heaton (2002).
[8] Malmendier e Tate (2005a, 2005b); Li (2010).
[9] Lin et al. (2005): Glaser et al. (2008).
[10] Lin et al. (2005) encontraram resultados semelhantes num estudo a 869 empresas de Taiwan. Glaser et al. (2008) confirmam os efeitos do excesso de confiança numa amostra de 835 empresas alemãs.
[11] Glaser et al. (2008).
[12] Duhaime e Schwenk (1985); Statman e Caldwell (1987).
[13] Ku et al. (2005); Malhotra (2010).
[14] Thaler e Shefrin (1981).
[15] Kahneman e Tversky (1979); Tversky e Kahneman (1986).
[16] Shore (2008).
[17] Keiber (2006); Goel e Thakor (2008); Gervais et al. (2011).
[18] Graham et al. (2013).
[19] Galasso e Simcoe (2011); Hirshleifer et al. (2012).
[20] Keiber (2006); Vidal e Möller (2007).
[21] Kahneman e Lovallo (1993).

9. Decisões de financiamento

[1] Harris e Raviv (1991).
[2] Lemmon et al. (2008); Nenhuma das teorias principais parece ter validade geral: por exemplo, Shyam-Sunder e Myers (1999) refutam o modelo de *trade-off* estático e defendem que é a teoria do *pecking-order* que explica a estrutura de capitais das empresas; Frank e Goyal (2003) utilizam os mesmos métodos noutra amostra para concluir que as evidências contrariam a teoria do *pecking-order* e favorecem os modelos de *trade-off*; Fama e French (2002) realizam ainda um outro estudo empírico cujos resultados contrariam as duas teorias referidas.
[3] Frank e Goyal (2009); Landier e Thesmar (2009).
[4] Dittmar e Thakor (2007).
[5] Meza e Southey (1996); Heaton (2002); Doukas e Petmezas (2007); Gombola e Marciukaityte (2007); Hackbarth (2008); Li (2010) ; Malmendier et al. (2011).
[6] Landier e Thesmar (2009); Graham et al. (2012, 2013); Ver ainda, em sentido contrário, Li (2010).

10. Dividendos

[1] Frankfurter *et al.* (2002, 2008).
[2] Como referem Frankfurter *et al.* (2008, p. 41): «The era of disappearing dividends is passé». Ver ainda Julio e Ikenberry (2004) e DeAngelo *et al.* (2004).
[3] Allen e Michaely (2003).
[4] Miller e Modigliani (1961).
[5] Miller e Scholes (1978); Masulis e Trueman (1988).
[6] Allen *et al.* (2000).
[7] Bhattacharya (1979); John e Williams (1985); Miller e Rock (1985).
[8] Fama e Jensen (1983a, 1983b).
[9] Easterbrook (1984).
[10] Jensen (1986).
[11] Frankfurter *et al.* (2002); Brav *et al.* (2005).
[12] Graham e Kumar (2006).
[13] Benartzi *et al.* (1997).
[14] DeAngelo *et al.* (2004); Brav *et al.* (2005).
[15] Kahneman e Tversky (1982).
[16] Shefrin e Statman (1984).
[17] Baker e Wurgler (2004a,, 2004b).
[18] Frankfurter *et al.* (2008).
[19] Bouwman (2010); Wu e Liu (2011).
[20] Deshmukh *et al.* (2013).
[21] DeAngelo *et al.* (1996).
[22] Cordeiro (2009); Li (2010); Ben-David *et al.* (2012); Deshmukh *et al.* (2013).
[23] DeAngelo *et al.* (1996); Bouwman (2010); Deshmakh *et al.* (2012).
[24] Shiller (1984, 1999, 2000); Frankfurter e Wood Jr. (2002); Chui *et al.* (2010).
[25] Frankfurter e Lane (1992); Julio e Ikenberry (2004).
[26] Julio e Ikenberry (2004); Frankfurter *et al.* (2008).
[27] Frankfurter e Wood Jr. (2002).
[28] Shiller (1986, 1989); Frankfurter e Wood Jr. (2002).

11. Fusões e aquisições

[1] Moeller *et al.* (2005).
[2] De entre os factores teóricos que permitem explicar a visão benévola de alguns autores acerca da capacidade das operações de F&A para criar riqueza, é talvez conveniente destacar aqueles que, beneficiando os intervenientes na operação, não se traduzem num ganho para a sociedade como são os casos das vantagens fiscais ou do aumento do poder de mercado. Nestes casos, os ganhos das empresas participantes traduzem-se em perdas de outros agentes.
[3] Ver Bogan e Just (2009) e os estudos aí citados.
[4] Hayward e Hambrick (1997).
[5] Porter (1987); Schoenberg (2006).
[6] Bertrand e Schoar (2009); Graham *et al.* (2012).

⁷ Jensen (1993); Nas palavras de Stout (1988, p. 690): «Annual median premiums paid to target shareholders have ranged from 15% to 50% over market price. There is great variation in premium size, and premiums of 100% or more are not uncommon».
⁸ Roll (1986); Weber e Camerer (2003).
⁹ Uma interpretação alternativa acerca do significado do prémio de aquisição é a apresentada, por exemplo, por Stout (1990). Existindo investidores com expectativas heterogéneas no mercado, o prémio poderia ser entendido como o acréscimo face ao preço de mercado que a empresa adquirente teria que oferecer aos accionistas da empresa alvo por forma a adquirir as acções não só daqueles accionistas que estão dispostos a vendê-las pelo preço de mercado mas também daqueles outros que, sendo mais optimistas, apenas estão dispostos a desfazer-se delas a um preço superior. Sendo assim, como é evidente, o prémio de aquisição deixaria de ser útil para efectuar inferências acerca do acréscimo de valor implicado no negócio.
¹⁰ O único caso em que, teoricamente, tal poderá não ocorrer refere-se à circunstância em que a percepção (errada), por parte do gestor excessivamente confiante, de um custo excessivo de financiamento limitaria a oferta apresentada (Malmendier e Tate, 2008). No entanto, o consenso na literatura empírica é o de que, na prática, a sobreavaliação do valor a gerar na empresa adquirente sobreleva o efeito relativo à percepção de um custo excessivo de financiamento (Hayward e Hambrick, 1997; Doukas e Petmezas, 2007; John *et al.*, 2012).
¹¹ Thaler (1988).
¹² Hayward e Hambrick (1997); Brown e Sarma (2007).
¹³ Hayward e Hambrick (1997); Doukas e Petmezas (2007); Malmendier e Tate (2008); Croci *et al.* (2010); John *et al.* (2012).
¹⁴ Aktas *et al.* (2012); John *et al.* (2012).
¹⁵ Existem também estudos de eventos que atendem à reacção dos preços das acções no longo prazo à realização de operações de F&A. Esses estudos encontram geralmente efeitos negativos substanciais na riqueza dos accionistas (Loughran e Vijh, 1997; Mitchell e Stafford, 2000; Croci *et al.*, 2010). No entanto, as técnicas utilizadas suscitam algumas preocupações metodológicas uma vez que se tratam de testes conjuntos à eficiência de mercado e ao modelo de equilíbrio adoptados (Andrade *et al.*, 2001). Por esse motivo, optou-se por não fazer menção expressa no texto aos resultados desses testes preferindo-se antes remeter o leitor interessado para as referências respectivas.
¹⁶ John *et al.* (2012).
¹⁷ Moeller *et al.* (2004).
¹⁸ Haunschild *et al.* (1994); Doukas e Petmezas (2007); Billett e Qian (2008).
¹⁹ Roll (1986); Chatterjee e Hombrick (2007); Doukas e Petmezas (2007); Billett e Qian (2008); Malmendier e Tate (2008); Graham *et al.* (2013); Ferris *et al.* (2013).
²⁰ Malmendier e Tate (2008); Ferris *et al.* (2013).
²¹ Barber e Odean (2001); Levi *et al.* (2010, 2012).
²² Ferris *et al.* (2013).
²³ Hietala *et al.* (2003).
²⁴ Lys e Vincent (1995); John *et al.* (2012).
²⁵ Chatterjee e Hombrick (2007); Aktas *et al.* (2012).
²⁶ Bogan e Just (2009).
²⁷ Baker *et al.* (2012).

28 Kahneman e Tversky (1979); Tversky e Kahneman (1992); Loewenstein *et al.* (2001).
29 Graham *et al.* (2013).
30 Schneider e Spalt (2012).
31 Ku *et al.* (2005); Malhotra (2010).
32 Hayward e Hambrick (1997); Boone e Mulherin (2007).
33 Haunschild *et al.* (1994).
34 Heaton (2002); Gilson e Kraakman (2003).
35 Doukas e Petmezas (2007); Malmendier e Tate (2008).
36 Hayward e Hambrick (1997); Brown e Sarma (2007); Croci *et al.* (2010); Schneider e Spalt (2012); Kolasinski e Li (2012). É necessário entender, todavia, que há o perigo de que os membros do conselho de administração independentes tragam também a sua visão enviesada para o orgão como refere Langevoort (2001), por exemplo.
37 Levi *et al.* (2010, 2012).
38 Como se deduz de Black (1986), é provável que os agentes mais propensos a ser afectados por factores não fundamentais (comportamentais, portanto) apresentem perdas nas transacções realizadas nos mercados financeiros. Ora, Barber e Odean (2000) mostram que isso ocorre com os investidores individuais. Ver ainda Langevoort (2011b).
39 Malmendier e Tate (2008).
40 Malhora *et al.* (2008).
41 Haunschild *et al.* (1994).

12. Gestores não enviesados em mercados ineficientes

1 A discussão acerca da eficiência dos mercados é longa e está para além do âmbito do presente livro. Os principais argumentos que sustentam a noção de que os mercados financeiros se podem afastar da noção de eficiência podem ser encontrados, por exemplo, em Lobão (2012). Aí são analisadas as bolhas especulativas e a volatilidade excessiva do preço das acções (pp. 214-8), as anomalias seccionais temporais e seccionais (pp. 73-5) e as violações da lei do preço único (pp. 218-9) entre outros fenómenos sugestivos da ineficiência dos mercados.
2 Stein (1996).
3 Chirinko e Schaller (2001); Campello e Graham (2012).
4 Morck *et al.* (1990); Gilchrist e Himmelberg (1995); Baker *et al.* (2003a); Gilchrist *et al.* (2005); Polk e Sapienza (2009).
5 Stout (1988); Kahan (1992).
6 Ver, por exemplo, o estudo empírico de Baker e Wurgler (2007) ou a discussão mais geral sobre esta matéria em Lobão (2012, pp. 170-9).
7 Baker e Wurgler (2002).
8 Rajan e Zingales (1995); Baker e Wurgler (2002); Jenter (2005); Henderson *et al.* (2006); Dong *et al.* (2012). Ver ainda Dittmar e Dittmar (2008) que manifestam uma opinião diferente.
9 Os valores apresentados são obtidos a partir das respostas de diferentes grupos de gestores. Graham e Harvey (2001); Brav *et al.* (2005); Vasiliou e Daskalakis (2009).
10 Fischer *et al.* (1989); Leary e Roberts (2005); Alti (2006).
11 Chen e Zhao (2007); Chang e Dasgupta (2009).

[12] Ikenberry *et al.* (1995); Loughran e Ritter (1995); Dittmar (2000); Baker e Wurgler (2000, 2002); Henderson *et al.* (2006); Jenter *et al.* (2011).
[13] Butler *et al.* (2005); Dittmar e Dittmar (2008).
[14] Baker *et al.* (2003b); Jenter (2005); Brau e Fawcett (2006); Lamont e Stein (2006).
[15] Baker e Wurgler (2004a); Li e Lie (2006). Numa perspectiva mais céptica acerca deste fenómeno ver também, por exemplo, Julio e Ikenberry (2004).
[16] Baker e Wurgler (2004b).
[17] Shleifer e Vishny (2003); Jenter (2005); Lamont e Stein (2006); Croci *et al.* (2010).
[18] Na verdade, não é sequer necessário que os mercados de capitais sejam ineficientes para que o gestor encontre vantagens em adoptar práticas de manipulação de resultados. Além disso, problemas de informação imperfeita também podem criar as condições que permitem que o gestor influencie o preço das acções através do comportamento de gestão míope; a este respeito ver, por exemplo, Stein (1988, 1989).
[19] Weld *et al.* (2009).
[20] Baker *et al.* (2009).
[21] Cooper *et al.* (2001).

13. Enviesamentos nas decisões financeiras: benéficos ou maléficos?

[1] Taylor e Brown (1988); Puri e Robinson (2007).
[2] Taylor e Brown (1988) representam a posição dos autores que defendem que os enviesamentos trazem vantagens para os indivíduos. Na posição contrária encontram-se, por exemplo, Fenton-O'Creevy *et al.* (2003).
[3] Bernardo e Welch (2001); Brunnermeier e Parker (2005); Van den Steen (2005); Gervais *et al.* (2011); Keiber (2006); Gervais e Goldstein (2007); Vidal e Möller (2007); Goel e Thakor (2008); Langevoort (2011a).
[4] Goel e Thakor (2008); Gervais *et al.* (2011).
[5] Graham *et al.* (2013).
[6] Glaser *et al.* (2008); Goel e Thakor (2008); Gervais *et al.* (2011); Hirshleifer *et al.* (2012).
[7] Hackbarth (2008); Malmendier *et al.* (2011). Ver ainda Hackbarth (2009).
[8] Hayward e Hambrick (1997); Malmendier e Tate (2008); Croci *et al.* (2010); Aktas *et al.* (2012); John *et al.* (2012).
[9] Moeller *et al.* (2004, 2005); Billett e Qian (2008); John *et al.* (2012).

14. Cultura organizacional, manipulação de informação e fraude

[1] Akerlof e Kranton (2005); Van den Steen (2010); Langevoort (2000, 2006, 2011c).
[2] Taylor e Brown (1988); Busenitz e Barney (1997).
[3] Bernardo e Welch (2001); Keiber (2006); Gervais e Goldstein (2007); Gervais *et al.* (2011).
[4] Van den Steen (2005); Goel e Thakor (2008).
[5] Busenitz e Barney (1997); Gigerenzer (2008).
[6] Van den Steen (2010); Langevoort (2000, 2006, 2011c).

NOTAS FINAIS

⁷ Langer (1975); Keiber (2006); Langevoort (2000, 2002, 2011c).
⁸ Ver ainda Li (2010).

15. A perspectiva comportamental (muito) para além das Finanças

¹ Lobão (2012).
² Pinker (2002).
³ Há outras contribuições nesse sentido. Por exemplo, Minsky (1986) defende que o ciclo económico desencadeia, de forma endógena, forças de natureza comportamental que conduzem, nas fases de crescimento a uma "economia eufórica" (p. 237), com excesso de endividamento de longo prazo, o que acaba por provocar um afastamento da economia da situação de equilíbrio. Mais recentemente, Koo (2009) defende que a ocorrência de quedas abruptas e pronunciadas nos preços dos activos financeiros (*crashes*) nos EUA nos anos 30 e no Japão nos anos 90 do século passado alteraram os comportamentos dos empresários – nomeadamente, suspendendo os seus objectivos de maximização do lucro – o que esteve na origem da Grande Depressão no primeiro caso e da denominada "década perdida" no segundo caso. Krugman (2009) sugere que, nos casos em que se está perante a iminência de uma profecia auto-realizada, os ataques especulativos podem desempenhar um papel tão importante que os efeitos comportamentais passam a fazer parte dos fundamentais das economias. A propósito da reformulação das bases da teoria macroeconómica de acordo com os princípios comportamentais, consultar ainda Akerlof (2007).
⁴ Trivers (2000); Shefrin e Cervellati (2011).
⁵ Croskerry (2002).
⁶ Wilcken (2005).
⁷ Gladwell (2009).
⁸ Janis (1972); Trivers (2000).
⁹ Como exemplo de referências bibliográficas onde são mencionados os factores comportamentais presentes na decisão de Hitler pode-se citar a obra de Kershaw (2008, cap. 12, p. 1005) onde é também referido o episódio relacionado com Napoleão (p. 820).
¹⁰ Powell e Koltz (2012).
¹¹ Thaler (1999); Olsen (2008).
¹² Para ilustrar este ponto, talvez venha a propósito uma citação normalmente atribuída ao escritor António Alçada Baptista: "Se eu fosse objecto, eu seria objectivo. Como sou sujeito, sou subjectivo".
¹³ Para maiores desenvolvimentos acerca da perspectiva céptica na interpretação dos vestígios fósseis no período Câmbrico, consultar, por exemplo, Gee (1999).

BIBLIOGRAFIA

Adams, R.B., H. Almeida e D. Ferreira (2005), "Powerful CEOs and Their Impact on Corporate Performance." *Review of Financial Studies* 18, pp. 1403-32.
Akerlof, G. (2007), "The Missing Motivation in Macroeconomics." *American Economic Review* 97, pp. 5-36.
Akerlof, G. e R.E. Kranton (2005), "Identity and the Economics of Organizations." *Journal of Economic Perspectives* 19, pp. 9-32.
Akerlof, G. e R. Shiller (2009), *Animal Spirits: How Human Psychology Drives the Economy and Why It Matters for Global Capitalism*, Princeton University Press.
Aktas, N., E. Bodt, H. Bollaert e R. Roll (2012), "CEO Narcissism and the Takeover Process: From Private Initiation to Deal Completion." *Working Paper*, Social Science Research Network.
Allen, F. e R. Michaely (2003), "Payout Policy." in *Handbook of Economics of Finance*, G. Constantinides, M. Harris e R. Stulz (eds.), North-Holland.
Allen, F., A. Bernardo e W. Welch (2000), "A Theory of Dividends Based on Tax Clienteles." *Journal of Finance* 55, pp. 2499-536.
Alpert, M. e H. Raiffa (1982), "A Progress Report on the Training of Probability Assessors". in *Judgment Under Uncertainty: Heuristics and Biases*, D. Kahneman, P. Slovic e A. Tversky (eds.), Cambridge University Press.
Alti, A. (2006), "How Persistent Is the Impact of Market Timing on Capital Structure?" *Journal of Finance* 61, pp. 1681-710.
Andrade, G., M. Mitchell e E. Stafford (2001), "New Evidence and Perspectives on Mergers." *Journal of Economic Perspectives* 15, pp. 103-20.
Arabsheibani, G., D. Meza, J. Maloney e B. Pearson (2000), "And a Vision Appeared Unto Them of a Great Profit: Evidence of Self-deception among the Self-employed." *Economic Letters* 67, pp. 35-41.
Asch, S. (1956), "Studies of Independence and Conformity: A Minority of One against a Unanimous Majority." *Psychological Monographs* 70.

Baker, M. e J. Wurgler (2000), "The Equity Share in New Issues and Aggregate Stock Returns." *Journal of Finance* 55, pp. 2219-57.

Baker, M. e J. Wurgler (2002), "Market Timing and Capital Structure." *Journal of Finance* 57, pp. 1-32.

Baker, M. e J. Wurgler (2004a), "A Catering Theory of Dividends." *Journal of Finance* 59, pp. 1125-65.

Baker, M. e J. Wurgler (2004b), "Appearing and Disappearing Dividends: The Link to Catering Dividends." *Journal of Financial Economics* 73, pp. 271-88.

Baker, M., J.C. Stein e J. Wurgler (2003a), "When Does the Market Matter? Stock Prices and the Investment of Equity-Dependent Firms." *Quarterly Journal of Economics* 118, pp. 969-1005.

Baker, M., R. Greenwood e J. Wurgler (2003b), "The Maturity of Debt Issues and Predictable Variation in Bond Returns." *Journal of Financial Economics* 70, pp. 261-91.

Baker, M. e J. Wurgler (2007), "Investor Sentiment in the Stock Market." *Journal of Economic Perspectives* 21, pp. 129-51.

Baker, M., R. Greenwood e J. Wurgler (2009), "Catering Through Nominal Share Prices." *Journal of Finance* 64, pp. 2559-90.

Baker, M., X. Pan e J. Wurgler (2012), "The Use of Reference Point Prices on Mergers and Acquisitions." *Journal of Financial Economics* 106, pp. 49-71.

Barber, B.M. e T. Odean (2000), "Trading is Hazardous to Your Wealth: The Common Stock Investment Performance of Individual Investors." *Journal of Finance* 55, pp. 773–806.

Barber, B.M. e T. Odean (2001), "Boys Will Be Boys: Gender, Overconfidence, and Common Stock Investment." *Quarterly Journal of Economics* 1, pp. 262-92.

Barber, B.M. e T. Odean (2008), "All That Glitters: the Effect of Attention and News on the Buying Behavior of Individual and Institutional Investors." *Review of Financial Studies* 21, pp. 785-818.

Barber, B.M., T. Odean e N. Zhu (2009), "Systematic Noise." *Journal of Financial Markets* 12, pp. 547-69.

Bell, D.E. (1982), "Regret in Decision Making Under Uncertainty." *Operations Research* 30, pp. 961–81.

Benartzi, S., R. Michaely e R. Thaler (1997), "Do Changes in Dividends Signal the Future or the Past?" *Journal of Finance* 52, pp. 1007-34.

Ben-David, I., J.R. Graham e C.R. Harvey (2012), "Managerial Miscalibration." *Quarterly Journal of Economics*, em publicação.

Benmelech, E. e C. Frydman (2012), "Military CEOs." *Working Paper*, Harvard University Department of Economics.

Bennedsen, M., F. Pérez-González e D. Wolfenzon (2011), "Do CEOs Matter?" *Working Paper*, Columbia Business School.

BERNARDO, A.E. e I. WELCH (2001), "On the Evolution of Overconfidence and Entrepreneurs." *Journal of Economics and Management Strategy* 10, pp. 301-30.

BERTRAND, M. e A. SCHOAR (2003), "Managing with Style: the Effect of Managers on Firm Policies." *Quarterly Journal of Economics* 118, pp. 1169-208.

BERTRAND, M., S. MULLAINATHAN e E. SHAFIR (2006), "Behavioral Economics and Marketing in Aid of Decision Making Among the Poor." *Journal of Public Policy and Marketing* 25, pp. 8-23.

BHATTACHARYA, S. (1979), "Imperfect Information, Dividend Policy, and the 'Bird in the Hand' Fallacy." *Bell Journal of Economics and Management Science* 10, pp. 259-70.

BILLETT, M.T. e Y. QIAN (2008), "Are Overconfident Managers Born or Made? Evidence of Self-Attribution Bias from Frequent Acquirers." *Management Science* 54, pp. 1037-51.

BLACK, FISCHER (1986), "Noise." *Journal of Finance* 41, pp. 529-43.

BOGAN, V. e D. JUST (2009), "What Drives Merger Decision Making Behavior? Don't Seek, Don't Find, Don't Change Your Mind." *Journal of Economic Behavior & Organization* 72, pp. 930-43.

BOLTON, P., M.K. BRUNNERMEIER e L. VELDKAMP (2013), "Leadership, Coordination and Corporate Culture." *Review of Economic Studies* 80, pp. 512-37.

BOONE, A.L. e J.H. MULHERIN (2007), "How Are Firms Sold?" *Journal of Finance* 62, pp. 847-75.

BOUWMAN, C.H.S. (2010), "Managerial Optimism and the Market's Reaction to Dividend Changes." *Working Paper*, Case Western Reserve University.

BRAU, J.C. e S.E. FAWCETT (2006), "Initial Public Offerings: An Analysis of Theory and Practice." *Journal of Finance* 61, pp. 399-436.

BRAV, A., J.R. GRAHAM, C.R. HARVEY e R. MICHAELY (2005), "Payout Policy in the 21st Century." *Journal of Financial Economics* 77, pp. 483-527.

BROWN, R. e N. SARMA (2007), "CEO Overconfidence, CEO Dominance and Corporate Acquisitions." *Journal of Economics and Business* 59, pp. 358-79.

BRUNNERMEIER, M.H. e J.A. PARKER (2005), "Optimal Expectations." *American Economic Review* 95, pp. 1092-118.

BUSENITZ, L.W. e J.B. BARNEY (1997), "Differences between Entrepreneurs and Managers in Large Organizations: Biases and Heuristics in Strategic Decision-Making." *Journal of Business Venturing* 12, pp. 9-30.

BUTLER, A.W, G. GRULLON e J.P. WESTON (2005), "Can Managers Forecast Aggregate Market Returns?" *Journal of Finance* 60, pp. 963-86.

CACIOPPO, J.T. e W.L. GARDNER (1999), "Emotion." *Annual Review of Psychology* 50, pp. 191–214.

CAMERER, C. e R.M. HOGARTH (1999), "The Effect of Financial Incentives." *Journal of Risk and Uncertainty* 19, pp. 7–42.

CAMERER, C. e D. LOVALLO (1999), "Overconfidence and Excessive Entry: Na Experimental Approach." *American Economic Review* 89, pp. 306-18.

CAMPELLO, M. e J.R. GRAHAM (2012), "Do Stock Prices Influence Corporate Decisions? Evidence from the Technology Bubble." *Journal of Financial Economics* 107, pp. 89-110..

CARNEY, D.R., J.T. JOST, S.D. GOSLING e J. POTTER (2008), "The Secret Lives of Liberals and Conservatives: Personality Profiles, Interaction Styles, and the Things They Leave Behind." *Political Psychology* 29, pp. 807-40.

CARPENTER, M.A., M.A. GELETKANYCZ e W.G. SANDERS (2004), "Upper Echelons Research Revisited: antecedents, Elements, and Consequences of Top Management Team Composition." *Journal of Management* 30, pp. 749-78.

CHANG, X. e S. DASGUPTA (2009), "Target Behavior and Financing: How Conclusive is the Evidence?" *Journal of Finance* 64, pp. 1767-96.

CHATTERJEE, A. e D.C. HAMBRICK (2007), "It's All About Me: Narcissistic CEOs and their Effects on Company Strategy and Performance." *Administrative Science Quarterly* 52, pp. 351-86.

CHEN, L. e X. ZHAO (2007), "Mechanical Mean Reversion of Leverage Ratios." *Economic Letters* 95, pp. 223-9.

CHIRINKO, R.S. e H. SCHALLER (2001), "Business Fixed Investment and Bubbles: the Japanese Case." *American Economic Review* 91, pp. 663–80.

CHUI, A., S. TITMAN e J. WEI (2010), "Individualism and Momentum around the World." *Journal of Finance* 65, pp. 361-92.

COOPER, A.C., C.Y. WOO e W.C. DUNKELBERG (1988), "Entrepreneurs' Perceived Chances for Success." *Journal of Business Venturing* 3, pp. 97-108.

COOPER, M.J., O. DIMITROV e P.R. RAU (2001), "A Rose.com by Any Other Name." *Journal of Finance* 56, pp. 2371-88.

CORDEIRO, L. (2009), "Managerial Overconfidence and Dividend Policy." *Working Paper*, Social Science Research Network.

COVAL, J.D. e T.G. SHUMWAY (2005), "Do Behavioral Biases Affect Prices?" *Journal of Finance* 60, pp. 1-34.

CROCI, E., D. PEMETZAS e E. VAGENAS-NANOS (2010), "Managerial Overconfidence in High and Low Valuation Markets and Gains to Acquisitions." *International Review of Financial Analysis* 19, pp. 368-78.

CRONQVIST, H., A.K. MAKHIJA e S.E. YONKER (2012), "Behavioral Consistency in Corporate Finance: CEO Personal and Corporate Leverage." *Journal of Financial Economics* 103, pp. 20-40.

CROSKERRY, P. (2002), "Achieving Quality in Clinical Decision Making: Cognitive Strategies and Detection of Bias." *Academy Emergency Medicine* 7, pp. 1184-204.

CYERT, R. e J.A. MARCH (1963), *A Behavioral Theory of the Firm*, 2ª. edição, Wiley-Blackwell.

DANIEL, K., D. HIRSHLEIFER e A. SUBRAHMANYAM (1998), "Investor Psychology and Security Market Under- and Overreactions." *Journal of Finance* 53, pp. 1839–85.

DEANGELO, H., L. DEANGELO e D.J. SKINNER (1996), "Reversal of Fortune – Dividend Signalling and the Disappearance of Sustainable Earnings Growth." *Journal of Financial Economics* 40, pp. 341-71.

DEANGELO, H., L. DEANGELO e D.J. SKINNER (2004), "Are Dividends Disappearing? Dividend Concentration and the Consolidation of Earnings." *Journal of Financial Economics* 70, pp. 425-56.

DEBONDT, W. e R.H. THALER (1995), "Financial Decision-Making in Markets and Firms: A Behavioral Perspective." in *Finance, Handbooks in Operations Research and Management Science*, R.A. Jarrow, V. Maksimovic e W.T. Ziemba (eds.), North Holland.

DELONG, B.J., A. SHLEIFER, L.H. SUMMERS e R.J. WALDMANN (1990), "Positive Feedback Investment Strategies and Destabilizing Rational Speculation." *Journal of Finance* 45, pp. 379-95.

DELONG, B.J., A. SHLEIFER, L.H. SUMMERS e R.J. WALDMANN (1991), "The Survival of Noise Traders in Financial Markets." *Journal of Business* 64, pp. 1-20.

DESHMUKH, S., A.M. GOEL e K.M. HOWE (2013), "CEO Overconfidence and Dividend Policy." *Journal of Financial Intermediation* 22, pp. 440-63.

DITTMAR, A. (2000), "Why Do Firms Repurchase Stock?" *Journal of Business* 73, pp. 331-55.

DITTMAR, A. e A. THAKOR (2007), "Why Do Firms Issue Equity?" *Journal of Finance* 62, pp. 1-54.

DITTMAR, A. e R. DITTMAR (2008), "The Timing of Financing Decisions: An Examination of the Correlation in Financing Waves." *Journal of Financial Economics* 90, pp. 59-83.

DONG, M., D. HIRSHLEIFER e S.H. TEOH (2012), "Overvalued Equity and Financing Decisions." *Review of Financial Studies* 25, pp. 3645-83.

DOUKAS, J.A. e D. PETMEZAS (2007), "Acquisitions, Overcondent Managers and self-Attribution Bias." *European Financial Management* 13, pp. 531-77.

DRUCKER, P. (2004), "What Makes an Effective Executive." *Harvard Business Review* 82, pp. 58-63.

DUHAIME, I.M. e C.R. SCHWENKE (1985), "Conjectures on Cognitive Simplification in Acquisition and Divestment Decision Making." *Academy of Management Review* 10, pp. 287-95.

DUNNE, T., M.J. ROBERTS e L. SAMUELSON (1988), "Patterns of Firm Entry and Exit: U.S. Manufacturing Industries." *RAND Journal of Economics* 19, pp. 495–515.

EASTERBROOK, F.H. (1984), "Two Agency-Cost Explanations of Dividends." *American Economic Review* 74, pp. 650–9.

EDWARDS, W. (1968), "Conservatism in Human Information Processing." in *Formal Representation of Human Judgment*, B. Kleinmutz (ed.), Wiley.

EINHORN, H.J. e R. HOGARTH (1978), "Confidence in Judgment Persistence in the Illusion of Validity." *Psychological Review* 85, pp. 395-416.

EPLEY, N. e T. GILOVICH. (1999), "Just Going Along: Nonconscious Priming and Conformity to Social Pressure." *Journal of Experimental Social Psychology* 35, pp. 578-89.

FAMA, E.F. e M.C. JENSEN (1983a), "Separation of Ownership and Control." *Journal of Law and Economics* 26, pp. 301-25.

FAMA, E.F. e M.C. JENSEN (1983b), "Agency Problems and Residual Claims." *Journal of Law and Economics* 26, pp. 327-49.

FAMA, E.F. e K. FRENCH (2002), "Testing Trade-off and Pecking Order Predictions About Dividends and Debt." *Review of Financial Studies* 15, pp. 1-33.

FENTON-O'CREEVY, M., N. NICHOLSON, E. SOANE e P. WILLMAN (2003), "Trading on Illusion: Unrealistic Perceptions of Control and Trading Performance." *Journal of Occupational and Organizational Psychology* 76, pp. 53-68.

FERRIS, S.P., N. JAYARAMAN e S. SABHERWAL (2013), "CEO Overconfidence and International Merger and Acquisition Activity." *Journal of Financial and Quantitative Analysis*, em publicação.

FESTINGER, L. (1957), *A Theory of Cognitive Dissonance*, Stanford University Press.

FISCHER, E.O., R. HEINKEL e J. ZECHNER (1989), "Dynamic Capital Structure Choice: Theory and Tests." *Journal of Finance* 44, pp. 19-40.

FISCHHOFF, B., P. SLOVIC e S. LICHTENSTEIN (1977), "Knowing With Uncertainty: The Appropriateness of Extreme Confidence." *Journal of Experimental Psychology: Human Perception and Performance* 3, pp. 552-64.

FRANK, M.Z. e V.K. GOYAL (2003), "Testing the Pecking Order Theory of Capital Structure." *Journal of Financial Economics* 67, pp. 217-48.

FRANK, M.Z. e V.K GOYAL (2009), "Corporate Leverage: How Much Do Managers Really Matter?" *Working Paper*, National Sun Yat-sen University.

FRANKFURTER, G. e W.R. LANE (1992), "The Rationality of Dividends." *International Review of Financial Analysis* 1, pp. 115-29.

FRANKFURTER, G. e B.G. WOOD Jr. (2002), "Dividend Policy Theories and their Empirical Tests." *International Review of Financial analysis* 11, pp. 111-38.

FRANKFURTER, G., A. KOSEDAG, H. SCHMIDT e M. TOPALOV (2002), "The Perception of Dividends by Management." *Journal of Psychology and Financial Markets* 3, pp. 202-17.

FRANKFURTER, G., A. KOSEDAG, B.G. WOOD JR. e H. KIM (2008), "Dividend and Taxes, Redux, ...Again." *Journal of Behavioral Finance* 9, pp. 30-42.

FRAZZINI, A. (2006), "The Disposition Effect and Underreaction to News." *Journal of Finance* 61, pp. 2017-46.

GALASSO A. e T. SIMCOE (2011), "CEO Overconfidence and Innovation." *Management Science* 57, pp. 1469-84.

GEE, H. (1999), *In Search of Deep Time*, Simon & Schuster.

GERVAIS, S. e T. ODEAN (2001), "Learning to Be Overconfident." *Review of Financial Studies* 14, pp. 1–27.
GERVAIS, S. e I. GOLDSTEIN (2007), "The Positive Effects of Biased Self-Perceptions in Firms." *Review of Finance* 11, pp. 453-96.
GERVAIS, S., J.B. HEATON e T. ODEAN (2011), "Overconfidence, Compensation Contracts and Capital Budgeting." *Journal of Finance* 66, pp. 1735-77.
GIGERENZER, G. (2008), *Gut Feelings: Short Cuts to Better Decision Making*, Penguin Books.
GIGONE, D. e R. HASTIE (1997), "The Impact of Information on Small Group Choice." *Journal of Personality and Social Psychology* 72, pp. 132-40.
GILCHRIST, S. e C. HIMMELBERG (1995), "Evidence on the Role of Cash Flow for Investment." *Journal of Monetary Economics* 36, pp. 541–72.
GILCHRIST, S., C. HIMMELBERG e G. HUBERMAN (2005), "Do Stock Price Bubbles Influence Corporate Investment?" *Journal of Monetary Economics* 52, pp. 805-27.
GILSON, R.J. e R. KRAAKMAN (2003), "The Mechanisms of Market Efficiency Twenty Years Later: The Hindsight Bias." *Journal of Corporation Law* 28, pp. 715-42.
GLADWELL, M. (2009), "Cocksure: Banks, Battles, and the Psychology of Overconfidence." *The New Yorker* July 27.
GLASER, M., P. SCHÄFERS e M. WEBER (2008), "Managerial Optimism and Corporate Investment: Is the CEO Alone Responsible for the Relation?" *Working Paper*, Social Science Research Network.
GODINHO, V.M. (2008), *A Expansão Quatrocentista Portuguesa*, Dom Quixote [Reedição de *A Economia dos Descobrimentos Henriquinos*, Sá da Costa, 1962].
GOEL, A.M. e A.V. THAKOR (2008), "Overconfidence, CEO Selection, and Corporate Governance." *Journal of Finance* 63, pp. 2737-84.
GOETZMANN, W.N. e A. KUMAR (2008), "Equity Portfolio Diversification." *Review of Finance* 12, pp. 433-63.
GOODSON, F.E. (2002), *The Evolution and the Function of Cognition*, Psychology Press.
GOMBOLA, M. e D. MARCIUKAITYTE (2007), "Managerial Overoptimism and the Choice between Debt and Equity Financing." *Journal of Behavioral Finance* 8, pp. 225-35.
GRAHAM, J.R. e C.R. HARVEY (2001), "The Theory and Practice of Corporate Finance: Evidence from the Field." *Journal of Financial Economics* 60, pp. 187-243.
GRAHAM, J.R. e A. KUMAR (2006), "Do Dividend Clienteles Exist? Evidence on Dividend Preferences of Retail Investors." *Journal of Finance* 61, pp. 1305-36.
GRAHAM, J.R. e K. NARASIMHAN (2011), "Corporate Survival and Managerial Experiences during the Great Depression." *Working Paper*, Fuqua School of Business.
GRAHAM, J.R., C.R. HARVEY e M. PURI (2012), "Capital Allocation and Delegation of Decision-Making Authority within Firms." *Working Paper*, Fuqua School of Business.

GRAHAM, J.R., C.R. HARVEY e M. PURI (2013), "Managerial Attitudes and Corporate Actions." *Journal of Financial Economics* 109, pp. 103-21.
GRIFFIN, D. e A. TVERSKY (1992), "The Weighting of Evidence and the Determinants of Overconfidence." *Cognitive Psychology* 24, pp. 411-35.
HACKBARTH, D. (2008), "Managerial Traits and Capital Structure Decisions." *Journal of Financial and Quantitative Analysis* 43, pp. 843-82.
HACKBARTH, D. (2009), "Determinants of Corporate Borrowing: A Behavioral Perspective." *Journal of Corporate Finance* 15, pp. 389-411.
HAMBRICK, D.C. (2007), "Upper Echelons Theory: An Update." *Academy of Management Review* 32, pp. 334-43.
HAMBRICK, D.C. e P.A. MASON (1984), "Upper Echelons: The Organization as a Reflection of Its Top Managers." *Academy of Management Review* 9, pp. 193-206.
HAMILTON, B.H. (2000), "Does Entrepreneurship Pay? An Empirical Analysis of the Returns to Self-Employment.", *Journal of Political Economy* 108, pp. 604-30.
HARRIS, P. (1996), "Sufficient Grounds for Optimism? The Relationship between Perceived Controllability and Optimistic Bias." *Journal of Social and Clinical Psychology* 15, pp. 9-52.
HARRIS, M. e A. RAVIV (1991), "The Theory of Capital Structure." *Journal of Finance* 46, p. 297-355.
HARRISON, G.W., M.I. LAU e E.E. RUTSTROM (2007), "Estimating Risk Attitudes in Denmark: A Field Experiment." *Scandinavian Journal of Economics* 109, pp. 341-68.
HAUNSCHILD, P.R., A. DAVIS-BLAKE e M. FISCHMAN (1994), "Managerial Overcommitment in Corporate Acquisition Processes." *Organization Science* 5, pp. 528-40.
HAYWARD, M.L.A. e D.C. HAMBRICK (1997), "Explaining the Premium Paid for Large Acquisitions: Evidence of CEO Hubris." *Administrative Science Quarterly* 42, pp. 103-27.
HAYWARD, M.L.A., W.R. FORSTER, S.D. SARASVATHY e B.L. FREDRICKSON (2009), "Beyond Hubris: How Highly Confident Entrepreneurs Rebound to Venture Again." *Journal of Business Venturing* 25, pp. 569-78.
HEATON, J.B. (2002), "Managerial Optimism and Corporate Finance." *Financial Management* 31, pp. 33-45.
HENDERSON, B.J., N. JEGADEESH e M.S. WEISBACH (2006), "World Markets for Raising New Capital." *Journal of Financial Economics* 82, pp. 63-101.
HIETALA, P., S.N. KAPLAN e D.T. ROBINSON (2003), "What Is the Price of Hubris? Using Takeover Battles to Infer Overpayments and Synergies." *Financial Management* 32, pp. 5-31.
IKENBERRY, D., J. LAKONISHOK e T. VERMAELEN (1995), "Market Underreaction to Open Market Share Repurchases." *Journal of Financial Economics* 39, pp. 181-208.
HECKMAN, J. (2000), "Micro Data, Heterogeneity and the Evaluation of Public Policy." *Bank of Sweden Nobel Memorial Lecture in Economic Sciences*.

Hilary, G. e C. Hui (2009), "Does Religion Matter in Corporate Decision Making in America?" *Journal of Financial Economics* 93, pp. 455-73.

Hilary, G. e C. Hsu (2011), "Endogenous Overconfidence in Managerial Forecasts." *Journal of Accounting and Economics* 51, pp. 300-13.

Hirshleifer, D. (2001), "Investor Psychology and Asset Pricing." *Journal of Finance* 56, pp. 1533-97.

Hirshleifer, D. e G.Y. Luo (2001), "On the Survival of Overconfident Traders in a Competitive Security Market." *Journal of Financial Markets* 4, pp. 73–84.

Hirshleifer, D., A. Low e S.H. Teoh (2012), "Are Overconfident CEOs Better Innovators?" *Journal of Finance* 67, pp. 1457-98.

Hribar, P. e H. Yang (2011), "CEO Overconfidence and Management Forecasting." *Working Paper*, University of Iowa.

Hung, A. e C. Plott (2001), "Information Cascades: Replication and an Extension to the Majority Rule and Conformity Rewarding Institutions." *American Economic Review* 91, pp. 1508-20.

Hutton, I., D. Jiang e A. Kumar (2013), "Corporate Policies of Republican Managers." *Journal of Financial and Quantitative Analysis*, em publicação.

Janis, I. (1972), *Victims of Groupthink: Psychological Studies of Policy Decisions and Fiascoes*, Houghton Mifflin.

Janssen, W. (1994), "Seat-belt Wearing and Driving Behavior: an Instrumented-vehicle Study." *Accident Analysis and Prevention* 26, pp. 249-61.

Jensen, M.C. (1986), "Agency Costs of Free Cash Flow, Corporate Finance, and Takeovers." *American Economic Review* 76, pp. 323-9.

Jensen, M.C. (1993), "The Modern Industrial Revolution, Exit, and the Failure of Internal Control Systems." *Journal of Finance* 48, pp. 831-80.

Jensen, M.C. e W.H. Meckling (1976), "Theory of the Firm: Managerial Behavior, Agency Costs and Ownership Structure." *Journal of Financial Economics* 3, pp. 305-60.

Jenter, D. (2005), "Market Timing and Managerial Portfolio Decisions." *Journal of Finance* 60, pp. 1903-49.

Jenter, D., K. Lewellen e J.B. Warner (2011), "Security Issue Timing: What Do Managers Know and When Do They Know It?" *Journal of Finance* 66, pp. 413-43.

John, K. e J. Williams (1985), "Dividends, Dilution, and Taxes: A Signalling Equilibrium." *Journal of Finance* 40, pp. 1053–70.

John, K., Y. Liu e R. Taffler (2012), "Acquiror and Target, the Danse Macabre of Overconfident CEOs in M&A Deals." *Journal of Finance*, em publicação.

Jolls, C., C.R. Sunstein e R. Thaler (1998), "A Behavioral Approach to Law and Economics." *Stanford Law Review* 50, pp. 1471-1550.

Julio, B. e D.L. Ikenberry (2004), "Reappearing Dividends." *Journal of Applied Corporate Finance* 16, pp. 89-100.

Kahan, M. (1992), "Securities Laws and the Social Costs of 'Inaccurate' Stock Prices." *Duke Law Journal* 41, pp. 977-1044.

Kahneman, D. (2003), "Maps of Bounded Rationality: Psychology for Behavioral Economics." *American Economic Review* 93, pp. 1449-75.

Kahneman, D. (2012), *Thinking, Fast and Slow*, Penguin Books.

Kahneman, D. e A. Tversky (1979), "Prospect Theory: An Analysis of Decision under Risk." *Econometrica* 47, pp. 263-92.

Kahneman, D. e A. Tversky (1982), "The Psychology of Preferences." *Scientific American* 246, pp. 160-73.

Kahneman, D. e D. Lovallo (1993), "Timid Choices and Bold Forecasts: A Cognitive Perspective on Risk Taking." *Management Science* 39, pp. 17-31.

Kahneman, D., P. Slovic e A. Tversky, eds. (1982), *Judgment under Uncertainty, Heuristics and Biases*, Cambridge University Press.

Kaplan, S.N., M.M. Klebanov e M. Sorensen (2012), "Which CEO Characteristics and Abilities Matter?" *Journal of Finance* 67, pp. 973-1007.

Keiber, K.L. (2006), "Managerial Compensation Contracts and Overconfidence." *Working Paper*, Otto Beisheim School of Management.

Kerr, N.L., G.P. Kramer e R.J. MacCoun (1996), "Bias in Judgment: Comparing Individuals and Groups." *Psychological Review* 103, pp. 687-719.

Kershaw, I. (2008), *Hitler*, Penguin Books.

Keynes, J.M. (1936), *The General Theory of Employment, Interest and Money*, www.bnpublishing.com.

Kida, T.E., K.K. Moreno e J.F. Smith (2001), "The Influence of Affect on Managers' Capital-Budgeting Decisions." *Contemporary Accounting Research* 18, pp. 477-94.

Klaczynski, P.A. e J.M. Fauth (1996), "Intellectual Ability, Rationality, and Intuitiveness as Predictors of Warranted and Unwarranted Optimism for Future Life Events." *Journal of Youth and Adolescence* 25, pp. 755-73.

Knight, F. (1921), *Risk, Uncertainty and Profit*, Houghton Mifflin, Boston.

Koellinger, P., M. Minniti e C. Schade (2007), "I Think I Can, I Think I Can – Overconfidence and Entrepreneurial Behavior." *Journal of Economic Psychology* 59, pp. 502-27.

Korniotis, G.M. e A. Kumar (2011), "Do Behavioral Biases Adversely Affect the Macro-Economy?" *Review of Financial Studies* 24, pp. 1513-59.

Korobkin, R. (2011), "What Comes After Victory for Behavioral Law and Economics?" *University of Illinois Law Review* 5, pp. 1653-74.

Kolasinski, A.C. e X. Li (2012), "Can Strong Boards and Trading their Own Firm's Stock Can Help CEOs Make Better Decisions? Evidence from Corporate Acquisitions by Overconfident CEOs." *Journal of Financial and Quantitative Analysis*, em publicação.

Koo, R. (2009), *The Holy Grail of Macroeconomics: Lessons from Japans Great Recession*, 2ª. edição, Wiley.
Kraemer, C. M. Noeth e M. Weber (2006), "Information Aggregation with Costly Information and Random Ordering: Experimental Evidence." *Journal of Economic Behavior & Organization* 59, pp. 423-32.
Krugman, P. (2009), *The Return of Depression Economics and the Crisis of 2008*, Norton.
Ku, G., D. Malhotra e J.K. Murnighan (2005), "Towards a Competitive Arousal Model of Decision-Making: A Study of Auction Fever in Live and Internet Auctions." *Organizational Behavior and Human Decision Processes* 96, pp. 89-103.
Kyle, A.S. e F.A. Wang (1997), "Speculation Duopoly with Agreement to Disagree: can Overconfidence Survive the Market Test?" *Journal of Finance* 52, pp. 2073-90.
Lamont, O.A. e J.C. Stein (2006), "Investor Sentiment and Corporate Finance: Micro and Macro." *American Economic Review* 96, pp. 147-51.
Landier, A. e D. Thesmar (2009), "Financial Contracting with Optimistic Entrepreneurs." *Review of Financial Studies* 22, pp. 117-50.
Langer, E.J. e J. Roth (1975), "Heads I Win, Tail it's Chance: The Illusion of Control as a Function of the Sequence of Outcomes in a Purely Chance Task." *Journal of Personality and Social Psychology* 32, pp. 951-5.
Langevoort, D. (2000), "Organized Illusions: A Behavioral Theory of Why Corporations Mislead Stock Market Investors (and Cause Other Social Harms)." in *Behavioral Law and Economics*, C.R. Sunstein (ed.), Cambridge university Press.
Langevoort, D. (2001), "The Human Nature of Corporate Boards: Law, Norms and the Unintended Consequences of Independence and Accountability." *Georgetown Law Journal* 89, pp. 797-832.
Langevoort, D. (2002), "The Organizational Psychology of Hyper-Competition: Corporate Irresponsibility and the Lessons of Enron." *George Washington Law Review* 70, pp. 968-75.
Langevoort, D. (2006), "Opening the Black Box of 'Corporate Culture' in Law and Economics." *Journal of Institutional and Theoretical Economics* 162, pp. 80-96.
Langevoort, D. (2011a), "Psychological Perspectives on the Fiduciary Business." *Boston University Law Review* 91, pp. 995-1010.
Langevoort, D. (2011b), "The Behavioral Economics of Mergers and Acquisitions." *Tennessee Journal of Business Law* 12, pp. 65-79.
Langevoort, D. (2011c), "Chasing the Greased Pig Down Wall Street: A Gatekeeper's Guide to the Psychology, Culture, and Ethics of Financial Risk Taking." *Cornell Law Review* 96, pp. 1209-46.
Larwood, L. e W. Whittaker (1977). "Managerial Myopia: Self-serving Biases in Organizational Planning." *Journal of Applied Psychology* 6, pp. 194-8.
Leary, M.T. e M.R. Roberts (2005), "Do Firms Rebalance Their Capital Structures?" *Journal of Finance* 60, pp. 2575-619.

Lemmon, M.L., M.R. Roberts e J.F. Zender (2008), "Back to the Beginning: Persistence and Cross-Section of Corporate Capital Structure." *Journal of Finance* 63, pp. 1575-608.

Levi, M.D., K. Li e F. Zhang (2010), "Deal or No Deal: Hormones and the Mergers and Acquisitions Game." *Management Science* 56, p. 1462-83.

Levi, M.D., K. Li e F. Zhang (2012), "Men Are from Mars, Women Are from Venus: Director Gender and Mergers and Acquisitions." *Working Paper*, Social Science Research Network.

Li, F. (2010), "Managers' Self-serving Attribution Bias and Corporate Financial Policies." *Working Paper*, Social Science Research Network.

Li, W. e E. Lie (2006), "Dividend Changes and Catering Incentives." *Journal of Financial Economics* 80, pp. 293-308.

Lin, Y., S. Hu e M. Chen (2005), "Managerial Optimism and Corporate Investment: some Empirical Evidence from Taiwan." *Pacific-Basin Finance Journal* 13, pp. 523-46.

Lintner, J. (1956), "Distribution of Incomes of Corporations among Dividends, Retained Earnings, and Taxes." *American Economic Review* 46, pp. 97–113.

Lobão, J. (2012), *Finanças Comportamentais – Quando a Economia Encontra a Psicologia*, Editora Actual.

Loewenstein, G., E.U. Weber, C.K. Hsee e N. Welch (2001), "Risk as Feelings." *Psychological Bulletin* 127, pp. 267–86.

Loomes, G. e R. Sugden (1982), "Regret Theory: An Alternative Theory of Rational Choice under Uncertainty." *The Economic Journal* 92, pp. 805–24.

Loughran, T. e J.R. Ritter (1995), "The New Issues Puzzle." *Journal of Finance* 50, pp. 23-51.

Loughran, T. e A.M. Vijh (1997), "Do Long-Term Shareholders Benefit from Corporate Acquisitions?" *Journal of Finance* 52, pp. 1765-90.

Lovallo, D. e D. Kahneman (2003), "Delusions of Success: How Optimism Undermines Executives' Decisions." *Harvard Business Review* 81, pp. 56-63.

Lowe, R.A. e A.A. Ziedonis (2006), "Overoptimism and the Performance of Entrepreneurial Firms." *Management Science* 52, pp. 173-86.

Lys, T. e L. Vincent (1995), "An Analysis of Value Destruction in AT&T Acquisition of NCR." *Journal of Financial Economics* 39, pp. 353-78.

Malhotra, D. (2010), "The Desire to Win: The Effects of Competitive Arousal on Motivation and Behavior." *Organizational Behavior and Human Decision Processes* 111, pp. 139-46.

Malmendier, U. e S. Nagel (2011), "Depression Babies: Do Macroeconomic Experiences Affect Risk Taking?" *Quarterly Journal of Economics* 126, pp. 373-416.

Malmendier, U. e G. Tate (2005a), "CEO Overconfidence and Corporate Investment." *Journal of Finance* 60, pp. 2661-700.

MALMENDIER, U. e G. TATE (2005b), "Does Overconfidence Affect Corporate Investment? CEO Overconfidence Measures Revisited." *European Financial Management* 11, pp. 649-59.

MALMENDIER, U. e G. TATE (2008), "Who Makes Acquisitions? CEO Overconfidence and the Market's Reaction." *Journal of Financial Economics* 89, pp. 20.43.

MALMENDIER, U. e G. TATE (2009), "Superstar CEOs." *Quarterly Journal of Economics* 124, pp. 1593-638.

MALMENDIER, U., G. TATE e J. YAN (2011), "Overconfidence and Early-life Experiences: The Effect of Managerial Traits on Corporate Financial Policies." *Journal of Finance* 66, pp. 1687-1733.

MALMENDIER, U., E. MORETTI e F. Peters (2012), "Winning by Losing: Evidence on Overbidding in Mergers." *Working Paper*, University of California.

MARCH, J.A. e H. SIMON (1958), *Organizations*, Wiley.

MASULIS, R.W. e B. TRUEMAN (1988), "Corporate Investment and Dividend Decisions Under Differential Personal Taxation." *Journal of Financial and Quantitative Analysis* 23, pp. 369-86.

MENKHOFF, L, M. SCHMELING e U. SCHMIDT (2012), "Overconfidence, Experience, and Professionalism: An Experimental Study." *Journal of Economic Behavior & Organization* 86, pp. 92-101.

MEZA, D. e C. SOUTHEY (1996), "The Borrower's Curse: Optimism, Finance and Entrepreneurship." *Economic Journal* 106, pp. 375-86.

MILLER, M.H. e F. MODIGLIANI (1961), "Dividend Policy, Growth and the Valuation of Shares." *Journal of Business* 34, pp. 411-33.

MILLER, M.H. e M.S. SCHOLES (1978), "Dividends and Taxes." *Journal of Financial Economics* 6, pp. 333-64.

MILLER, M.H. e K. ROCK (1985), "Dividend Policy under Asymmetric Information." *Journal of Finance* 40. 1031-52.

MINSKY, H.P. (1986), *Stabilizing an Unstable Economy*, McGraw-Hill.

MITCHELL, M.L. e E. STAFFORD (2000), "Managerial Decisions and Long Term Stock Price Performance." *Journal of Business* 73, pp. 287-329.

MODIGLIANI, F. e MILLER, M.H. (1958), "The Cost of Capital, Corporate Finance and the Theory of Investment." *American Economic Review* 48, pp. 261-97.

MOELLER, S.B., F.P. SCHLINGEMANN e R.M. STULTZ (2004), "Firm Size and the Gains from Acquisitions." *Journal of Financial Economics* 73, pp. 201-28.

MOELLER, S.B., F.P. SCHLINGEMANN e R.M. STULTZ (2005), "Wealth Destruction on a Massive Scale? A Study of Acquiring-Firm Returns in the Recent Merger Wave." *Journal of Finance* 60, pp. 757-82.

MORCK, R., A. SHLEIFER e R. VISHNY (1990), "The Stock Market and Investment: Is the Market a Sideshow?" *Brookings Papers on Economic Activity* 2, pp. 157-215.

Moskowitz, T.J. e A. Vissing-Jorgensen (2002), "The Returns to Entrepreneurial Investment: A Private Equity Premium Puzzle?" *American Economic Review* 92, pp. 745-78.

Myers, S.C. e N.S. Majluf (1984), "Corporate Financing and Investment Decisions when Firms Have Information that Investors Do Not Have." *Journal of Financial Economics* 13, pp. 187-221.

Neumann, R. e F. Strack (2000), "Mood Contagion: The Automatic Transfer of Mood between Persons." *Journal of Personality and Social Psychology* 79, pp. 211-23.

Nisbett, R.E. e L.D. Ross (1980), *Human Inference: Strategies and Shortcomings of Social Judgment*, Prentice-Hall.

Olsen, R.A. (2008), "Cognitive Dissonance: The Problem Facing Behavioral Finance." *Journal of Behavioral Finance* 9, pp. 1-4.

Oskamp, S. (1965), "Overconfidence in Case-Study Judgments." *Journal of Consulting Psychology* 29, pp. 261-5.

Ottaviani, M. e P. Sorensen (2001), "Information Aggregation in Debate: Who Should Speak First?" *Journal of Public Economics* 81, pp. 393-421.

Parker, S.C. (2006), "Learning About the Unknown: How Fast Do Entrepreneurs Adjust Their Beliefs?" *Journal of Business Venturing* 21, pp. 1-26.

Parks, C.D. e R.A. Cowlin (1996), "Acceptance of Uncommon Information into Group Discussion When that Information Is or Is Not Demonstrable." *Organization Behaviour and Human Decision Processes* 66, pp. 307–315.

Peterson, D.K. e G.F. Pitz (1988), "Confidence, Uncertainty, and the Use of information." *Journal of Experimental Psychology: Learning, Memory, and Cognition* 14, pp. 85-92.

Pinfold, J.E (2001), "The Expectations of New Business Founders: The New Zealand Case." *Journal of Small Business Management* 39, pp. 279-85.

Pinker, S. (2002), *The Blank Slate: The Modern Denial of Human Nature*, Penguin Books.

Polk, C. e P. Sapienza (2009), "The Stock Market and Corporate Investment: a Test of Catering Theory." *Review of Financial Studies* 22, pp. 187-217.

Pope, D.G. e M.E. Schweitzer (2011), "Is Tiger Woods Loss Averse? Persistent Bias in the Face of Experience, Competition and High Stakes." *American Economic Review* 101, pp. 129-57.

Porter, M. (1987), "From Competitive Advantage to Corporate Strategy." *Harvard Business Review* 65, pp. 43-59.

Post, T., M.J. Van de Assem, G. Baltussen e R.H. Thaler (2008), "Deal or No Deal? Decision Making Under Risk in a Large-Payoff Game Show." *American Economic Review* 98, pp. 38-71.

Powell, C. e T. Koltz (2012), *It Worked for Me: In Life and Leadership: Lessons in Leadership and Life*, HarperCollins.

Puri, M. e D.T. Robinson (2007), "Optimism and Economic Choice." *Journal of Financial Economics* 86, pp. 71-99.

Rajan, R.G. e L. Zingales (1995), "Is There an Optimal Capital Structure? Some Evidence from International data." *Journal of Finance* 50, pp. 1421-60.

Reynolds, P. (1995), "The Truth About Start-Ups." *Inc.* 17, pp. 23-4.

Roll, R. (1986), "The Hubris Hypothesis of Corporate Takeovers." *Journal of Business* 59, pp. 197-216.

Rotemberg, J.J. e G. Saloner (1993), "Leadership Style and Incentives." *Management Science* 39, pp. 1299-318.

Russell, T. e R. Thaler (1985), "The Relevance of Quasi Rationality in Competitive Markets." *American Economic Review* 1071-82.

Russo, J. e P. Schoemaker (1989), *Decision Traps: Ten Barriers to Brilliant Decision Making and How to Overcome Them*, Simon & Schuster, New York.

Russo, J.E. e P.J.H. Schoemaker (1992), "Managing Overconfidence." *Sloan Management Review* 33, pp. 7-18.

Sah, R.K. e J.E. Stiglitz (1991), "The Quality of Managers in Centralized versus Decentralized Organizations." *Quarterly Journal of Economics* 106, pp. 289-95.

Samuelson, W. e R. Zeckhauser (1988), "Status Quo Bias in Decision Making." *Journal of Risk and Uncertainty* 1, pp. 7-59.

Schneider, C. e O. Spalt (2012), "Acquisitions as Lotteries: Do Managerial Gambling Attitudes Influence Takeover Decisions?" *Management Science*, em publicação.

Schoar, A. e L Zuo (2011), "Shaped by Booms and Busts: How the Economy Impacts CEO Careers and Management Style." *Working Paper*, Massachusetts Institute of Technology.

Schoenberg, R. (2006), "Measuring the Performance of Corporate Acquisitions: An Empirical Comparison of Alternative Metrics." *British Journal of Management* 17, pp. 361-70.

Schrand, C.M. e S.L.C. Zechman (2012), "Executive Overconfidence and the Slippery Slope to Financial Misreporting." *Journal of Accounting and Economics* 53, pp. 311-29.

Shefrin, H.M. e M. Statman (1984), "Explaining Investor Preference for Cash Dividends." *Journal of Financial Economics* 13, pp. 253-82.

Shefrin, H.M. e E.M. Cervellati (2011), "BP's Failure to Debias: Underscoring the Importance of Behavioral Corporate Finance." *Quarterly Journal of Finance* 1, pp. 127-68.

Shiller, R.J. (1984), "Social Prices and Social Dynamics." *Brookings Papers on Economic Activity* 2, pp. 457-510.

Shiller, R.J. (1986), "The Marsh-Merton Model of Manager's Smoothing of Dividends." *American Economic Review* 76, pp. 499-503.

Shiller, R.J. (1989), *Market Volatility*, MIT Press.

SHILLER, R.J. (1999), "Human Behavior and the Efficiency of the Financial System." in *Handbook of Macroeconomics*, J.B. Taylor e M. Woodford (eds.), Elsevier.
SHILLER, R.J. (2000), *Irrational Exuberance*, Princeton University Press.
SHILLER, R.J. (2004), "An Interview with Robert J. Shiller." *Macroeconomic Dynamics* 8, pp. 649-83.
SHLEIFER, A. e R.W. VISHNY (1997), "The Limits of Arbitrage." *Journal of Finance* 52, pp. 35-55.
SHLEIFER, A. e R.W. VISHNY (2003), "Stock Market Driven Acquisitions." *Journal of Financial Economics* 70, pp. 295-311.
SHORE, B. (2008), "Systematic Biases and Culture in Project Failures." *Project Management Journal* 39, pp. 5-16.
SHYAM-SUNDER, L. e S.C. MYERS (1999), "Testing Static Trade-off Against Pecking Order Models of Capital Structure." *Journal of Financial Economics* 51, pp. 219-44.
SIMON, H. (1947), *Administrative Behavior*, Free Press.
SIMON, H. (1982), *Models of Bounded Rationality: Behavioral Economics and Business Organization*, MIT Press.
SIMON, M. e S.M. HOUGHTON (2003), "The Relationship between Overconfidence and the Introduction of Risky Products: Evidence from a Field Study." *Academy of Management Journal* 46, pp. 139-50.
STASSER, G., L. TAYLOR e C. HANNA (1989), "Information Sampling in Structured and Unstructured Discussions of Three- and Six-Person Groups." *Journal of Personality and Social Psychology* 57, pp. 67-78.
STATMAN, M. e D. CALDWELL (1987), "Applying Behavioral Finance to Capital Budgeting: Project Terminations." *Financial Management* 4, pp. 7-15.
STEIN, J. (1988), "Takeover Threats and Managerial Myopia." *Journal of Political Economy* 96, pp. 61-80.
STEIN, J. (1989), Efficient Capital Markets, Inefficient Firms: A Model of Myopic Corporate Behavior." *Quarterly Journal of Economics* 104, pp. 655-69.
STEIN, J. (1996), "Rational Capital Budgeting in an Irrational World." *Journal of Business* 69, pp. 429-55.
STERELNY, K. (2001), *Dawkins vs. Gould – Survival of the Fittest*, Icon Books.
STOUT, L. (1988), "The Unimportance of Being Efficient: An Economic Analysis of Stock Market Pricing and Securities Regulation." *Michigan Law Review* 87, pp. 613-709.
STOUT, L. (1990), "Are Takeover Premiums Really Premiums? Market Price, Fair Value, and Corporate Law." *Yale Law Journal* 99, pp. 1235-96.
SVENSON, O. (1981), "Are We All less Risky and more Skillful than Our Fellow Drivers?" *Acta Psychologica*, 47, pp. 143-8.
TAYLOR, S.E. e J.D. BROWN (1988), "Illusion and Well-Being: A Social Psychological Perspective on Mental Health." *Psychological Bulletin* 103, pp. 193-210.

TENNER, E. (2012a), "Learning from the Costa Concordia Tragedy: Technology and Overconfidence." *The Atlantic*, 19 de Janeiro.
TENNER, E. (2012b), "A Model Disaster." *Popular Science*, 17 de Abril.
THALER, R.H. (1988), "Anomalies: The Winner's Curse." *Journal of Economic Perspectives* 2, pp. 191-202.
THALER, R.H. (1999), "The End of Behavioral Finance." *Financial Analysts Journal*, pp. 12-7.
THALER, R.H. e H.M. SHEFRIN (1981), "An Economic Theory of Self Control." *Journal of Political Economy* 89, pp. 392–410.
TRIVERS, R. (2000), "The Elements of a Scientific Theory of Self-Deception." *Annals New York Academy of Sciences* 907, pp. 114-31.
TVERSKY, A. e D. KAHNEMAN (1974), "Judgment under Uncertainty: Heuristics and Biases." *Science* 185, pp. 1124–31.
TVERSKY, A. e D. KAHNEMAN (1981), "The Framing of Decisions and the Psychology of Choice." *Science* 21, pp. 453-58.
TVERSKY, A. e D. KAHNEMAN (1986), "Rational Choice and the Framing of Decisions." *Journal of Business* 59, pp. 251–78.
TVERSKY, A. e D. KAHNEMAN (1991), "Loss Aversion in Riskless Choice: A Reference-Dependent Model." *Quarterly Journal of Economics* 106, pp. 1039-61.
TVERSKY, A. e D. KAHNEMAN (1992), "Advances in Prospect Theory: Cumulative Representation of Uncertainty." *Journal of Risk and Uncertainty* 5, pp. 297–323.
VAN DEN STEEN, E. (2004), "Rational Overoptimism (and Other Biases)" *American Economic Review* 94, pp. 1141-51.
VAN DEN STEEN, E. (2005), "Organizational Beliefs and Managerial Vision." *Journal of Law, Economics, and Organization* 21, pp. 256-83.
VAN DEN STEEN, E. (2010), "On the Origin of Shared Beliefs (and Corporate Culture)." *RAND Journal of Economics* 41, pp. 617-48.
VASILIOU, D. e N. DASKALAKIS (2009), "Behavioral Capital Structure: Is the Neoclassical Paradigm Threatened? Evidence from the Field." *Journal of Behavioral Finance* 10, pp. 19-32.
VIDAL, J.B.I. e M. MÖLLER (2007), When Should Leaders Share Information with their Subordinates?" *Journal of Economics and Management Strategy* 16, pp. 251-83.
WANG, F.A. (2001), "Overconfidence, Investor Sentiment, and Evolution." *Journal of Financial Intermediation* 10, pp. 138-70.
WEBER, R.A. e C.F. CAMERER (2003), "Cultural Conflict and Merger Failure: An Experimental Approach." *Management Science* 49, pp. 400-15.
WEINSTEIN, N.D. (1980), "Unrealistic Optimism about Future Life Events." *Journal of Personality and Social Psychology* 39, pp. 806-20.
WEISS, L.A. (1981), "Start-Up Businesses: A Comparison of Performances." *Sloan Management Review* 23, pp. 37-53.

Weld, W.C., R. Michaley, R.H. Thaler e S. Benartzi (2009), "The Nominal Share Price Puzzle." *Journal of Economic Perspectives* 23, pp. 121-42.

Westerberg, M., J. Singh e E. Häckner (1997), "Does the CEO Matter? An Empirical Study of Small Swedish Firms Operating in Turbulent Environments." *Scandinavian Journal of Management* 13, pp. 251-70.

Whyte, G. (1993), "Escalating Commitment in Individual and Group Decision Making: A Prospect Theory Approach." *Organizational Behavior and Human Decision Processes* 54, pp. 430-55.

Wilcken, P. (2005), *Império à Deriva – A Corte Portuguesa no Rio de Janeiro 1808-1821*, Civilização Editora.

Wilson, T.D. e J.W. Schooler (1991), "Thinking Too Much: Introspection Can Reduce the Quality of Preferences and Decisions." *Journal of Personality and Social Psychology* 60, pp. 181- 92.

Wu, C. e V.W. Liu (2011), "Payout Policy and CEO Overconfidence." *Working Paper*, National Sun Yat-sen University.

ÍNDICE REMISSIVO

agência (relações de), 72, 88, 106, 115-116, 122, 128-129, 144, 169-170, 182, 192, 195-196, 201
aprendizagem, 41-43, 57, 67-70, 148, 157
assimetria de informação, 71, 92, 106-107, 122, 128, 139, 182, 185
auto-atribuição, 43, 46, 49, 69-70, 1 49-150, 157
aversão ao arrependimento, 111, 119, 132-133, 191
aversão a perdas, 37-38
catering (teorias de),
    dividendos e, 182-183
    investimento e, 174-176
    preços nominais, ver *stock splits*
Costa Concordia (acidente do), 17, 211
cultura organizacional, 197-207
custos afundados (falácia dos), 63, 110, 113-114, 167, 213
dissonância cognitiva, 56, 169, 203, 213
dividendos (política de), 127-142, 182-183
    agência e, 129, 139
    assimetria de informação, 139
    aversão ao arrependimento, 132-133
    catering nos, 182-183

    enviesamento da contabilidade mental, 132
    enviesamento do auto-controlo, 131--132
    excesso de confiança e, 49, 137-142
    incerteza, 137
    normas sociais, 139-140
    oferta de dividendos, 133-142
    procura de dividendos, 131-133
    reacção dos investidores, 138-139
    teoria do *free cash flow*, 129130
    teoria da sinalização, 128-130, 135, 138
    teoria neoclássica, 127-128
efeito de enquadramento, 32-35
empreendedores, 77-83
    excesso de confiança dos, 78-83
    mecanismo de auto-selecção, 80
    número de, 78
    risco assumido pelos, 77
    subsídios aos, 82
empresa
    alteração da designação da, 187-189
    como uma "caixa negra", 21
enviesamento de ancoragem, 55, 161-163
enviesamento de auto-controlo, 113, 131-132

enviesamentos decisionais, ver ainda auto-atribuição, dissonância cognitiva, enviesamento de ancoragem, enviesamento de auto-controlo, enviesamento de confirmação, enviesamento de contabilidade mental, enviesamento de disponibilidade, excesso de confiança, excesso de optimismo, ilusão de controlo
- aprendizagem, 67-70
- arbitragem do gestor com, 71-72
- aversão a perdas, 37-38
- competição e, 70-73
- cultura organizacional e, 200-202
- efeito de enquadramento, 32-35
- efeito dos, 19
- excesso de confiança, 38-51
- evolução científica e, 214-215
- história e, 212-213
- ilusão de controlo, 41
- incentivos financeiros, 73-75
- macroeconomia e, 211
- mercados financeiros e, 209
- origem evolutiva dos, 29-31, 34, 191-193, 210
- sobrevivência do gestor com, 71-73
- teoria da evolução e, 214
- vantagens e desvantagens dos, 191-196

enviesamento de confirmação, 54, 160--161, 203
enviesamento de contabilidade mental, 113-114, 132
enviesamento de disponibilidade, 55, 211
estudos experimentais, 22-38, 73-74, 79
excesso de confiança, 38-51
- auto-atribuição e, 43, 46, 49
- cultura organizacional e, 201, 203
- culturas nacionais e, 46
- dividendos e, 137-142
- efeito em diversos profissionais, 42
- efeito "melhor do que a média", 39, 41
- efeitos dinâmicos do, 42-43, 48-49
- empreendedores e, 78-83
- financiamento e, 125-126
- fontes do, 45
- fusões e aquisições e, 149-160, 169--171
- inquéritos e, 50-51
- investimento e, 107-110, 116-117
- mecanismo de auto-selecção, 40, 80
- medição do, 47-51
- origem evolutiva do, 29-31, 45-46
- percepção pública do, 48
- personalidades históricas e, 213
- remuneração dos gestores e, 49, 117
- risco idiossincrático e, 47-48
- vantagens e desvantagens do, 191-196

excesso de optimismo, ver excesso de confiança
excitação competitiva, 112, 164-166, 171--172
falácia do planeamento, 51-54
finanças comportamentais, 22-25, 111, 115, 134, 136, 163, 169, 209, 211
financiamento (decisões de), 121-126, 176-182, 195
- excesso de confiança, 125-126
- governação empresarial, 126
- *marketing timing* no, 176-181
- prazo da dívida, 125-126
- relação entre gestor e investidor, 124
- teoria do pecking-order, 121-122
- teoria da sinalização, 122
- teoria do *trade-off*, 121-122

fraude, 202-207
fusões e aquisições, 143-172, 183-185, 195-196

ÍNDICE REMISSIVO

aprendizagem nas, 148-157
auto-atribuição e, 149-150, 157
comprometimento excessivo do gestor e, 166-168
dissonância cognitiva, 169
due dilligence nas, 167
efeito dimensão, 156-157
enviesamento de ancoragem, 161-163
enviesamento de confirmação e, 160-161
estudo de casos, 159
excesso de confiança e, 50, 149-160, 169-171
excitação competitiva nas, 164-166, 171-172
factores institucionais, 150-151
falácia dos custos afundados e, 167
fases do mercado de acções, 152-156
formas de pagamento das, 146-147, 156
frequência de, 157-158
governação empresarial e, 169-172
incerteza e, 148, 162
mecanismo de auto-selecção, 150
mercados financeiros ineficientes e, 183-185
narcisismo do gestor e, 159-160
objectivos das, 143-144
prémios de aquisição e, 149-151
processo negocial das, 164-166
propensão ao jogo do gestor e, 163--164
reacções do investidor, 151-156
resistência do gestor à, 168-169
resultados das, 144-147
sexo do gestor e, 158-159
teoria da agência, 144, 169-170
tipos de, 158
vagas de, 184
gestor, 85-89, 91-97
    ascenção interna do, 42, 112
    comunicação social e, 48, 86, 96
    enviesamentos do, ver enviesamentos decisionais
    excesso de confiança do, 38-51
    experiências pessoais do, 94-95
    factores institucionais e, 87-89
    formação académica do, 94
    heterogeneidade, 87, 124
    idade do, 93
    ideologia política do, 95-95
    importância das características pessoais dos, 20-21, 85-89
    narcisismo do, 159-160
    perfil mais adequado, 91-93
    propensão ao jogo do, 163-164
    religião do, 96
    remuneração do, 49, 87
    seguranla profissional do, 112
    serviço militar do, 93
    sexo do, 158-159
    teoria da consistência comportamental, 96
governação empresarial, 115-119, 126, 169-172
Grande Depressão, 94-95
grupo (decisões em), 59-65
    agregação da informação, 60, 64
    dinâmica de grupo, 61-62
    decisões financeiras, 62-64
    diversificação das decisões individuais, 59-60
    falácia dos custos afundados, 63
    melhorar a decisão, 65-66
    pensamento grupal, 62
heurísticas, 201
ilusão de controlo, 41, 56-57
incerteza na gestão, 18, 41, 68-69, 102--104, 137, 148, 162, 199, 201
inquéritos aos gestores, 44-45, 50-51, 78-79, 82-83, 105, 134-136, 147, 163, 177-178

investimento (decisões de), 101-119, 174-176, 193-195
   agência e, 106, 115-116
   assimetria de informação e, 106-107
   aversão ao arrependimento e, 111, 119
   catering no, 174-176
   emoções e, 105-110
   enviesamento de auto-controlo, 113
   enviesamento de contabilidade mental, 113-114
   escalada de comprometimento, 110-115
   excesso de confiança e, 107-110, 116-117
   excitação competitiva e, 112
   governação empresarial e, 115-119
   importância dos factores comportamentais, 103-104
   incerteza e risco no, 102-104
   normas sociais e, 114-115
   recursos internos e, 105-110
   resistência ao abandono, 110-115
manipulação da informação, ver fraude
mercados financeiros,
   enviesamentos decisionais nos, 209
   ineficiência dos, 173, 187-189
normas sociais, 114-115, 139-140, 164, 186
pensamento grupal, ver grupo
princípio da dominância, 35-37
princípio da invariância,
   ver efeito de enquadramento
stock splits, 185-187
teoria comportamental da empresa, 23
teoria dos "escalões superiores", 23-25